CHALKIDIKI & THESSALONIKI

DUMONT REISE-TASCHENBUCH

Klaus Bötig

CHALKIDIKI &
THESSALONIKI

Inhalt

LAND & LEUTE

LAND & LEUTE

Sógambros – Wirt, Imker
und Alleinunterhalter im
Cholomóndas-Gebirge

»Was in diesem Lande
gelebt und geglaubt,
gedacht, gedichtet
und geformt worden
ist, das hat sich auf
Täler und Höhen
niedergelassen wie
himmlischer Tau.«

Erhart Kästner

UNTERWEGS
AUF DER CHALKIDIKI UND IN THESSALONIKI

Inhalt

Inhalt

REISEINFOS VON A BIS Z

REISEATLAS

Zwischen Balkan und Ägäis

Unverbaute und dramatische
Küstenabschnitte sind typisch
für die Sithonía

DIE CHALKIDIKÍ – FESTLAND MIT INSELCHARAKTER

Wer auf der Chalkidikí Urlaub macht, trägt doppelten Gewinn davon. Die markanten drei Finger, auf denen die meisten der Ferienhotels stehen, sind so schmal, dass man von ihren Hügeln und Passhöhen aus fast immer das Meer auf drei Seiten sieht. Das allein erweckt schon Inselgefühle. Fast nie ist das Auge mit dem Meer allein, nahezu immer taucht aus den Fluten wieder eine andere Insel oder hier: ein anderer Finger, ein Stück vom Festland auf. Das ägäische Licht trägt ein Übriges zum Zauber dieser Landschaft bei. Es wechselt ständig, lässt entfernte Küsten für einen Moment zum Greifen nah, Minuten später dann schon wieder ganz entrückt erscheinen. Das chalkidische i-Tüpfelchen ist der über 2000 m hohe Berg Áthos, dessen Spitze oft wie eine Chimäre aus dem sommerlichen Hitzedunst auftaucht – oder im Winter als schneebedeckter Gipfel glasklar zu erkennen ist.

Zugleich genießen Chalkidikí-Reisende alle Vorteile eines Urlaubs auf dem Festland. Unabhängig von sommerlichen Stürmen, Fahrplänen und hohem Wellengang gelangt man schnell ins stille Dörfer im Hinterland, in die quicklebendige Großstadt Thessaloníki mit ihren Märkten und Museen, Kneipen und Kultur-Events – und sogar zu den sehenswertesten Stätten ganz Makedoniens und Nordgriechenlands.

Eines freilich darf der Urlauber von der Chalkidikí nicht erwarten: weiße, griechische Bilderbuchdörfer wie auf den Kykladen oder Küstenorte voller historischer Bausubstanz und malerischer Winkel und Häfen. Die Felder sind hier ungewöhnlich groß, die für Hellas sonst so typischen alten Trockensteinmauern und Terrassen fehlen fast völlig. Die Olivenhaine gleichen Plantagen, sind meist jung und wenig romantisch.

Die Chalkidikí ist ein Kind des 20. Jh. Bis 1922 war sie nur schwer zugänglich und äußerst dünn besiedelt; das Land lag brach oder gehörte den Áthos-Klöstern. Erst der Zustrom von über 1,5 Mio. griechischen Flüchtlingen aus Kleinasien ins griechische Mutterland führte dazu, dass die Klöster ihre Ländereien abtraten und auf der Chalkidikí zahlreiche neue Dörfer entstanden. Die meisten von ihnen erkennt man noch heute am Namenszusatz *Néa* oder *Néos*, was »neu« bedeutet. Der zweite Namensteil ist dann meist der Name derjenigen kleinasiatischen Region, aus der die Flüchtlinge stammten. In manchen Orten, insbesondere in Néos Marmarás und Sárti, sind die ersten kleinen Häuser der Flüchtlinge noch deutlich zu erkennen, fast überall auch der geplante, schachbrettartige Grundriss der Flüchtlingssiedlungen. Ärmlich sind sie freilich keineswegs mehr: Neue Villen mit schönen Gärten und weitläufige Hotelanlagen lassen die Chalkidikí wie ein griechisches ›Musterländle‹ erscheinen.

STECKBRIEF
GRIECHENLAND UND DIE CHALKIDIKÍ

Landesstruktur: Die Griechische Republik *(Ellinikí Dimokratía)* ist mit einer Fläche von 131 944 km^2 gut halb so groß wie die alten Bundesländer. Die Chalkidikí ist mit 2918 km^2 vermessen. Griechenland ist überwiegend gebirgig, größere Ebenen gibt es vor allem in Thessalien, Makedonien und West-Thrakien. Höchstes Bergmassiv ist der Olymp (2918 m) an der Grenze zwischen Makedonien und Thessalien. Höchster Berg der Chalkidikí ist der Berg Áthos mit 2033 m. Zu Griechenland gehören etwa 90 ständig bewohnte Inseln. Davon zählt nur eine zur Chalkidikí: Amouliekí.

Verwaltungsstruktur: Auf die 13 Provinzen *(periferiárchis)* Griechenlands verteilen sich 54 Regierungsbezirke *(nómoi)*. Die Chalkidikí ist ein solcher *Nómos* und gehört zur Provinz Zentral-Makedonien. Bezirkshauptstadt ist Polígiros, Provinzhauptstadt ist Thessaloníki.

Regierung: Griechenland ist eine parlamentarische Demokratie. Die Monarchie wurde im Dezember 1974 per Volksabstimmung abgeschafft. Seit den Wahlen vom März 2004 stellt die konservative Néa Dimokratía (ND) die Regierung. Sie löste die Panhellenische Sozialistische Bewegung (PASOK) als stärkste Kraft im Parlament ab, die bis dahin mit Kóstas Simítis den Ministerpräsidenten stellte. Die ND errang 45,36% der Stimmen und 165 der 300 griechischen Parlamentssitze, die PASOK 40,55% der Stimmen (117 Sitze). Außerdem kamen die kommunistische KKE mit 5,9% der Stimmen (12 Sitze) und die Radikale Linksallianz Synaspismós mit 3,26% der Stimmen (6 Sitze) ins Parlament. Auch auf der Chalkidikí und in Thessaloníki gewannen die Konservativen die meisten Stimmen. Der neue Ministerpräsident Kóstas Karamanlís, Jahrgang 1956, entstammt einer Politikerfamilie, die Griechenlands Geschicke seit über 40 Jahren mitgeprägt hat.

Bevölkerung: Griechenland hat ca. 10,94 Mio. Einwohner. Auf der Chalkidikí leben etwa 105 000 Menschen. Thessaloníki zählt ca. 400 000 Bewohner, im Ballungsraum leben aber ca. 1 Mio. Menschen. 97 % der Griechen sind griechisch-orthodox. In Thrakien lebt eine Minderheit von ca. 200 000 Muslimen.

Wirtschaft: Seit 1996 hat Griechenland gewaltige Anstrengungen unternommen, um seine bis dahin marode Wirtschaft zu sanieren, mit dem übrigen EU-Europa mitzuhalten und – wenn auch verspätet – durch Erfüllung der Konvergenzkriterien der Europäischen Währungsunion beitreten zu dürfen: Zahlreiche Staatsunternehmen wurden privatisiert und gingen an die Börse, die Inflationsrate wurde 1999 erstmals auf unter 2 % gedrückt. Die Arbeitslosenquote liegt bei 10%, das jährliche Wirtschaftswachstum bei 3–4%. Die Exporte belaufen sich auf ca. 10 Mrd., die Importe auf ca. 30 Mrd. Euro jährlich. Für die Chalkidikí sind der Bergbau (Magnesitgewinnung) und der Tourismus die wichtigsten Wirtschaftszweige; bedeutende landwirtschaftliche Produkte sind Getreide, Holz und Honig.

LANDSCHAFTEN UND NATURRAUM

Südöstlich von Thessaloníki ragt eine 90 km breite Halbinsel in die nördliche Ägäis hinein. Wie die Finger einer Hand wirken die drei Halbinseln, mit denen sie im Süden noch einmal bis zu 50 km weit in die Ägäis ausgreifen. Der Toronäische und der Singitische Golf trennen sie voneinander. Diese drei Finger und der größere Teil der Handfläche bilden den Regierungsbezirk Chalkidikí (Betonung auf der letzten Silbe). Seine Hauptstadt ist Polígiros.

Für den ausländischen Fremdenverkehr sind in erster Linie die beiden westlichen Finger mit ihren zahllosen Stränden und guten Hotels von Bedeutung: die Halbinseln Kassándra und Sithonía (Betonung jeweils auf der vorletzten Silbe). Die Halbinsel Áthos hingegen ist nur an ihrem Ansatz Teil der touristischen Welt. Hinter Ouranoúpoli beginnt die innenpolitisch autonome Mönchsrepublik Áthos, auf der etwa 3000 Mönche in 20 Klöstern leben. Als Besucher haben hier nur Männer mit gültigem Visum Zutritt.

Wälder, Felder, Berge und Seen

Die **Handfläche der Chalkidikí** begrenzen nach Norden hin zwei große Seen (Vólvi- und Korónia-See). Fast parallel dazu verläuft weiter südlich ein Gebirgszug, der von Thessaloníki im Westen bis Stratóni im Osten reicht. Sein höchster Gipfel ist mit 1201 m der Chortiátis in der Nähe der makedonischen Hauptstadt. Bei Polígiros steigt er im Cholomóndas-Gebirge noch einmal auf 1165 m Höhe an und fällt dann vom 820 m hohen Stratonikó-Massiv recht schnell zum Meer hin ab. Größere Küstenebenen liegen vor allem im Westen und Südwesten dieses Berglandes.

Die drei Finger der Chalkidikí sind landschaftlich höchst unterschiedlich. Die **Kassándra,** deren höchste Erhebung gerade einmal auf 353 m ansteigt, ist weitgehend ein sanft gewelltes Hügelland. Im Norden überwiegen große Felder, auf denen Getreide angebaut wird. Im Süden schließen sich Olivenhaine und Kiefernwälder an, die außer Holz auch das Baumharz für den retsína-Wein liefern. Die **Sithonía** ist sehr viel gebirgiger, bietet weniger landwirtschaftliche Nutzfläche und ist daher dünner besiedelt. Fast das gesamte Hinterland der Halbinsel mit dem 753 m hohen Ítamos wird nur von Hirten und ihren Schafs- und Ziegenherden sowie von Imkern genutzt. Die Küste ist stärker gegliedert als auf der Kassándra. So verlaufen die Strände auf der Kassándra oft über Kilometer hinweg gerade oder nur ganz sanft geschwungen, während auf der Sithonía kleine und große Buchten überwiegen. Das Relief der **Áthos-Halbinsel** ist schließlich äußerst bewegt. Vom ›weltlichen‹ Teil bei Ouranoúpoli steigt ein Gebirgszug an, der an der Spitze im 2033 m hohen Bergkegel Áthos seinen eindrucksvollen Abschluss findet. Oft ist er bis in den Mai hinein schneebedeckt.

Schafherden sind im Hinterland der Chalkidikí kein seltener Anblick –
hier bei Galátista

Flora und Fauna

In den nicht vom Menschen kultivierten Teilen der Chalkidikí kommen vor allem drei **Vegetationsformen** vor: Wälder, Phrígana und Macchia. Die Aleppokiefer bildet die größten Bestände. Vereinzelt findet man auch Kastanien- und Platanenwälder. Die Macchia besteht überwiegend aus 1 bis 5 m hohen, immergrünen Büschen. Hier dominieren Stein- und Kermeseichen, Johannisbrot- und Erdbeerbäume, Pistazienarten wie Mastixstrauch und Terebinthe, Myrtensträucher, wilde Öl- und Feigenbäume. Die auf trockenen Böden gedeihende Phrígana hingegen bildet eine Zwergstrauchformation, in der duftende Kräuter wie Thymian, Rosmarin, Salbei, Lavendel und Oregano, Ginster, Erika und die weiß, rosafarben oder violett blühenden Zistrosen mit ihren klebrigen Blättern vorherrschen. Gelber Ginster bedeckt im Frühsommer viele Berghänge, Oleander blüht in Bachtälern. Ginster und Oleander sind

17

SAFRAN – FÜR TAVERNEN VIEL ZU TEUER

Eine makedonische Spezialität wird in Tavernen so gut wie nie verwendet: der Safran. Er ist viel zu teuer. Auf dem Markt in Thessaloníki kostete er im vergangenen Jahr etwa 3500 €, also 3,50 € pro Gramm. Doch der hohe Preis ist gerechtfertigt. Um ein Kilo der drei roten Spitzen der Narbengriffel (Safranfäden) zu erhalten, müssen etwa 150 000 Blüten des Safran-Krokus gepflückt und getrocknet werden.

Der Safran-Krokus stammt ursprünglich aus Vorderasien. Er war schon den Minoern bekannt, die im 2. Jt. v. Chr. auf Kreta Europas erste Hochkultur schufen. In Griechenland wird er aber erst wieder seit dem 17. Jh. kultiviert. Hauptanbaugebiet sind die Ebenen um die makedonische Stadt Kozáni 150 km westlich von Thessaloníki. Hier leben in 37 Dörfern noch etwa 1500 Familien vom Anbau dieses niedrig wachsenden, im Spätherbst kräftig lila blühenden Gewächses. Kaufen kann man Safran (griechisch: *safráni*) in den Gewürzhandlungen auf dem Vláli- und dem Vatikióti-Markt in Thessaloníki, wo er mit Apothekerwaagen grammgenau abgewogen wird. So zum Beispiel bei dem besonders freundlichen Kräuter- und Gewürzhändler Apóstolos Anagnóstou auf dem Vatikióti-Markt (Odós Balanós 20), der sogar etwas Deutsch spricht und selbst kleinste Mengen liebevoll abpackt.

Benutzen kann man Safran nicht nur, »um Kuchen geel zu machen«, sondern auch zum Aromatisieren und Färben von Butter oder feinen Cremes. In der Antike wurde er auch zum Färben kaiserlicher Gewänder und zur Herstellung von Kosmetika verwandt.

auch häufig an Straßenrändern zu finden und säumen die Wege manchmal in Form von kilometerlangen blühenden Hecken.

Größere, wild lebende **Tiere** bekommt der Reisende auf der Chalkidikí kaum zu Gesicht. Nur die Griechische und die Maurische Landschildkröte überqueren häufiger Straßen oder liegen auf Pfaden und Wanderwegen. Zahlreich sind Geckos und Eidechsen, darunter die auffällig grüne Smaragdeidechse. Schlangen begegnet man nur selten; dem Menschen gefährlich werden können nur die Hornotter und die Vipera lebertina. Größere Säugetiere wie Wolf und Braunbär kommen zwar noch in entlegenen Gegenden Nordgriechenlands vor, auf der Chalkidikí aber nicht mehr. Neben Füchsen und Dachsen soll es hier noch einige Goldschakale geben, die sich von Vögeln und kleinen Säugetieren ernähren. Für den Menschen sind sie völlig ungefährlich. Graureiher sieht man an Seen und Flussläufen, Störche vor allem in den Dörfern nahe den Seen im Norden der Chalkidikí und in den Küstenebenen nahe dem Olymp. Eine der schönsten Urlaubsbegegnungen kann einem auf der Bootsfahrt entlang der Áthos-Halbinsel widerfahren: Da springen des Öfteren noch Delfine übers Wasser.

WIRTSCHAFT UND UMWELT

Region im Umbruch

Die Bodenschätze, die schon die alten Griechen anlockten, sind auch heute noch ein bedeutender Wirtschaftsfaktor der Chalkidikí. **Zentren des Bergbaus** sind das Binnendorf Vávdos sowie die Küstenorte Gerakiní und Stratóni. Bedeutendster Ertrag ist heute das weiße Magnesit, das zur Wärme-Isolierung, aber auch bei der Herstellung von Pharmazeutika, Gummiprodukten, Kosmetika, Tinten und Glas Verwendung findet.

Auch die **Land- und Forstwirtschaft** ist für viele Chalkidiker noch ein wichtiger Erwerbszweig – wenn auch immer häufiger nur noch im Nebenberuf. Auf der Halbinsel Kassándra und in den flachen Küstenregionen des Festlands wird viel Hartweizen angebaut. In der Umgebung von Ólinthos gedeihen Pistazien. Riesige Olivenhaine wie anderswo gibt es auf der Chalkidikí zwar kaum, aber ein paar eigene Olivenbäume für den privaten Gebrauch weiß jeder Hellene zu schätzen. Mehrere Dörfer haben sich auf den Anbau von Weihnachtsbäumen spezialisiert, andere konzentrieren sich darauf, das reichlich vorhandene Holz in Tischlereien und kleinen Möbelfabriken weiter zu verarbeiten. Die Chalkidikí zählt zu den bedeutendsten Honiglieferanten Griechenlands, wobei ihre Imker zumeist genossenschaftlich organisiert sind. Die Gewinnung des Harzes aus Aleppokiefern für die Herstellung von *retsína* ist ein willkommenes Zubrot.

Der **Tourismus** ist für die Chalkidikí von zentraler Bedeutung. Hier hat man es verstanden, ein Qualitätsprodukt zu schaffen, dessen Standard nur gehalten werden kann, wenn auch die Umwelt intakt bleibt.

Umwelt

Hoteliers und Kommunen arbeiten bei der **Müllbeseitigung** eng zusammen. Fast alle Gemeinden sind an kommunale Kläranlagen angeschlossen; viele größere Hotels verfügen über eigene Kläranlagen, deren gereinigtes Brauchwasser sie z. B. für die Gartenbewässerung benutzen. **Solarenergie** wird in den Küstenregionen der Chalkidikí weit häufiger zur Warmwassergewinnung genutzt als im übrigen Griechenland. Die Strände werden zumeist regelmäßig gereinigt; im Jahr 2004 erhielten über 30 Strände der Chalkidikí die Blaue Flagge des Europarats als Auszeichnung für **Strand- und Wasserqualität.** Eine besondere Leistung der Hoteliersvereinigung der Chalkidikí ist die Anlage und Pflege von **Wanderwegen:** So werden uralte Ziegenpfade, die längst kein Einheimischer mehr gehen mag, als Kulturgut erhalten.

Umweltprobleme

Eines der griechischen Umweltprobleme nicht nur auf der Chalkidikí ist sicherlich die zunehmende **Zersiedelung** der Landschaft. Daran sind aber weniger die neuen Hotels schuld als der Hang vieler Griechen zu Ferienhäusern und -wohnungen.

Griechen und Urlauber zusammen schaffen zudem ein **Wasserproblem.** Der hohe zusätzliche Wasserverbrauch im Sommer hat auf der Halbinsel Sithonía schon zu einer Absenkung des Grundwasserspiegels geführt und damit auch zu zunehmender Versalzung des Grundwassers. Dieses Problem ist wohl nur zu lösen, wenn die Urlauber mithelfen: indem sie mit dem Wasser der Griechen sparsamer umgehen als diese selbst.

Thessaloníki – Wirtschaftsmetropole des Balkan

Die wirtschaftliche Entwicklung der Chalkidikí wird wesentlich von der Nähe Thessaloníkis gefördert, das die unangefochtene Metropole ganz Nordgriechenlands ist. Obwohl Thessaloníki erheblich vom Fall des Eisernen Vorhangs profitierte, steht es noch immer im Schatten Athens, wo die Hälfte der griechischen Bevölkerung lebt und wo Landesregierung und Parlament ihren Sitz haben. In den 1980er Jahren wurde in Hellas zwar eine Dezentralisierung der Verwaltung eingeleitet, die jetzt forciert werden soll, aber ein föderalistisches System wie in den deutschsprachigen Ländern ist noch lange nicht in Sicht. Kommunen, Regierungsbezirken und Provinzen wurden einerseits Budgetvollmachten erteilt, andererseits werden weiterhin alle wichtigen und weitreichenden Entscheidungen in Athen gefällt und die Gelder aus Steuermitteln und EU-Töpfen von der Zentralregierung nach Gutdünken verteilt.

Auf dem Weg zu mehr Selbstverwaltung kamen Thessaloníki in den 1990er Jahren drei Entwicklungen zu Hilfe. Die vermeintlichen Ansprüche der ehemaligen jugoslawischen Teilrepublik Mazedonien (F.Y.R.O.M.) führten zu einer nationalistischen Massenbewegung unter dem Motto »Macedonia is Greek«, die diesen Landesteil in den Mittelpunkt des nationalen Interesses stellte (s. Thema, S. 28). Als Thessaloníki zur »Kulturhauptstadt Europas 1997« gekürt wurde, bescherte dies der Stadt einen selbstverwalteten Finanzetat, wie sie ihn noch nie besessen hatte: ca. 300 Mio. €, vorwiegend aus Brüsseler Quellen. Symptomatisch ist allerdings, dass niemand in Thessaloníki genau weiß, wieviel Geld die Athener Regierung beisteuerte. Für die Zukunft Thessaloníkis am bedeutendsten ist aber sicherlich die politische Neuordnung des Balkan nach dem Zusammenbruch des sozialistischen Staatensystems. Durch die Öffnung der Grenzen hofft Thessaloníki, wieder in seine alte Rolle als Metropole des Balkan schlüpfen zu können.

Nach dem Ende des Boykotts der F.Y.R.O.M. ist Thessaloníki wieder der natürliche Hafen für das von den Griechen auch schlicht »Skópia« genannte Land. Seine verkehrsgeographische Nähe zum Balkan und nach Kleinasien wird Thessaloníki zu einem wirtschaftlichen Brückenkopf der EU machen und die Stadt als internationalen Messeplatz aufwerten. Der schon weit fort-

Qualität ist meist Trumpf beim Tourismus auf der Chalkidikí –
bestes Beispiel ist das Hotel Eagle's Palace nahe Ouranoúpoli

geschrittene Ausbau der Straße von Istanbul über Thessaloníki an die Adria als neue »Via Egnatia« verspricht ebenso viele Vorteile wie die Modernisierung des griechischen Eisenbahnsystems und die eingeleitete Wiedereröffnung von Autoput und Bahnstrecken durch Ex-Jugoslawien nach Mitteleuropa. Im Tourismus hat die neue politische Situation in Osteuropa überlebenswichtige Auswirkungen: Den Gästeschwund aus Mittel- und Nordeuropa machen osteuropäische Urlauber wett. Ihre Bedeutung als Einkaufstouristen und Investoren wächst stetig: Russen kaufen in Thessaloníki und auf der Chalkidikí nicht nur Souvenirs, sondern zunehmend auch Pelzwaren und Häuser.

GESCHICHTE IM ÜBERBLICK

Prähistorische Zeit (bis ca. 700 v. Chr.)

700 000 v. Chr.	Älteste Spuren menschlicher Besiedlung (Feuerplätze, Werkzeuge)
250 000 v. Chr.	Ältester Fund eines menschlichen Schädels
5000 bis 2500 v. Chr.	**Jungsteinzeit (Neolithikum):** Die Einführung von Ackerbau und Viehzucht führt dazu, dass die Menschen sesshaft werden.
2500 bis 1200 v. Chr.	**Bronzezeit:** Werkzeuge und Waffen aus Kupfer und Bronze lösen die alten Steinwerkzeuge ab. Auf Kreta entsteht mit der minoischen Kultur die erste Hochkultur auf europäischem Boden. Nach Nordwest-, Mittel- und Südgriechenland wandern die Achäer als erster griechischer Stamm ein. Sie lassen sich vor allem in Attika und auf dem Peloponnes nieder. Die minoische Kultur geht um 1450 v. Chr. unter, die mykenische Kultur der Achäer wird nun dominant.
um 1200 v. Chr.	Während oder nach dem Trojanischen Krieg lassen sich die ersten Achäer auf der von Thrakern besiedelten Chalkidikí nieder. Von Norden her dringen Makedonen ins heutige Nordgriechenland ein.
1200 bis 900 v. Chr.	**Dunkle Jahrhunderte (Dark Ages):** In Griechenland wandern neue griechische Stämme ein: Dorier, Ionier und Äolier. Die mykenische Kultur geht unter, ohne dass eine neue Hochkultur an ihre Stelle tritt.
900–700 v. Chr.	**Geometrische Zeit:** Eine neue zivilisatorische Entwicklung setzt ein. Sichtbarsten Ausdruck findet sie in vielfältiger Keramik, für die ein geometrisches Dekor kennzeichnend ist. Mitte des 8. Jh. führen soziale Spannungen und Überbevölkerung zum Beginn einer großen Kolonisationsbewegung, in deren Verlauf sich auch viele Siedler aus Chálkis und Erétria auf Euböa sowie aus Ándros, Attika und Korinth auf der Chalkidikí niederlassen. Die thrakischen Ureinwohner werden versklavt, verdrängt oder getötet.
	In der Zeit um 700 v. Chr. werden auch die Makedonen erstmals archäologisch und damit historisch fassbar: Ihr Volk verteilt sich nicht auf zahllose Stadtstaaten – als freie Bauern und Hirten sind die Makedonen dem König eines Flächenstaates untertan.

Antike (bis 395 n. Chr.)

700–500 v. Chr.	**Archaische Zeit:** Überall in Griechenland entstehen voneinander unabhängige und oft untereinander verfeindete Stadtstaaten. Auf der Chalkidikí bilden sich über 40 solcher *poleis* heraus. In dieser Epoche werden die Grundlagen für die Entwicklung der klassischen griechischen Kunst und Kultur gelegt.

Wie die Urmenschen lebten, wurde in der Höhle von Petrálona nachgestellt

490–479 v. Chr. **Perserkriege:** Die griechischen Städte an der Küste Kleinasiens erheben sich im »Ionischen Aufstand« gegen ihre Abhängigkeit vom Großreich der Perser. 494 v. Chr. unterdrücken die Perser den Aufstand. Zwei Jahre später unternehmen die Perser erstmals den Versuch, in den europäischen Teil der griechischen Welt einzudringen. Unter ihrem Feldherrn Mardonios umsegeln sie auf ihrem Weg in die südliche Ägäis den Berg Áthos. Dort aber wird ihre Flotte in einem Sturm vernichtet. Zwei Jahre später überqueren sie unter Datis und Artaphernes die Ägäis direkt, unterliegen aber den Athenern in der Schlacht von Marathon. Die Perser geben jedoch nicht auf und bereiten sich auf einen neuen Feldzug vor. Doch auch der 480 v. Chr. begonnene neue Angriff auf Griechenland scheitert. Die Perser werden von den Griechen in den Seeschlachten von Marathon (480) und Mykale sowie der Landschlacht von Platäa (beide 479) vernichtend geschlagen.

479–348/ 338 v. Chr. **Klassische Zeit:** Nach dem Sieg über die Perser erreicht die künstlerische Entwicklung Griechenlands ihren Höhepunkt. Doch schon 431 v. Chr. bricht der Peloponnesische Krieg aus, der ganz Griechenland in Mitleidenschaft zieht. Athener und Spartaner mit ihren jeweiligen Verbündeten ziehen plündernd durch das Land, zerstören zahlreiche Städte und versklaven deren Bevölkerung.

Auch die Chalkidikí wird in Mitleidenschaft gezogen. Nach der Niederlage Athens und dem Kriegsende 404 v. Chr. schließen sich 32 Städte der Halbinsel unter Führung von Ólinthos zum »Chalkidischen Bund« zusammen und arbeiten nicht nur militärisch, sondern auch politisch und wirtschaftlich eng zusammen. Durch zahlreiche lokale Kriege geschwächt, ist ganz Griechenland jetzt aber reif für die Eroberung durch die staatlich geeinten und straff organisierten Makedonen. Philipp II. unterwirft 348 v. Chr. die Chalkidikí, zehn Jahre später auch die Region des heutigen Thessaloníki sowie das gesamte Griechenland. Sein Sohn Alexander der Große zieht 335 v. Chr. aus, die Welt zu erobern. Er erobert Persien und Ägypten und dringt bis nach Indien vor. Griechenland ist nur noch ein kleiner, relativ unbedeutender Teil seines Reiches.

323 bis 168 v. Chr.

Hellenistische Zeit: Nach dem frühen Tod Alexanders des Großen teilen seine Generäle in den »Diadochenkämpfen« das Reich unter sich auf. Makedonien wird wieder ein kleiner eigener Staat unter der Herrschaft von Alexanders General Antigonos. 315 v. Chr. gründet

Alexander, der große Eroberer, hoch zu Ross in Thessaloníki

sein Nachfolger Kassándros die Stadt Thessaloníki, die den Namen seiner Gemahlin trägt. Auch auf der Chalkidikí werden in der Folgezeit mehrere neue Städte geschaffen.

168 v. Chr.
–395 n. Chr. **Römische Zeit:** Nach der Eroberung ganz Makedoniens durch die Römer wird Thessaloníki 146 v. Chr. Hauptstadt der Provinz Macedonia. Während die Städte der Chalkidikí durch Überfälle der Goten im Jahr 269 weitgehend zerstört und entvölkert werden, gedeiht Thessaloníki dank dem Schutz seiner Mauern und der von den Römern erbauten Via Egnatia, die als Handels- und Heeresstraße Byzantion (das heutige Istanbul) mit Durres an der Adria verbindet. Im Jahr 305 wird es von Kaiser Galerius sogar zur Hauptstadt des Römischen Reiches erhoben – eine Entscheidung, die Kaiser Konstantin dann 330 durch die Einweihung der neuen Reichshauptstadt Konstantinopel (Byzantion, Istanbul) wieder rückgängig macht. 395 wird das inzwischen christianisierte Römische Reich schließlich in zwei Hälften geteilt; ganz Griechenland fällt an Ostrom.

Oströmisch-byzantinische Zeit (395–1430)

seit 395 In den folgenden Jahrhunderten avanciert Thessaloníki zur zweitwichtigsten Stadt im Oströmisch-byzantinischen Reich.

6.–8. Jh. Thessaloníki kann die Überfälle von Goten, Awaren und Slawen erfolgreich abwehren, während ihnen die kleinen Städte der Chalkidikí zum Opfer fallen.

904 Muslimische Sarazenen erstürmen Thessaloníki und verschleppen 22 000 seiner Bewohner in die Sklaverei (s. Thema, S. 26).

963 Auf dem Berg Áthos, auf dem schon seit dem 8. Jh. zahlreiche Asketen leben, kommt es zur Gründung eines ersten Klosters, der Megístis Lávras. Noch im gleichen Jahrhundert werden die Klöster Vatopedíou und Ivíron gegründet.

1204 Die Venezianer lenken den Vierten Kreuzzug nach Konstantinopel um, die Stadt fällt an die Kreuzritter. Ein Jahr später übernimmt der Kreuzritter Bonifatius von Montferrat die Herrschaft über Thessaloníki und die Chalkidikí.

1261 Stadt und Region werden noch einmal byzantinisch.

1430 Die Türken erobern Thessaloníki und die Chalkidikí.

1453 Die Reichshauptstadt Konstantinopel wird von den Türken erobert, das Byzantinische Reich ist endgültig zerstört.

Osmanische Zeit

seit 1453 Viele Griechen verlassen nach der Eroberung durch die Türken die Stadt, türkische Familien werden angesiedelt.

1470–1500 Im Zuge der Judenverfolgungen in Europa lassen sich viele Juden

DIE LEIDVOLLE EROBERUNG THESSALONÍKIS

Vom 8. bis 10. Jh. hatten moslemische Sarazenen von den Küsten Nordafrikas die Seeherrschaft im östlichen Mittelmeer an sich gerissen, sich Inseln wie Zypern und Kreta tributpflichtig gemacht und viele Küstenstädte zerstört. Im Juli 904 wandten sie sich gegen Thessaloníki, die nach Konstantinopel wohlhabendste Stadt des Byzantinischen Reichs. Wie der Chronist vermerkt, fehlte es den reichen Bewohnern an nichts. Gleichzeitig war Thessaloníki aber auch zum Sündenpfuhl geworden, in dem jeder neidisch nach dem Gut des anderen gierte. Nach nur dreitägigem Kampf siegten die Sarazenen. Für die Thessaloniker war das grausamer Beweis dafür, dass der hl. Dimítrios ihnen wegen des Sitten- und Glaubensverfalls den gewohnten Schutz verweigert hatte, dass sie folglich auch beim Jüngsten Gericht nichts Gutes zu erwarten hatten.

Ein Großteil der Bevölkerung wurde umgebracht, 22 000 Thessaloniker wurden auf Schiffen abtransportiert. Einige Gefangene verkauften die Sarazenen an die auf Kreta herrschenden Araber, andere wurden nach Tripolis im heutigen Libyen und Tarsus im heutigen Syrien gebracht. Wer Glück hatte, der kam durch einen Gefangenenaustausch mit Byzanz wieder frei; viele Thessaloniker endeten jedoch als Sklaven im Orient. Der Kleriker Johannes Kaminiates, den man im Austausch mit einem anderen Gefangenen frei ließ, hat die Belagerung Thessaloníkis anschaulich geschildert. Hier eine kleine Leseprobe:

»Sobald die Barbaren einmal eingedrungen waren und sich über die ganze Stadt verteilt hatten, gingen sie sogleich daran, Menschen jeden Alters und Geschlechts zu töten. Bei ihnen gab es kein Mitleid. Schon lange vorher befanden sie sich in der Stimmung der Raserei und dürsteten nach unserem Blut. So wurden Greise, in der vollen Manneskraft Stehende, Jugendliche, überhaupt einfach jeder, der ihnen begegnete, ein Opfer der Henker. Sie führten aber keine Todesstreiche gegen sie, sondern um ihnen lange Schmerzen zu bereiten, hieben sie ihnen Teile des Rückens und die Schenkel ab und ließen sie so auf das Ende warten. Aber auch dadurch wurde die Wut der Eroberer noch nicht gestillt; es machte sie rasend, dass sie nicht mehrmals zum Sterben bringen konnten. Um jener tierischen Begierde willen schonten sie zu Beginn der Katastrophe auch Frauen und sogar Kinder nicht, deren junges, unreifes Leben oft selbst die Augen von Tieren zum Mitleid bewegt. Alle wurden in gleicher Weise hingestreckt, wie von der jungen Saat auf grünender Flur alles abgemäht wird, sodass eine Stadt, die noch vor kurzem voller Menschen und zu eng geworden war, in einem kurzen Augenblick entvölkert schien…«

Auszug aus: **Johannes Kaminiates**, »Die Einnahme Thessalonikes durch die Araber im Jahre 904«, übersetzt von Gertrud Böhlig (Styria Verlag, Graz 1975).

im Osmanischen Reich nieder, das ihnen Schutz und Privilegien gewährt. 1470 kommen etwa 1000 askenasische Juden aus Bayern und Ungarn nach Thessaloníki, nach 1492 über 15 000 sephardische Juden aus Spanien, Portugal und Italien (s. Thema, S. 165).

16. Jh. Thessaloníki erlebt einen gewaltigen wirtschaftlichen Aufschwung. Auf der Chalkidikí führen die Türken die Seidenraupenzucht und den Tabakanbau ein und intensivieren die Silbergewinnung im Gebiet von Stágira.

18. Jh. Zahlreiche europäische Nationen eröffnen in Thessaloníki Konsulate und gründen Handelshäuser. Thessaloníki entwickelt sich zu einer kosmopolitischen Stadt.

1821 Als sich die Griechen auf dem Peloponnes gegen die türkische Fremdherrschaft erheben, kommt es auch auf der Chalkidikí zum Aufstand. Er wird aber noch im gleichen Jahr niedergeschlagen. Weitere Aufstände folgen 1854 und 1878.

1830 Griechenland wird ein unabhängiger Staat. Nordgriechenland und viele Inseln bleiben aber unter türkischer Herrschaft.

1830–1912 Thessaloníki bleibt die bedeutendste Stadt des Balkan. Im Zuge der Industrialisierung wächst die Bevölkerung von 70 000 Menschen im Jahr 1841 auf 160 000 im Jahr 1900 an. Die Hälfte von ihnen sind Juden. Außerdem leben hier etwa 35 000 Türken, 30 000 Griechen und 15 000 Ausländer.

20. und 21. Jahrhundert

1912–1913 Obwohl Griechenland und Bulgarien miteinander konkurrierende Ansprüche auf den Besitz Makedoniens erheben, verbünden sie sich mit Serbien und Montenegro im Ersten Balkankrieg gegen das Osmanische Reich. Anfang Oktober 1912 befreien sie die Chalkidikí, am 26. Oktober 1912 übergeben die Türken das überwiegend jüdische Thessaloníki an die Griechen.

1914–1923 Nach heftigen innenpolitischen Auseinandersetzungen tritt Griechenland im November 1916 auf Seiten der Alliierten in den Ersten Weltkrieg ein, den die Türkei auf Seiten der Achsenmächte führt. Als Belohnung erhält es 1919 durch das Abkommen von Neuilly West-Thrakien zugesprochen. 1920 werden Griechenland die Souveränitätsrechte über Ost-Thrakien und die Region von Smírna (Izmir) zugesprochen, sofern dies die örtliche Bevölkerung nach fünf Jahren per Volksabstimmung bestätigen würde.

Die Griechen wollen nicht so lang warten. 1920/21 besetzen sie Ost-Thrakien und versuchen, von Smírna aus auf Ankara vorzustoßen. Von den Alliierten allein gelassen, werden die Griechen 1922 von den Türken unter Kemal Atatürk geschlagen. Zahllose kleinasiatische

27

ZANKAPFEL MAKEDONIEN

Was die Griechen heute »Makedonien« nennen, ist unbestreitbar griechisch. Kein Nachbarstaat hat das in der Nachkriegszeit ernsthaft bestritten. Die von griechischer Seite hochgespielten Äußerungen und Territorialansprüche einiger Nationalisten der ehemals jugoslawischen Teilrepublik Mazedonien sind längst ad acta gelegt: Die Regierung des nördlichen Nachbarstaates hat die von den Griechen beanstandete Flagge geändert und sich den offiziellen Namen »Frühere jugoslawische Teilrepublik Mazedonien« gegeben – englisch F.Y.R.O.M. abgekürzt.

Wirklich griechisch ist Makedonien aber erst seit der Ansiedlung mehrerer Hunderttausend griechischer Flüchtlinge aus Kleinasien und dem Schwarzmeergebiet. Während der letzten Zählung im Osmanischen Reich, bei der nicht Volksgruppenzugehörigkeit, sondern das religiöse Bekenntnis ausschlaggebend war, lebten in Makedonien und Thrakien etwa 2,5 Mio. Menschen, davon 35 % Muslime. Die Christen waren in zahlreiche Sprach- und Volksgruppen zersplittert: Es gab slawische Sprachgruppen wie Bulgaren, Albaner, Aromunen und Serben, ferner Griechisch sprechende Sarakatsanen, Sinti und Roma und Juden sowie Bulgarisch sprechende muslimische Pomaken und muslimische Albaner. Die Griechen waren in der Minderheit. Als sich das Osmanische Reich aufzulösen begann, erhoben jeweils Serbien, Griechenland und Bulgarien Ansprüche auf Makedonien; türkische Freischärler kämpften für den Verbleib der Provinz im Osmanischen Reich.

In Bulgarien, wo in Städten wie Plovdiv und Burgas zahlreiche Griechen lebten, kam es zu Pogromen. Bulgarische und griechische Partisanen terrorisierten wiederum andere Bevölkerungsgruppen, sodass die europäischen Großmächte zwischen 1904 und 1908 Polizeitruppen in Makedonien stationierten: Österreicher in Skopje, Briten in Dráma, Franzosen in Sérres und Russen in Thessaloníki.

Doch Makedonien blieb zunächst noch Teil des Osmanischen Reichs. Unter russischer Federführung schlossen sich Griechenland, Bulgarien, Serbien und Montenegro 1912 zum Balkanbund zusammen und eröffneten den Kampf gegen die Osmanen in Makedonien. Der gemeinsame Kampf gegen die Türken deckte den griechisch-bulgarischen Interessenkonflikt allerdings nicht zu: So gestaltete sich die Eroberung Thessaloníkis zu einem Wettlauf zwischen der griechischen und der bulgarischen Armee. Dieser Erste Balkankrieg endete 1913 mit der Niederlage der türkischen Truppen. Kurz darauf brach zwischen den ehemaligen Verbündeten ein neuer Krieg aus: Im Zweiten Balkankrieg kämpfte Bulgarien gegen Serbien und Griechenland; Rumänen und Türken schalteten sich in den Konflikt ein und rückten auf Sofia vor. Die Bulgaren mussten daraufhin Frieden schließen.

Im Londoner Protokoll von 1913 wurde der Balkan nun neu geordnet. Griechenland erhielt die meisten seiner Inseln zurück, dazu Makedonien, Epirus und West-Thrakien. Das Gebiet zwischen den Flüssen Néstos und Évros wurde zunächst Bulgarien zugesprochen und erst 1920 Griechenland überlassen.

Griechen flüchten ins Mutterland. 1923 wird im Vertrag von Lausanne ein groß angelegter Bevölkerungsaustausch zwischen Griechenland und der Türkei vereinbart.

1940 Im Oktober 1940 tritt das von Italien angegriffene Griechenland auf Seiten der Alliierten in den Weltkrieg ein.

1941–1949 Griechenland wird von deutschen Truppen besetzt. Die jüdische Bevölkerung des Landes wird in Konzentrationslager deportiert und größtenteils ermordet. Nach dem Abzug der Wehrmacht im Oktober 1944 bricht ein Bürgerkrieg zwischen Bürgerlichen und Kommunisten aus, der unter den Griechen mehr Opfer fordert als die Kriegsjahre. Erst 1949 ist er endgültig beendet.

1949–1967 Durch Aufnahme in die NATO (1953) und Assoziation mit der EWG (1962) wird das innenpolitisch stark zerrüttete Land ins westliche Bündnis eingebunden.

1967–1974 Vor den Neuwahlen des Jahres 1967, für die ein deutlicher Linksruck zu erwarten ist, putschen rechte Obristen und errichten eine Militärdiktatur. Nach Studentenunruhen im Polytechnikum von Athen im November 1973 und einem von Griechenland organisierten, gescheiterten Putsch auf Zypern tritt die Junta im August 1974 zurück.

1974–1975 Der ehemalige konservative Ministerpräsident Konstantínos Karamanlís übernimmt die Regierungsgeschäfte und schreibt Neuwahlen aus, die er gewinnt. Die Monarchie wird noch 1974 durch Volksabstimmung abgeschafft, die bis heute größten Parteien, PASOK. und *Néa Dimokratía*, werden gegründet. Die konservative Néa Dimokratía wird Regierungspartei.

1981 Griechenland wird Vollmitglied in der EU. Die sozialdemokratische PASOK. löst erstmals die Néa Dimokratía als Regierungspartei ab.

1996 Der 1981 gewählte Ministerpräsident Andréas Papandréou stirbt. Sein Nachfolger wird Kóstas Simítis (ebenfalls PASOK).

1999 Auf dem EU-Gipfel in Helsinki im Dezember stimmt Griechenland zu, der Türkei den Status eines offiziellen Beitrittskandidaten zu gewähren. Dadurch verbessern sich die Beziehungen zwischen beiden Ländern wesentlich.

2002 Der Euro ersetzt die griechische Drachme als Landeswährung.

2004 Im März gewinnt die Néa Dimokratía die Parlamentswahlen; Premierminister wird Kóstas Karamanlís. Im August finden in Athen die Olympischen Sommerspiele statt; in Thessaloníki werden einige Spiele des Olympischen Fußballturniers ausgetragen.

2005 Der spanische Architekt Santiago Calatrava, der auch das Dach für das neue Athener Olympiastadion konstruierte, wird mit einer Neuplanung des Messegeländes von Thessaloníki beauftragt.

Kultur
und Leben

Karneval wird im makedonischen
Sochós noch nach uralten
Ritualen gefeiert

GRIECHISCHE LEBENSART

Jeder Urlauber wird bemerken, dass die Uhren in Griechenland offenbar anders ticken als hier zu Lande – und dass die meisten Griechen anders sind als die meisten Mitteleuropäer, ja selbst als Italiener und Spanier.

Der deutsche Schriftsteller Erhart Kästner, der Hellas intensiv während des Zweiten Weltkriegs bereiste, hat nicht nur besser als jeder andere Autor von Griechenland geschwärmt – er hat die Griechen auch treffend und knapp beschrieben. Er meint, das griechische Einmaleins sei »mit dem der Hexen verwandt: aus zehn mach eins, aus keins mach zehn«. Denn immer wieder wundert man sich, dass die einfachsten Dinge in Griechenland nicht klappen – und dass andererseits fast Unmögliches mit leichter Hand möglich gemacht wird.

Nach Meinung Kästners treibt alle Griechen überdies der Drang, »alles, nur nicht uniform zu sein und frei über sich zu verfügen«. Diese Charaktereigenschaft sieht er als einen uralten hellenischen Wunsch, der allerdings oft an etwas ebenso typisch Griechischem scheitert – an der starken sozialen Kontrolle, der man in Griechenland außerhalb der Großstädte auch heute noch unterworfen ist.

Ein griechischer Tag

Ein Tag in Griechenland gestaltet sich doch sehr anders, als ihn die meisten Urlauber von zu Hause kennen.

Der Tagesablauf ist stark vom mediterranen Klima beeinflusst. Man steht früh auf, um den Nachmittag frei zu haben. Zwischen 14 und 15 Uhr schließen fast alle Geschäfte, gehen Beamte und Angestellte nach Hause. Nach einem zumeist leichten Mittagessen ist die Zeit der Siesta gekommen, die gegen 17 oder 18 Uhr endet. Nur an drei Werktagen in der Woche öffnen dann noch einmal die Geschäfte, an den anderen Tagen genießen auch die Händler ihre Ruhe. Zum Abendessen verabredet man sich gern mit Freunden oder Verwandten, vor 22 Uhr setzt man sich im Sommer jedoch nur selten zu Tisch. Nachtschwärmer sind die meisten Hellenen nicht, gegen 1 Uhr nachts schließen fast alle Lokale.

Ein griechisches Jahr

Im griechischen **Jahreskreislauf** ist der Gegensatz zwischen Sommer und Winter stärker, als man sich das als Saisonurlauber vorstellen kann. Schnee und Frost sind in den Küstenregionen zwar selten, Temperaturen unter 10 °C jedoch nicht. Viele Privathäuser sind darauf nicht eingestellt, Zentralheizungen sind selten. Man behilft sich mit Elektroradiatoren oder Holzöfen. In neueren Bars, Tavernen und Villen sind offene Kamine en vogue. In einfachen Kaffeehäusern auf dem Land setzt man sich aber immer noch mit Mantel und Mütze um einen kleinen Ofen zusammen. Vom Hei-

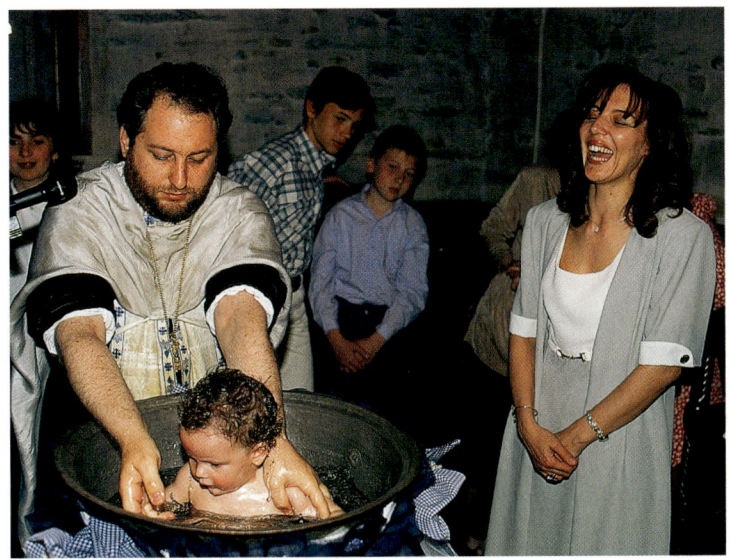

Wichtiges Ritual zu Beginn eines jungen Lebens – die Taufe

zungsproblem der Kirchen zeugen abenteuerliche Ofenkonstruktionen, die häufig noch im Sommer zu sehen sind.

Die Sommerferien für Schüler und Lehrer dauern in Hellas von Mitte Juni bis Mitte September. Ihren Jahresurlaub treten aber fast 90 % aller Griechen zwischen dem 1. und 20. August an. In dieser Zeit ist es vielerorts schwer, ein freies Zimmer zu finden.

Von der Taufe bis zum Studium

Das erste bedeutende Ereignis im Leben eines jungen Griechen ist die Taufe. Bei der Auswahl des Paten lassen die Eltern besondere Sorgfalt walten, denn er wird für das Wohlergehen des Kindes ebenso zuständig sein wie die Eltern.

Nach dem fakultativen Besuch eines staatlichen Kindergartens *(nipiagogío)* beginnt im Alter von sechs Jahren die neunjährige Schulpflicht. Auf sechs Jahre Grundschule *(dimotikó skolío)* folgt der dreijährige Besuch der Sekundarstufe I, *gimnasío* genannt. Eine bestandene Aufnahmeprüfung ist Voraussetzung für den Besuch der dreijährigen Sekundarstufe II *(líkio)*. Nach bestandenem Abitur können sich die Interessenten für einen der knappen Studienplätze bewerben – junge Männer müssen jedoch vorher noch ihren zwölfmonatigen Wehrdienst ableisten.

Klientelismus und soziales Netz

Einen Job zu finden, ist in Griechenland bei einer Arbeitslosenrate von über 10 % ebenso schwer wie anderswo. Persönliche Beziehungen spielen dabei eine besonders große Rolle. Laut einer EU-Statistik finden in Deutschland angeblich nur 1 % aller Arbeitslosen durch Freunde und Verwandte einen Job – in Griechenland sind es dagegen 32 %. Dabei spielt das griechische System des Klientelismus eine zwar abnehmende, aber immer noch wichtige Rolle. Wer einen Politiker im Wahlkampf unterstützt und ihm die Stimmen der Familie verspricht, kann auf Hilfe bei der Arbeitsplatzsuche, beim Erwerb eigentlich illegaler Baugenehmigungen und auf Hilfe in jeder Lebenslage hoffen.

Auf die Hilfe der Familie und auf einen funktionierenden Klientelismus sind die Griechen immer noch stark angewiesen. Das soziale Netz ist dünner als bei uns. Es gibt zwar eine gesetzliche Krankenversicherung, aber nur wenige Ärzte, die deren Mitglieder ohne Zusatzbezahlung akzeptieren; die gesetzlichen Altersrenten bewegen sich für die meisten Berufe am unteren Rand des Existenzminimums.

Dabei werden die Griechen im Durchschnitt älter als die Deutschen. Die Lebenserwartung liegt in Hellas bei 78 Jahren und damit um zwei Jahre höher als bei uns. Die Griechen führen das oft auf die reichliche Verwendung von Olivenöl statt tierischer Fette, ihre Vorliebe für Fisch und ihren geringeren Alkoholkonsum zurück.

Die Rolle der Frau

Die Gleichberechtigung von Mann und Frau wurde in Griechenland erst 1975 in der Verfassung verankert. Das Gesetz, das Bräute zwang, eine Mitgift in die Ehe mitzubringen, wurde erst 1983 abgeschafft, im gleichen Jahr erst das Heiratsalter für Mädchen von 14 auf 18 Jahre heraufgesetzt. Inzwischen sind im Ausbildungs- und Berufswesen mitteleuropäische Standards erreicht. Die soziale Kontrolle durch Familie und Nachbarn sorgt insbesondere auf dem Land aber immer noch dafür, dass die alten Rollenverteilungen aufrechterhalten werden.

Umgang mit den Alten und dem Tod

Zwar gibt es auch in Griechenland Alters- und Seniorenheime; viele alte Griechen aber finden in den letzten Lebensjahren immer noch Aufnahme bei Familienmitgliedern oder werden von ganz in der Nähe wohnenden Verwandten betreut.

Ganz anders als im protestantischen und römisch-katholischen Mitteleuropa ist der Umgang mit dem Tod. Ein Blick auf Dorffriedhöfe führt dies drastisch vor Augen. So sind nicht nur die meisten Gräber weitaus weniger gepflegt als bei uns, sondern auch die Gebeine der Toten werden schon nach vier bis fünf Jahren exhumiert und anschließend in zumeist unverschlossenen Holzkisten deponiert. Diese wiederum werden dann recht achtlos in einem Schuppen am Rande des

Friedhofs verstaut. Der Verstorbene ist ja längst in einer anderen Welt – warum also viel Aufhebens um seine sterblichen Überreste machen?

Orthodoxie und Ikonenverehrung

Fast alle Griechen gehören der griechisch-orthodoxen Kirche an. Für viele von ihnen spielen die Heiligen fürs eigene Leben noch immer eine bedeutende Rolle. **Heiligendarstellungen** finden sich quasi überall: Ikonen hängen in Bussen und Privatautos, auf Schiffsbrücken, an Hotelrezeptionen, in Cafés, Amtszimmern, Bars und Privatwohnungen. Griechen jeden Alters gehen morgens vor Arbeitsbeginn kurz in eine der vielen geöffneten Kirchen, um den in ihren Ikonen anwesenden Heiligen eine Kerze zu entzünden, sich vor ihren Bildnissen zu bekreuzigen und diese zu küssen. Gebete werden, auf Zetteln niedergeschrieben, vor Ikonen deponiert, damit sie vom Heiligen länger wahrgenommen werden. An Ikonen, die als besonders wundertätig erachtet werden, befestigt man zur Unterstützung des Gebets kleine Votivtafeln. Sie zeigen den Körperteil, dessen Genesung man erbittet, bilden den geliebten Menschen ab, für den man betet oder vergegenwärtigen gar das Objekt seiner Begierde (ganz nach dem Motto: »Oh Lord, would you buy me a Mercedes-Benz«). Hat der Heilige ein Gebet erhört, wird er aus Dankbarkeit beschenkt. Man stiftet seiner Ikone Schmuckstücke oder Armbanduhren oder lässt sie mit einem wertvol-

Zwischen Tradition und Moderne – die Rolle der Frau in Griechenland

len Kupfer- oder Silberüberzug, dem *oklad,* bedecken. Manchmal stiftet man ihm auch einen Bilderstock vor der Kirche oder am Rand einer Landstraße.

Die meisten Heiligen der Ostkirche sind Märtyrer und Asketen aus frühchristlicher Zeit, sie sind daher auch in der römisch-katholischen Kirche bekannt. Darüber hinaus gibt es aber auch ›junge‹ Heilige, die erst seit kurzem ob ihres wundertätigen Wirkens im ganzen Land verehrt und um Hilfe gebeten werden, so z. B. der erst 1920 verstorbene hl. Nektários von der Insel Ägina. Äußerst beliebt ist zurzeit der hl. Raffaíl, der vor 1959 noch völlig unbekannt war. Damals wurden seine Gebeine zusammen mit denen eines hl.

DIE IKONOSTASE

Eine Ikonostase, auf Griechisch *témplon* genannt, fehlt in keiner griechisch-orthodoxen Kirche. Diese Bilderwand aus Holz, Marmor oder gemauerten Ziegelsteinen trennt den Gemeinderaum vom Allerheiligsten. Der Altar, auf dem sich das Mysterium der Verwandlung von Wein und Brot in Blut und Fleisch Christi vollzieht, befindet sich immer hinter der Ikonostase. Sie ist also eine zwar durchlässige, aber dennoch verbergende Trennung von geistiger und irdischer Welt. Eine zentrale Tür, die Königstür, führt vom Gemeinderaum zum Altar. Sie darf nur vom Priester und den Diakonen durchschritten werden. Größere Ikonostasen weisen meist zwei oder drei Türen auf, manchmal auch noch mehr. Hölzerne Ikonostasen sind oft reich geschnitzt und häufig vergoldet. Alle Ikonostasen tragen Ikonen.

Für den Aufbau der Bilderwand in orthodoxen Kirchen existiert ein kanonisches Grundschema. Rechts neben der Königstür hängen immer zunächst Christus und Johannes der Täufer, links von der Königstür die Panagía und dann meist die Ikone des Heiligen, dem die Kirche geweiht ist. Das die Ikonostase bekrönende Kreuz wird von Ikonen Marias und des Apostels Johannes flankiert, die Fürbitte für die Menschheit leisten.

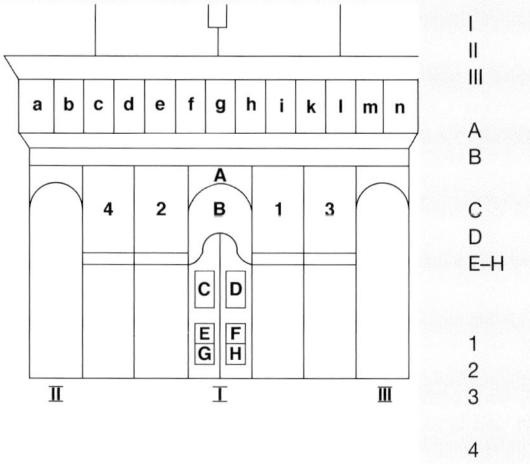

I	Königstür
II	Nordtür
III	Südtür
A	Abendmahl
B	Christus als Hohepriester
C	Erzengel
D	Maria
E–H	Evangelisten/ Kirchenväter
1	Christus
2	Maria
3	Johannes der Täufer
4	Patron(at)
a–n	Die Kirchenfeste

Zum Zeichen ihrer Ehrerbietung küssen die Gläubigen die Ikone

Nikólaos und einer hl. Iríni auf der Insel Lesbos gefunden. In einer Vision enthüllte der Heilige einigen Gläubigen seine Identität. Ein Kloster wurde zu seinen Ehren gegründet, und fortan heilte der Heilige so viele Kranke, dass sein Kult sich über ganz Griechenland und Zypern verbreitete. Eine Ikone der drei – Raffaíl und Nikólaos mit Iríni in der Mitte – fehlt inzwischen in keiner griechisch-orthodoxen Kirche.

Wie bei den Göttern der antiken Mythologie sind die jeweiligen Zuständigkeiten auch unter den Heiligen genau geregelt. Generell kann sich der Gläubige immer an den Heiligen wenden, dessen Namen er trägt. So wie der hl. Raffaíl ganz allgemein für schwere Krankheiten zuständig ist, gilt die hl.

Paraskeví als Schutzheilige der Augenkranken, die hl. Markélla als Schutzheilige der Bein- und Hüftleidenden. Der hl. Mámas ist der Beschützer des Viehs, der hl. Geórgios der der Bauern und Soldaten, der hl. Nikólaos der der Seefahrer.

Kein Fegefeuer, kein Zölibat

Die so genannte Ikonenverehrung ist aber nur ein Unterschied zwischen orthodoxem Christentum und anderen Konfessionen. Zur offiziellen Spaltung zwischen römischem Katholizismus und der orthodoxen Kirche kam es bereits im Jahr 1054 über die Frage, ob der Heilige Geist nur von Gottvater ausgeht oder – wie es der Papst als neues Dogma verkündete – auch von Gottes Sohn (Filioque-Streit). Im Laufe der Jahrhunderte kamen weitere dogmatische Unterschiede hinzu. Hauptursache war der Anspruch des Papstes, neue Dogmen verkünden zu können, während sich die **Dogmatik der orthodoxen Kirche** seit dem 8. Jh. nicht mehr geändert hat. Nach orthodoxer Auffassung kann nämlich nur ein ökumenisches Konzil aller Bischöfe neue Dogmen beschließen – ein solches Konzil ist aber seit 787 nicht mehr zusammengetreten. So reicht die Westkirche den Gläubigen bei der Kommunion ungesäuertes Brot, während es die Ostkirche bei alltäglichem, gesäuertem Brot beließ. Die römisch-katholische Kirche verlangt vom Klerus, im Zölibat zu leben, während in der Ostkirche Priester bis heute verheiratet sein dürfen. Der Zölibat gilt in der Ostkirche nur für Bischöfe und Mönche. Außerdem dürfen sich orthodoxe Christen bis zu zweimal scheiden und bis zu dreimal kirchlich trauen lassen. Die Taufe wird durch Untertauchen des gesamten Körpers vollzogen. Die Ostkirche kennt kein Fegefeuer. Die leibliche Himmelfahrt Mariens ist für sie ebenso wenig Dogma wie die Jungfräulichkeit Mariens *nach* der Geburt Jesu.

Griechischer Festtagskalender

Fast jedes griechische Dorf und jeder städtische Pfarrbezirk feiert zumindest einmal im Jahr sein **Kirchweihfest**, sein *panigíri*. Das Datum bestimmt der Kirchenkalender. Termin ist jeweils der Patronatstag des Heiligen, dem die Kirche geweiht ist. Gottesdienste gehören immer dazu. Manchmal wird an diesem Tag die Ikone des Heiligen durch das Stadtviertel, das Dorf, über die Felder oder durch die Olivenhaine getragen. Der Segen, der vom Heiligen ausgeht, soll die Häuser und deren Bewohner, die Feldfrüchte und Bäume beschützen. Besonders schön kann man solche Ikonenprozessionen auf der Chalkidikí erleben – z. B. am Osterdienstag in Ormília. Wenn die Kirche außerhalb des Dorfes liegt, wird für diesen Tag manchmal eine sämige Festtagssuppe aus Fleisch und Getreide gekocht, die dann nach dem Gottesdienst aus riesigen Kesseln an alle Anwesenden ausgeteilt wird. Das kann man auf der Chalkidikí besonders schön am 29. August im Binnendorf Ágios Pródromos miterleben. Anderswo bringen die Gläubigen ihr Picknick mit, das so reichlich ausfällt, dass anderen davon angeboten werden kann. Fast immer wird bei solchen Anlässen eifrig musiziert und getanzt. Steht die Kirche im Dorf, wird ein Fest auf dem Dorfplatz organisiert. Musiker werden engagiert, die überwiegend griechische Volksmusik, manchmal aber auch schon Popmusik für die Jugend spielen. Für die Verköstigung sorgen neben Grillbuden die umliegenden Kaffeehäuser und Tavernen. Manche Kirchweihfeste dauern eine ganze Woche lang, die meisten aber nur ein oder zwei Tage.

Der **Karneval** wird in Griechenland unterschiedlich gefeiert. In einigen wenigen Orten Makedoniens begeht man ihn noch nach uralten Ritualen, so z. B. in Sochós, das gut 50 km nordöstlich von Thessaloníki liegt. In den Städten ist er dagegen eher westlich-venezianisch geprägt. Dort sind dann am letzten Karnevalswochenende die Tavernen mit Papierschlangen und Girlanden geschmückt, die Kinder sind bunt kostümiert. Am **Rosenmontag** ist der Karneval bereits vorbei. An diesem Tag fährt man zum Picknick ans Meer oder in die Berge und lässt Drachen steigen. Nun folgt die **Fastenzeit**, an deren Regeln sich freilich nur noch wenige, vor allem ältere Griechen halten. Ihren Höhepunkt erreicht sie in der **Karwoche**, die in Griechenland *megáli efdomáda*, »Große Woche«, genannt wird. Sie beginnt am **Palmsonntag**: Zum Gottesdienst bringen die Gläubigen Palm- oder Ölzweige mit in die Kirche. Am **Karfreitag** wird dann in der Kirche das symbolische Grab Christi aufgebaut und von Mädchen und Frauen mit Blumen geschmückt. Im Rahmen des Abendgottesdienstes wird dieser Epitaph gegen 21 Uhr in einer großen Prozession durchs Dorf oder den Pfarrbezirk getragen.

Zum **Ostergottesdienst**, der am Ostersamstag gegen 23 Uhr anfängt, gehen nahezu alle christlichen Griechen in die Kirche. Da drinnen selten Platz genug für alle ist, wird der Gottesdienst über Lautsprecher auf den Kirchplatz übertragen. Die Stimmung ist gedämpft und gespannt zugleich: Noch ist Christus tot, aber jeder weiß, dass seine Auferstehung unmittelbar bevorsteht. Kurz vor Mitternacht treten Sekunden des Schweigens ein, alle Lichter, Öllampen und Kerzen werden

bis auf das Ewige Licht gelöscht. Dann verkündet der Priester die Auferstehung: »Christós anésti«. Am Ewigen Licht werden die ersten, von den Gläubigen mitgebrachten Kerzen entzündet. Schnell wandert die Flamme von Kerze zu Kerze. Raketen steigen in die Luft, Knaller explodieren. Dann geht man heim, wo schon die *magirítsa* vorbereitet ist, eine leicht säuerliche Ostersuppe mit Innereien von Lamm oder Zicklein. Sie stammen von dem Tier, das sich nahezu überall am Ostersonntag am Spieß dreht. An diesem Tag sitzt man dann stundenlang bei Grillbraten, Wasser, Wein, Bier und Oúzo zusammen und feiert.

Der einzige große Festtag, der in den Sommer fällt, ist der **15. August**. Es ist der Tag, an dem Maria starb und Christus ihre Seele in den Himmel erhob. Da die Mehrzahl griechischer Kirchen Maria geweiht ist, findet fast überall ein Fest statt. Und da Hochsommer ist, lässt es sich besonders gut im Freien bei Musik und Tanz fröhlich sein.

Weihnachten hingegen ist ein eher ruhiges Fest von überwiegend theologischer Bedeutung. Anders als in der Osternacht gehen nur diejenigen in die Kirche, die wirklich stark gläubig sind. Die internationale Kommerzialisierung der Weihnachtszeit ist freilich auch an Griechenland nicht spurlos vorübergegangen. Die Straßen in Städten und Dörfern sind mehr oder minder festlich beleuchtet, man hört Weihnachtslieder aus den Lautsprechern von Geschäften erschallen, in den Städten werden sogar Weihnachtsbäume verkauft. Manchmal übergibt man jetzt auch die Geschenke, die traditionell erst in der

Fünf Griechen in der Hölle

Die CD unter diesem Titel stellt 22 Rembétiko-Klassiker vor und liefert nach Meinung von Kennern sogar die weltweit beste Auswahl. Sie ist auch in deutschsprachigen Ländern erhältlich.

Silvesternacht oder am Neujahrsmorgen verteilt wurden, schon zu Weihnachten.

Am **Silvesterabend** wird in den Familien die *vassilópitta* angeschnitten, ein spezieller Kuchen, in den eine Münze eingebacken ist. Wer die Münze in seinem Kuchenstück findet, wird im kommenden Jahr besonders viel Glück haben. Ein Silvesterfeuerwerk gibt es nicht, die Zeit dafür ist ja die Osternacht. Außerdem sind viele Männer am späten Silvesterabend im *kafenío* oder in der Bar. Die Nacht und der nächste Tag gehören traditionell dem Glücksspiel um viel Geld. So mancher beginnt darum das neue Jahr mit Verlusten oder gar Schulden.

Musik und Tanz

Nána Moúskouri und Vicky Leándros sind zwar auch in Griechenland bekannte Sängerinnen, werden aber kaum gehört. Sehr viel populärer sind da schon die auch bei uns bekannten Lieder von Míkis Theodorákis, Mános Loízos und Mános Hadzidákis. Bei jungen Leuten liegen griechische Rock- und Popgruppen voll im Trend, deren Musik international daher kommt, deren Texte aber auf Griechisch verfasst sind.

Die Volksmusik der Chalkidíki wird von den **Pontiern** geprägt, also von den griechischen Flüchtlingen aus Kleinasien, die in den 1920er Jahren von der Schwarzmeerküste und aus Istanbul an die Ägäis kamen. Zu ihr werden insbesondere auf den großen Kirchweihfesten die typischen Reigentänze getanzt.

Vor allem in Thessaloníki gibt es zudem eine ganze Reihe von Lokalen, in denen **Rembétika** gespielt werden. Diese Lieder entstanden vor allem zwischen 1923 und 1950 in den Subkulturen griechischer Großstädte, in denen viele griechische Flüchtlinge aus den Städten Kleinasiens und aus Istanbul lebten. Die Musik wird durch viele Halbtöne, einen langsamen Rhythmus und die Klänge eines extrem kleinen Saiteninstruments, der Baglamá, geprägt. In den Texten geht es außer um Liebe und Heimat häufig auch um Drogen, Sex und Gefängnis. Rembétika sind seit den 1990er Jahren wieder in Mode und werden auch von jungen Leuten gern gehört.

20 pontische Tänze

Eine CD, die das Dora Stratou Theatre in Athen herausgebracht hat, präsentiert 20 der traditionellsten pontischen Lieder und Tänze in bester Qualität. Nur in Griechenland erhältlich, Bestellnummer DST 155.

KUNST UND ARCHITEKTUR

Die Antike

Dem klassischen Griechenland begegnet man auf der Chalkidikí und im übrigen Makedonien kaum. Die Städte, die griechische Kolonisten im 8. und 7. Jh. v. Chr. auf der Chalkidikí gründeten, blieben für das eigentliche Griechenland immer ohne große Bedeutung – nur in Ólinthos und Stágira sind ihre Überreste noch deutlich zu sehen. Das übrige Makedonien wurde von den Griechen nie als Teil ihrer Welt akzeptiert, so sehr sich die makedonischen Könige auch darum bemühten. Erst mit der Eroberung Griechenlands wurden sie zu Griechen, zerstörten aber auch zugleich das klassische Hellas.

Während die griechischen Stadt- und Inselstaaten von gewählten Volksvertretern, bürgerlichen Tyrannen oder Adelssippen regiert wurden, war Makedonien ein Königreich. Die Griechen bauten Tempel, Verwaltungsgebäude, Sportstätten und Theater; die Makedonen Königspaläste wie die von Pélla und Vergína. Diese Könige und ihre wohlhabenderen Gefolgsleute ließen sich auch prächtige Gräber anlegen, die zu den bedeutendsten Kunstwerken ihrer Kultur gehören. Besonders imposant sind die von Vergína; makedonische Gräber kann man aber auch im Archäologischen Museum von Thessaloníki – und in sehr einfacher Form – in Néa Fókea auf der Kassándra sehen. Der Reichtum der makedonischen Könige beruhte auf den großen Gold- und Silbervorkommen ihres Rei-

ches. In der künstlerischen Bearbeitung dieser Edelmetalle waren ihre Handwerker wahre Meister. Der Krater von Derwéni im Archäologischen Museum von Thessaloníki ist dafür der schönste Beweis.

Der bedeutendste aller Makedonenkönige, Alexander der Große, trug schließlich mit seinen Eroberungszügen dazu bei, dass die klassische griechische Kunst im gesamten östlichen Mittelmeerraum und bis nach Afghanistan und Indien hin als Vorbild an Einfluss gewann. Gleichzeitig drangen dadurch aber auch östliche Einflüsse in den ägäischen Raum: Das Zeitalter des Hellenismus war eingeläutet. Aus seiner Frühzeit stammen die spärlichen Überreste des Tempels des Amon Zeus in Kallithéa auf der Kassándra.

In römischer Zeit war die Chalkidikí nur ein gänzlich unbedeutender Teil des römischen Reichs. Überreste römischer Städte findet man allerdings im übrigen Makedonien: vor allem das durch die Mission des Apostels Paulus berühmt gewordene Phílippi und schließlich das im 4. Jh. sogar zur Kaiserstadt aufgestiegene Thessaloníki. Gut erhaltene Bauten aus jener Epoche sind die Rotónda und der Galerius-Bogen in der makedonischen Hauptstadt.

Mittelalterliche Kunst

In frühchristlich-frühbyzantinischer Zeit entstanden überall in Griechenland viele Kirchen im Stil der römischen Markt- und Gerichtshalle, der Basilika. Ihre Überreste findet man z. B. in Nikíti auf der Sithonía oder in Phílippi. Gut erhalten geblieben ist die Dimítrios-Basilika in Thessaloníki. Zahlreiche Werke frühchristlicher Mosaik- und Steinmetzkunst zeigt das Byzantinische Museum in Thessaloníki; frühbyzantinische Mosaike sind auch in den Kirchen Ágios Dimítrios, Ósios Davíd und Achiropítos sowie in der Rotónda erhalten.

Nach dem Ende des bürgerkriegsähnlichen Bilderstreits (Ikonoklasmus, 726–843) wurden in mittelbyzantinischer Zeit in Thessaloníki zahlreiche neue Kirchen erbaut. Ein Meisterwerk aus jener Zeit ist das Kuppelmosaik in der Kirche Agía Sophía in Thessaloníki. Auf der Áthos-Halbinsel der Chalkidikí entstanden im 10. Jh. die ersten Klöster. Dank kaiserlicher und vieler anderer Stiftungen wurden sie bald wohlhabend, zogen Maler, Schreiber, Buchillustratoren, Goldschmiede und Baumeister an, die die Klöster in wahre Schatzkammern mittel- und spätbyzantinischer Kunst verwandelten. Auch

in Thessaloníki entstanden weitere Kirchen; ältere und neue Kirchen wurden oft prachtvoll ausgemalt.

Moderne Kunst

Mit der Eroberung Griechenlands und Konstantinopels durch die Türken kam die byzantinische Kunstentwicklung fast vollständig zum Stillstand. Nur auf Kreta, das über 200 Jahre länger in venezianischem Besitz und damit christlich blieb, veränderte sich der Malstil noch einmal. Die kretischen Schüler kamen nun mit der Entwicklung der europäischen Malerei in Berührung und nahmen Ideen der Renaissance auf. Dadurch entstand ein spezieller Ikonenmalstil, »Kretische Schule« genannt. Seine Vertreter arbeiten auch auf dem Berg Áthos und in den Metéora-Klöstern (s. S. 194f.).

Nach der Befreiung Südgriechenlands von der türkischen Herrschaft wurde 1836 in Athen die erste Kunsthochschule gegründet, die auch junge Maler aus Thessaloníki und Makedonien anzog. Wie im übrigen Griechenland orientierten sich aber auch die makedonischen Maler zunächst völlig an der europäischen Malerei. Bis heute sind keine regional-spezifischen Richtungen vorhanden; internationale Anerkennung größeren Stils hat bisher kein makedonischer Künstler erfahren. Dennoch gibt es eine lebendige Kunstszene, die ihre Bühne vor allem im Sommer bei Kunstausstellungen in den Badeorten der Chalkidikí findet sowie

Herrenhäuser in Arnéa

das ganze Jahr über in Galerien Thessaloníkis. Eine ständige Ausstellung von Werken makedonischer Maler zeigen die Kunstgalerie der Gesellschaft für Makedonische Studien und die Städtische Pinakothek in Thessaloníki. Zu den regional bedeutendsten Malern gehören Polyklítos Réngos, der aus Kreta stammende Níkos Fotákis, Jórgos Parális und Níkos Gavriíl Pentzíkis.

Volksarchitektur

Vier Einflüsse bestimmen die Volksarchitektur auf der Chalkidikí. Am prägendsten war die Ansiedlung der kleinasiatischen Flüchtlinge in den 1920er Jahren: Es musste schnell und kostengünstig gebaut werden. Kleine, meist nur eingeschossige Häuser waren die Folge. Besonders gut sieht man diesen Baustil noch in Sárti und in Néos Mármaras auf der Halbinsel Sithonía.

Da die drei Halbinseln nur dünn besiedelt waren, sind die typischen **Herrenhäuser** der makedonischen Architektur nur im Hinterland der Chalkidikí und hier insbesondere in Arnéa zu finden. Sie haben eine große Grundfläche und sind zumeist zwei- oder dreigeschossig. Über einem mehr oder minder hohen Steinsockel erheben sich zumeist einfache, verputzte Fachwerkwände. Im Erdgeschoss lagen früher meist die Wirtschaftsräume, darüber die Wohn- und Schlafräume sowie ein großer Salon zur Bewirtung von Gästen. Dieser Empfangsraum war oft prachtvoll mit Wandmalereien ausgeschmückt. Um den zumeist kleinen Baugrund in den Dörfern bestmöglich

nutzen zu können, besitzen viele Häuser vorspringende Erker und sogar von Etage zu Etage weiter über die Gasse vorkragende Außenwände.

In den Städten, insbesondere in Thessaloníki, trat im späten 19. Jh. der Neo-Klassizismus, hier auch **Neo-Hellenismus** genannte Baustil einen Siegeszug an. Themen und Motive aus der Antike wurden aufgenommen und miteinander verschmolzen: z. B. in Säulen, Giebelreliefs und Friesen.

Seit den 1980er Jahren ist schließlich auf der Chalkidikí besonders intensiv gebaut worden. Zunächst ging es nur darum, möglichst schnell und billig modernere Wohn- und erste Ferienhäuser zu erstellen. Jetzt dominiert der Hang, wieder repräsentativ zu bauen, insbesondere auch bei neueren Hotels. Dabei greift man einerseits auf die Formensprache des Neo-Klassizismus zurück, andererseits auf die der traditionellen makedonischen Architektur, die den Baustilen in der westlichen Türkei und auf dem übrigen Balkan eng verwandt ist.

Theater

In Thessaloníki gibt es mehrere kleine Privattheater, die auch Stücke moderner griechischer Autoren aufführen; außerdem hat hier das Nationaltheater Nordgriechenlands seinen Sitz. Mit seinen Inszenierungen tritt es auch auf sommerlichen Kultur- und Theaterfestivals im übrigen Griechenland auf. Moderne Stücke internationaler Autoren gehören ebenso zu seinem Repertoire wie antike Dramen.

ESSEN UND TRINKEN

Traditionelle Werte

Wenn ein Grieche essen geht, legt er vor allem auf dreierlei Wert: Sauberkeit, frische Produkte und einen freundlichen Wirt. Was für ihn wenig zählt, sind Tischkultur und romantisches Ambiente. Fisch aus Zuchtfarmen gilt als zweitklassig, Ware aus der Tiefkühltruhe muss zumindest im griechischsprachigen Teil der Speisekarte als solche gekennzeichnet sein (meist durch ein Sternchen oder die drei griechischen Buchstaben κατ.). Auch beim Fleisch zählt Frische: Vom Abhängen halten die Hellenen nicht viel.

Saucen nehmen traditionell einen geringen Stellenwert ein; dafür sollten Fisch und Fleisch am besten über offener Holzkohlenglut gegrillt sein. Fisch und Fleisch werden nur ungern portionsweise bestellt: Man gibt lieber die gewünschte Menge in Kilogramm an. Beim Abwiegen des teuren frischen Fisches ist man am besten selbst dabei, um spätere Unstimmigkeiten zu vermeiden.

Unerlässlich: die *paréa*

Wer allein oder in trauter Zweisamkeit essen geht, bestellt mindestens fünf verschiedene Teller – sonst sieht der Tisch ärmlich bzw. touristisch gedeckt aus. Allein oder nur zu zweit aber geht

Getafelt wird am liebsten in fröhlicher Gemeinschaft wie hier in Áfithos

kaum ein Grieche essen. Was für ihn mindestens ebenso viel zählt wie der kulinarische Genuss ist die gute Tischgemeinschaft, die *paréa:* eine fröhliche Runde aus Bekannten, Freunden und Familienmitgliedern. Da lässt es sich dann so richtig tafeln. Wichtig ist, dass möglichst stattliche Reste überbleiben. Wären nämlich alle Teller leer gegessen, wäre die *paréa* ja für alle sichtbar geizig gewesen und vielleicht gar hungrig nach Hause gegangen. Deswegen räumen Kellner in ursprünglichen Tavernen auch nie zwischendurch leere Teller, Platten und Flaschen ab. Jeder soll sehen, was sich die Tischgemeinschaft gegönnt hat.

Mesé statt Menü

Was ein Menü ist, wissen viele Griechen nicht. Dass für Mitteleuropäer Kartoffeln oder Reis und Gemüse zu einem Tellergericht gehören, spricht sich nur unter denen herum, die viel mit Touristen zu tun haben. Wer beim Kellner Suppe, Gemüse, Fleisch und Salate bestellt, muss damit rechnen, dass alles getrennt und keineswegs in der für uns richtigen Reihenfolge aufgetragen wird. Und wer zum Fleisch zwei oder drei Gemüse bestellt hat, bekommt jedes Gemüse auf einem Extra-Teller.

Statt eines Menüs schätzen die meisten Hellenen ein *mesé* oder die etwas weniger umfangreichen *mesedákia:* eine Vielzahl von Gerichten ganz unterschiedlicher Art, die fast gleichzeitig auf den Tisch kommen und bei denen jeder nach Belieben zulangen kann, der mit am Tisch sitzt.

Neue Wege

Moderne Einflüsse machen freilich auch vor der gastronomischen Szene Nordgriechenlands nicht Halt. Viele Urlauber erwarten, dass Tavernen nett eingerichtet sind. Sie wollen, dass die Kellner die Suppe vor dem Hauptgericht servieren und dass sie hinterher fragen, ob die Gäste getrennte Rechnungen wünschen. Die Wirte stellen sich darauf ein.

Auch um der Preisklarheit willen bieten viele Restaurants in den Urlaubsorten inzwischen Menüs inklusive Getränk zum Festpreis an (die kein Grieche je bestellen würde) und servieren zu Fleisch oder Fisch jene unsäglich traurige internationale Mischung aus Pommes frites und Reis, Erbsen und Möhren. Etliche Wirte schaffen es inzwischen sogar, nicht mehr spöttisch zu lächeln, wenn ein mitteleuropäischer Gast nur einen Griechischen Bauernsalat als Hauptgericht bestellt.

Andererseits nimmt die Zahl der Griechen zu, die wie Gourmets in anderen Länder großen Wert auf eine kreative Küche legen. So findet man inzwischen nicht nur in Thessaloníki, sondern auch auf der Chalkidikí eine Reihe exquisiter und entsprechend teurer Restaurants, deren Köche auf der Jagd nach Sternchen sind. Viele nehmen traditionelle Rezepte der Region und regionale Produkte als Grundlage, andere internationalisieren ihre griechische Küche durch die Aufnahme französisch-italienischer Anregungen. Einige wenige gehen sogar exotische Wege und experimentieren mit Krokodil- und Straußensteaks.

WIE MAN KAFFEE UND TEE BESTELLT

Der Kaffee ist in Griechenland ein Kultgetränk. Männer und Frauen, Jung und Alt schätzen ihn gleichermaßen, auch wenn die Frauen ihn meist nur im privaten Kreis trinken. Ein Tässchen Kaffee berechtigt zum stundenlangen Sitzen im *kafenío,* dem Kaffeehaus. Ein Tässchen Kaffee gibt man Freunden aus oder manchmal auch Fremden, mit denen man ins Gespräch gekommen ist. Wenn der Wirt weiß, wie man seinen Kaffee zu trinken beliebt, ist man als Stammgast ausgewiesen. Kaffee trinkt man nicht gegen den Durst, sondern wegen des Geschmacks. Als Durstlöscher wird immer ein Glas kühles Wasser dazu serviert.

Kaffeepulver und Zucker werden stets zusammen aufgekocht – Milch hingegen gehört nicht in den griechischen Mokka. Am besten schmeckt er, wenn er in heißem Sand langsam zum Kochen gebracht wurde. Meist bedient man sich dazu jedoch einer Gasflamme. Am schlechtesten ist er, wenn er im Wasserdampf einer Espressomaschine erhitzt wurde und womöglich noch in einem Plastikbecher serviert wird. Eine kleine weiße Mokkatasse ist das einzig angemessene Gefäß; bestellt man einen doppelten, gehört der Kaffee in ein Wasserglas.

Einen griechischen Kaffee zu bestellen, ist gar nicht so einfach. Es gibt viele Variationen des *kafés ellinikós:*

> *skétto* – ohne Zucker
> *métrio* – mit etwas Zucker
> *glikó* – mit viel Zucker
> *dipló* – doppelte Portion

Löslicher Kaffee, von den Griechen grundsätzlich *neskafé* genannt, hat erst durch den Tourismus weite Verbreitung gefunden. Griechen trinken ihn selten heiß, sondern meist als kalten, schaumig geschlagenen Kaffee mit Eiswürfeln. Bei der Nescafé-Bestellung muss man also angeben, ob man ihn *sestó* (heiß) oder *frappé* (kalt) wünscht. Dazu gehört dann wieder die Angabe des Süßegrades (siehe oben) und die Auskunft, ob man ihn *mä gálla* (mit Milch) oder *chorís gálla* (ohne Milch) trinken will. Wer sich an der dicken Schaumkrone stört, die häufig als Krönung des Nescafés betrachtet wird, kann schließlich auch noch *chorís áffro* (ohne Schaum) hinzusetzen.

Filterkaffee hat in Griechenland erst in den letzten Jahren Einzug gehalten. Man erhält ihn hauptsächlich in Hotels; Zucker und Milch werden dazugestellt.

Schwarzen Tee, Nationalgetränk in der benachbarten Türkei, trinken die Griechen nur äußerst selten und außer in einigen wenigen Teestuben in Thessaloníki nur als Teebeutel-Aufguss. Lecker sind hingegen die griechischen Kräutertees, die man in dörflichen Kafenía bestellen kann. Ein Salbeitee *(faskómillo)* ist fast immer vorrätig, da er doch ebenso wie der Kamillentee *(kamómilla)* als Heilmittel gegen Erkältungen dient. Auf den Märkten erhält man auch zahlreiche andere Kräutertees – doch die trinken die Griechen nur zu Hause.

Wo isst man was?

Verwirrend ist für den, der Griechisch lesen kann, die große Bandbreite unterschiedlicher Restaurantarten. In der übersetzten Variante machen die Wirte solch feine Unterschiede nicht. Da ist ein Esslokal in der Regel ein Restaurant oder eine Taverne – bestenfalls noch mit einem voran gestellten »Fisch«. Und dort gibt es dann trotzdem Fleisch, Gemüse und Salate jeder Art. Zwischen Restaurant und Taverne sind die Unterschiede heute fließend. In der Regel ist eine Taverne eher traditionell-einfach eingerichtet, während man im Restaurant mitteleuropäischen Vorbildern nachstrebt und Stoff- statt Papier- oder Plastiktischdecken auflegt.

Für den Urlauber von Interesse ist bestenfalls noch die Bezeichnung eines Lokals als *ouzerí, tsipourádiko* oder *mezopolío*. Alle drei Bezeichnungen weisen meistens darauf hin, dass hier eine Vielzahl kleinerer (aber nicht unbedingt preiswerterer) Gerichte angeboten wird, aus denen man sich selbst eine Mahlzeit zusammenstellt. Oft gehören dazu neben dem Üblichen auch ausgefallenere Spezialitäten wie Innereien, Meeresfrüchte und Schnecken. Manche dieser Lokale bieten auch größere Platten mit einer vom Wirt bestimmten, an der Personenzahl ausgerichteten Auswahl solch kleiner Gerichte an. Solche Platten bestellt man als *pikilía*.

Makedonische Besonderheiten

Die makedonische Küche gehört zu den besten Griechenlands. Im Durchschnitt werden mehr Kräuter und Gewürze eingesetzt als im südlichen Griechenland, die Gerichte sind besser abgeschmeckt. Wer gern scharf isst, kann im übrigen Hellas verzweifeln, in Makedonien aber glücklich werden. Gemahlene rote Chili-Schoten *(boúkowo)* stehen oft zum Nachschärfen auf dem Tisch, sehr scharfe gebratene grüne Pfefferschoten sind als *kafterí piperjá* fast überall als Beilage zu bestellen. Eine Köstlichkeit ist auch der *chtipití*, ein pürierter, immer mit viel Knoblauch und manchmal zudem mit etwas Chili geschärfter Fétta-Käse. Wer keine Cholesterin-Probleme kennt, wird *falsétta* schätzen, gegrillten oder gebratenen Bauchspeck vom Schwein.

Schließlich kennt man auch beim Salat eine sonst in Hellas unübliche Variante: den *pikantík* oder *pikantikí*, einen überwiegend aus Weißkohl und Möhrenstreifen bestehenden Salat, der ebenfalls mit etwas Chili abge-

---

Griechischer Wein

Auf der Chalkidikí gibt es nur zwei Weinkellereien: Tsantális und Domaine Carrás, im übrigen Makedonien sehr viel mehr. Zu den großen Namen kleiner Winzer gehören Christós Aidarínis, Jánnis Dalamáras, Níkos Foúntis, Evángelos Gerovassilíou, Kóstas und Níkos Lazarídis sowie Haríssios Voyátzis.

Eine der hervorragenden Weinkellereien: Tsantális

schmeckt ist. Eine typische Süßspeise Makedoniens ist *chalwás*, dessen wesentliche Zutat Mandeln oder Sesam sind. Man kann es warm als Nachspeise oder Fastengericht erhalten oder in festem und lange haltbarem Zustand in Geschäften und auf Märkten als Mitbringsel kaufen.

Gegen den Durst

Wasser (*neró*) ist für Griechen das wichtigste Getränk. Man trinkt es zum Essen, zu Kuchen und Süßspeisen ebenso wie zu Kaffee oder Oúzo und manchmal sogar zu Bier oder Wein. Wer Mineralwasser wünscht, bestellt *metallikó neró*, wer Wasser mit Kohlensäure wünscht, ordert *sóda*.

Die meisten anderen Erfrischungsgetränke kommen aus weltweit bekannten Großkonzernen. In einfachen Kaffeehäusern bekommt man manchmal noch eine *gasósa*, eine weniger stark gesüßte Limonade aus kleinen örtlichen Herstellungsbetrieben.

Bier *(bírra)* wird in Griechenland in mehreren Brauereien gebraut. Neben international bekannten Marken gibt es neuerdings auch wieder griechische Biere, z. B. *Fix*, *Míthos* und *Álfa*. Fassbier ist außerhalb der Großstädte nur im Sommer erhältlich.

Griechischer Wein *(krassí)* hatte unter Weinkennern noch bis in die 1980er Jahre hinein einen schlechten Ruf. Inzwischen gibt es jedoch eine ganze Reihe von Weinkellereien, die auf Qualität achten. Eine griechische Spezialität ist der *retsína*, ein mit dem Harz der Aleppo-Kiefer versetzter Weißwein.

Unter den Spirituosen gilt der Anisschnaps Oúzo noch immer als Nationalgetränk, obwohl die Griechen laut Statistik inzwischen viel mehr Whisky als Oúzo konsumieren. In wenigen einfachen Lokalen ist auch der lose Tresterschnaps *tsípuro* erhältlich, der einem sehr einfachen Grappa gleicht.

49

Tipps für Ihren Urlaub

Still-Leben auf der Insel Amoulianí

DIE CHALKIDIKÍ ALS REISEZIEL

Die Chalkidikí ist innerhalb Griechenlands eines der bestgeeigneten Ziele für Griechenland-Neulinge und Urlauber, denen ein komfortables Hotel und ein schöner Strand mindestens ebenso wichtig sind wie Land und Leute. Sie ist überwiegend grün, die meisten ihrer Dörfer sind modern und sauber. Die öffentlichen Verkehrsmittel befriedigen auch die Bedürfnisse von Urlaubern. Deutsch wird fast überall gut verstanden. All das sind in Hellas keine Selbstverständlichkeiten.

Pauschal oder individuell?

Wer keine Rundreise plant, sondern auf der Chalkidikí nur ein festes Standquartier buchen möchte, kommt häufig günstiger weg, wenn er eine Pauschalreise bucht. Auf jeden Fall lohnt ein Preisvergleich. Dabei sollte man bedenken, dass bei der Pauschalreise fast immer auch der Transfer vom Flughafen Thessaloníki zum Hotel und zurück im Preis enthalten ist. Da viele große Hotels in den Katalogen mehrerer Reiseveranstalter zu ganz unterschiedlichen Preisen angeboten werden, lohnt sich auch hier ein Vergleich. Wem die Rechnerei zu mühsam ist, kann sich das günstigste Angebot für sein Wunschhotel auch vom Computer heraussuchen lassen, z. B. über den Beratungscoupon, der in jedem Heft der Zeitschrift »fliegen & sparen« zu finden ist.

Wahl des Ferienortes

Wer abseits des Trubels und des Straßenlärms in kleinen Orten wohnen möchte, ist in Eliá, Toróni, Tristiníka und Vourvouroú auf der Sithonía oder auch in Loutrá auf der Kassándra besonders gut aufgehoben. Wer zudem noch ein Hotel mit Flair schätzt und mit dem Auto unterwegs ist, wohnt im Bergdorf Parthenónas oberhalb von Néos Marmarás sehr gut.

Zudem gibt es einige Hotels, die außerhalb der Ortschaften ganz ruhig und isoliert liegen. Dazu gehören das Agioníssi Resort auf der Insel Amouliani, die Hotels Skítes und Eagles Palace bei Ouranoúpoli, das Hotel Méndi nördlich von Móla Kalivá und das Hotel Pórto Valítsa bei Palioúri auf der Kassándra sowie das Hotel Olimpicó westlich von Metamórfossi zwischen Kassándra und Sithonía.

Wer doch eher etwas städtisches Flair und eine Auswahl an Unterhaltungsmöglichkeiten schätzt, wohnt gut in Néos Marmarás, in Nikití, in Sárti, in Áfitos oder in den anderen Touristenorten an der Ostküste der Halbinsel Kassándra.

Urlaub mit Kindern

Für Kinder ist die Chalkidikí dank ihrer vielen Sandstrände mit flach abfallendem Ufer ein ideales Urlaubsgebiet. Viele Hotels bieten zudem Kinderplantschbecken und häufig spezielle

Kinderbetreuung oder -animation. Urlaubs-Highlights für Kinder sind ein Gang ins dunkle makedonische Grab von Néa Fókea, eine Motorbootfahrt von Ouranoúpoli zu den Dreniá-Inseln mit den Eltern am Ruder und eine Fahrt mit dem Tsaf-Tsuf-Minizug in Thessaloníki. Zudem gibt es in vielen Küstenorten der Kassándra den ganzen Sommer über kleine Jahrmärkte mit Kinderkarussells oder auch Auto-Scootern, die hier meist Luna Park genannt werden.

Kinder werden es sicherlich auch genießen, dass sie in Griechenland überall zu jeder Tages- und Nachtzeit willkommen sind.

Babynahrung und Windeln sind teurer als bei uns und in vielen Supermärkten und Apotheken erhältlich. Da griechische Ärzte oft schon bei leichten Erkrankungen Antibiotika verschreiben, empfiehlt sich die Mitnahme einfacher Hausmittel für Erkältungskrankheiten.

Kultur und Natur – Was ist sehenswert?

Sehenswürdigkeiten von überregionaler Bedeutung gibt es außer den Áthos-Klöstern sowie den Ausgrabungen von Stágira und Ólinthos nicht. Doch die Landschaften der Chalkidikí gehören zu den schönsten Griechenlands – die Kassándra mit dem sanft gewellten Hügelland, die gebirgigere Sithonía mit ihren kleinen Dörfern und einsamen Buchten, die Halbinsel Áthos, die auf gut 2000 m ansteigt, sowie das Hinterland mit seiner eindrucksvollen und

Sehenswertes … auf der Chalkidikí

Ausgrabungen von Ólinthos (s. S. 93f.)
Ausgrabungen von Stágira (s. S. 130f.)
Stadt Arnéa (s. S. 148ff.)
Áthos-Klöster (s. S. 137ff.)
Höhle von Petrálona (s. S. 151)
Kanal von Néa Potidéa (s. S. 64)
Dorf Áfithos (s. S. 70ff.)
Wehrturm von Néa Fókea (s. S. 68)
Kloster Evangelismoú (s. S. 158f.)
Dorf Parthenónas (s. S. 110f.)
Bucht von Pórto Koufó (s. S. 113f.)
Werften von Ierissós (s. S. 124f.)
Wehrturm von Ouranoúpoli (s. S. 126)
Insel Amoulianí (s. S. 128ff.)

… in Thessaloníki

Archäologisches Museum (s. S. 174f.)
Byzantinisches Museum (s. S. 175)
Weißer Turm (s. S. 173)
Vláli-Markt (s. S. 166)
Kirche Ágios Dimítrios (s. S. 171)
Kirche Agía Sophía (s. S. 173)
Rotónda (s. S. 172)
Galerius-Bogen (s. S. 173)
Ladadiká-Viertel (s. S. 175f.)
Oberstadt Kástro (s. S. 176f.)
Kirche Ósios Davíd (s. S. 176f.)

von Touristen noch weitgehend unentdeckten Berglandschaft.

Wer großes Interesse an Museen und geschichtsträchtigen Orten hat, kann von der Chalkidikí aus leicht Ta-

Eine der Attraktionen des weltlichen Áthos – die Werften von Ierissós

gesausflüge zu den klassischen Höhepunkten des Landes unternehmen, zu denen außer Thessaloníki auch Pélla, Díon und Vergína, die Metéora-Klöster und Phílippi gehören.

Geld sparen

Auch die Griechen haben nichts zu verschenken. Gratis gibt es nur die Plastiktüten im Supermarkt und die Toilettenbenutzung in öffentlichen Gebäuden. Selbst die Hotelbusse isoliert gelegener Hotels sind meist kostenpflichtig. Und während es früher allgemein üblich war, zum Kaffee und zum Essen kostenlos Wasser auf den Tisch zu stellen, werden heute meist Mineralwasserflaschen serviert, die bezahlt werden müssen.

Geld sparen können nur Schüler, Studenten und Journalisten: Sie genießen freien Eintritt zu allen archäologischen Stätten und staatlichen Museen, wenn sie den nationalen Schülerausweis, den internationalen Studentenausweis bzw. einen Presseausweis vorweisen können.

Nachtleben

Wer auch abends und nachts gern aktiv ist, findet in Néos Marmarás, in Sárti und in Kallithéa die meisten Bars, Music Clubs und Diskotheken. Große Beach Bars, die die ganze Nacht über geöffnet sind, findet man bei Palioúri auf der Halbinsel Kassándra sowie bei Tristiníka und Sárti auf der Sithonía. In Thessaloníki wird im Kulturzentrum Mílos und im Ladadiká-Viertel die Nacht zum Tag gemacht.

Strände

Mit Sandstränden ist die Chalkidikí reich gesegnet. Auf der Kassándra-Halbinsel und im weltlichen Teil der Áthos-Halbinsel überwiegen kilometer-lange Sandstrände, die oft vor einer niedrigen Steilküste liegen. Auf der Sithonía-Halbinsel findet man auch viele kleine, versteckte Buchten.

Alle griechischen Strände sind öffentlich und frei zugänglich. An besonders gut besuchten Stränden und vor großen Hotels bieten Vermieter zwischen Mai und September Liegestühle und Sonnenschirme an (zwei Liegestühle plus Schirm für ca. 5 bis 8 € pro Tag). Duschen gibt es meist nur vor Hotels und Tavernen sowie im Bereich der Liegestuhlvermietungen. Lebensrettungsstationen sind zwar an stark frequentierten Stränden gesetzlich vorgeschrieben, jedoch häufig unbesetzt.

Dem Menschen gefährliche Tiere gibt es vor den Stränden der Chalkidikí nicht. Haie wurden bisher noch nie gesichtet. In manchen Jahren gibt es jedoch an manchen Stränden regelrechte Quallenplagen. Vorsicht ist beim Baden über felsigem Grund geboten: Dort sitzen oft Seeigel, deren Stachel äußerst unangenehm sind.

Aktiv auf der Chalkidikí

Für Wanderer und Wassersportler ist die Chalkidikí ein erstklassiges Reiseziel. Außerdem bieten einige große Hotels die Möglichkeit, verschiedene Sportarten zu Lande auszuüben.

Angeln

Das Angeln im Meer ist jedermann gebührenfrei gestattet. Die Gewässer sind jedoch fischarm. Organisierte Angelfahrten wie an der Nord- und Ostseeküste gibt es nicht.

Bogenschießen

Eine Bogenschießanlage gibt es nur im Sáni Beach Ressort und im Hotel Athena Pallas in Eliá auf der Sithonía.

Fahrräder und Mountainbikes

Fahrräder und Mountainbikes werden in vielen Urlaubsorten und auch in einigen größeren Hotels vermietet. Mountainbike-Stationen, die gut organisierte, geführte Touren unterschiedlichen Schwierigkeitsgrades anbieten, findet man in Kriopigí und in Sáni auf der Halbinsel Kassándra. An den Touren können auch Kinder ab etwa acht Jahren teilnehmen. Ausführliche Infos im Internet unter www.urlaub-an bieter.com/Halkidiki-Sports.htm; Tel. 23 74 05 39 98.

Golf

Einen 18-Loch-Golfplatz gibt es auf dem Gelände der Hotels von Porto Carrás. Weitere Infos, auch über den gegenwärtigen Zustand, unter www. portocarras.gr.

Jeep-Safaris

Jeep-Safaris sind in Griechenland häufig eine staubige Angelegenheit, die den hohen Preis kaum lohnt. Anders auf der Halbinsel Kassándra: Da bietet der sehr gut Deutsch sprechende Strátos Nikítas mit seinem kleinen Unternehmen Safari Hellas ganztägige Touren über Wege und Pisten an, die man allein nicht finden würde und die man mit einem normalen Pkw nie bewältigen könnte. Badepausen sind bei schönem Wetter natürlich eingeplant. Buchbar sind die Safaris in den meisten Hotels oder direkt bei Safari Hellas: Tel. 23 74 02 00 98, Handy 69 77 23 74 02 32 90, stratosn@otenet.gr.

Marathonschwimmen

Seit 1971 veranstaltet der Kulturverein »Sithon« alljährlich im Juni oder Juli ein Marathonschwimmen auf einer Strecke von 25 km zwischen Kallithéa auf der Kassándra und Nikíti auf der Sithonía. Daran nehmen jeweils 20 bis 30 Athleten teil. Bewerbungsunterlagen sind erhältlich bei Dímitris Dímitros in Nikíti, Tel. 23 75 02 36 34; Herr Dímitros spricht Englisch. Infos in Deutschland über den Deutschen Schwimmverband unter Tel. 0 38 20/77 04 62.

Motorboote

Zum Führen eines Boots mit maximal 25 PS benötigt man in Griechenland keinen Bootsführerschein. Motorboote werden vor allem in und bei Ouranoúpoli sowie auf Amoulianí vermietet (25 Ps-Boot 35–40 €/Tag plus Benzin).

Reiten

Einen guten Reitstall gab es bisher in Pórto Carrás. Seine Zukunft hängt jedoch von der Gesamtentwicklung dieses Touristenkomplexes ab.

Tauchen

Das Gerätetauchen ist in Griechenland nur in besonders ausgewiesenen Gebieten gestattet, da man den Raub auf dem Meeresgrund liegender Kunstwerke aus der Antike fürchtet. Rund um die Chalkidikí gibt es nur wenige Sperrgebiete, sodass sich hier einige Tauchstationen angesiedelt haben. Namen, Adressen, Telefonnummern und Website finden Sie bei den Ortsbeschreibungen von Chaniótis, Kallithéa, Kalamítsi und Palioúri.

Tennis

Fast alle größeren Hotels verfügen über einen oder mehrere Tennisplätze, zum Teil mit Flutlicht.

Wandern

Die Chalkidikí ist eine der wenigen durch Wanderwege gut erschlossenen Regionen Griechenlands. Die Hoteliersvereinigung der Chalkidikí hat 13 Wanderrouten ausgeschildert und in einem (sporadisch erhältlichen) Büchlein auf Deutsch beschrieben. Als Wegmarkierungen dienen Tafeln mit einem schwarzen Dreieck auf weißem Grund oder ein roter, auf Felsen gesprayter Dreizack. Alle Wanderungen sind 6 bis 10 km lang und ohne besondere An-

strengungen zu absolvieren. Man erhält das Büchlein mit viel Glück im eigenen Hotel oder bei folgenden Adressen:
Halkidiki Hotel Association, Leofóros G. Papandréou 33, Tel. 23 10 42 90 20, Fax 23 10 42 90 21, www.halkidiki-ho tels.gr.
A la carte Travel, Odós Pan. Korfinís 1, Néa Moudaniá, Tel. 23 73 02 52 61, Fax 23 73 02 52 88, www.alacarte-tra vel.com.

Außerdem bieten mehrere Reiseveranstalter einwöchige geführte Wanderprogramme auf der Chalkidikí an. Auskunft geben die Reisebüros.

Bei Wanderungen in Griechenland sollte man immer festes Schuhwerk und lange Hosen tragen (dornige Gewächse). Ein Sonnenhut und eine Wasserflasche sind ebenfalls nützlich.

Wasserski und Windsurfen

Wassersportstationen, die die Möglichkeit zum Wasserskifahren, Windsurfen, Parakiting sowie zur Tretboot- und Kanumiete bieten, gibt es vor allen großen Hotels und an den Stränden aller bedeutenderen Urlaubsorte. Für eine Runde Wasserski zahlt man 15–20 € pro Viertelstunde, Tretboote werden für 9–10 € pro Stunde vermietet, Surfboards ab 13 € pro Stunde. Die Kataloge der Reiseveranstalter geben erschöpfend darüber Auskunft.

Wellness

Die Wellness-Welle haben die griechischen Hoteliers lange verschlafen. Die beiden besten Wellness-Zentren findet man bisher im Hotel Aegean Melathron bei Kallithéa (angeboten im TUI-Katalog); ein kleines Wellness & Beauty Center bietet das Hotel Athena Palace (s. S. 107). Geboten werden dort ein beheizter Indoor-Pool, Sauna, Whirlpool und Dampfbad sowie u. a. Thaimassage und Reflexzonenmassagen, Reiki, Shiatsu, Maniküre, Pediküre und Gesichtskosmetik. Das neueste und größte Thalasso-Therapie-Zentrum mit einer Fläche von 3300 m^2 entsteht zur Zeit im Pórto Carrás Resort auf der Halbinsel Sithonía.

Organisierte Touren

Reisebüros, Hotels und Reiseleiter auf der Chalkidikí bieten zahlreiche organisierte Tagesausflüge an. Auf jeden Fall lohnenswert ist eine Bootsfahrt entlang der Küste der Mönchsrepublik Áthos (je nach Abfahrtsort ca. 15–40 €). Bequemer als mit dem Linienbus sind die organisierten Bustouren nach Thessaloníki, weil man zum Einkaufsbummel direkt im Stadtzentrum abgesetzt wird. Man zahlt dafür aber z. B. ab Ouranoúpoli auch etwa 28 €. Wer die Metéora-Klöster auf einer Tagestour kennen lernen will, steigt besser in den Bus, als sich ans Steuer eines Mietwagens zu setzen (ca. 40 €). Für besonders Geschichtsinteressierte sind auch die beiden Tagestouren nach Vergína und nach Phílippi/Kaválla empfehlenswert (je ca. 30 €). Von den ebenfalls angebotenen 1-Tages-Touren nach Athen ist dringend abzuraten: Man sitzt ca. 20 Stunden im Bus und hat für die grie-

chische Metropole nur etwa acht Stunden Zeit.

Rundreisevorschlag

Wer mit dem Mietfahrzeug oder dem eigenen Gefährt eine Chalkidikí-Rundreise unternehmen will, sollte dafür mindestens eine Woche Zeit veranschlagen. Das Programm könnte dann so aussehen:

1. Tag: Fahrt von Thessaloníki über Petrálona, Néa Potidéa und Néa Fókea nach Áfithos (zwei Übernachtungen).
2. Tag: Kassándra-Rundfahrt
3. Tag: Fahrt über Ólinthos, Polígiros und Taxiárchis nach Arnéa (eine Übernachtung)
4. Tag: Fahrt über Olimbiáda und Ierissós nach Ouranoúpoli (zwei Übernachtungen)
5. Tag: Bootsfahrt entlang der Mönchsrepublik Áthos
6. Tag: Fahrt über Pirgadíkia und Vourvouroú nach Sárti (eine Übernachtung)
7. Tag: Fahrt über Toróni und Néos Marmarás nach Nikítas (eine Übernachtung)
8. Tag: Rückfahrt nach Thessaloníki

Klima und Reisezeit

Die Chalkidikí ist kein Reiseziel fürs ganze Jahr. Die touristische Saison beginnt mit den ersten Charterflügen aus

Auf einer Áthos-Bootstour zu sehen – Kloster Grigoríou

Europa Anfang Mai und endet schon Mitte Oktober. Dann schließen fast alle Hotels, viele Läden und Restaurants. Inhaber und Personal ziehen nach Thessaloníki oder Kaválla, wo viele ihren Erst- oder Zweitwohnsitz haben. Der Gipfel des Áthos ist bereits schneebedeckt, die Regenzeit beginnt. Die Meerestemperatur fällt unter 20 °C und erreicht diese Marke erst wieder im Mai.

Zwischen Mai und Mitte Oktober ist das Klima auf der Chalkidikí äußerst angenehm. Über 30 °C klettern die Temperaturen nur von Juni bis August, sonst liegen sie im Allgemeinen unter 20 °C. Nachts ist es im Durchschnitt selbst im Hochsommer angenehme 20 °C kühl, sodass man auch in Zimmern ohne Klimaanlage nicht ins Schwitzen gerät. Mit einem erfrischenden Regenschauer muss man sogar im August rechnen, für den die Statistik im Durchschnitt zwei Regentage verzeichnet. Ansonsten schwankt die Zahl von Mai bis Oktober zwischen drei bis sieben Regentagen je Monat. Ein Regenschirm gehört ins Gepäck.

Thessaloníki ist im Unterschied zur Chalkidikí das ganze Jahr ein reizvolles Reiseziel. Hotels und Tavernen sind gut beheizbar; sobald die Sonne scheint, kann man auch im Dezember oder Januar mit warmer Kleidung draußen sitzen. Die Museen sind im Winterhalbjahr noch leerer als sonst, das kulturelle Angebot umfangreicher. Zudem sind Abstecher in die Skigebiete Makedoniens möglich, in denen die Ausrüstung meist gemietet werden kann. Tagesausflüge auf die Chalkidikí lohnen auch im Winter, wenn die Strände menschenleer, die Felder aber grün sind.

UNTERWEGS
AUF DER CHALKIDIKI
UND IN THESSALONIKI

Ein Leitfaden für die Reise und viele Tipps für unterwegs.

Genaue Beschreibungen von Städten und Dörfern, Sehenswürdigkeiten und Stränden, Ausflugszielen und Reiserouten.

Die Chalkidikí erleben: ausgesuchte Hotels und Pensionen, Tavernen und Kafenia, Wanderungen und Bootstouren.

Am Aristotéles-Strand, Kassándra

Kassándra

Weinbau zwischen
Néa Fókea und Sáni

Reiseatlas S. 236/237

DIE OSTKÜSTE

Griechenlands zweitlängster Kanal (1250 m) verbindet den Toronäischen mit dem Thermäischen Golf und macht die Kassándra zur Insel. Strände säumen die hügelige, überall grüne Landschaft zu beiden Seiten, doch verschwiegene Buchten sind rar. Wer lebhafte Orte bevorzugt, ist an der Ostküste gut aufgehoben. Das intensivste Nachtleben findet man in Kallithéa, den schönsten historischen Ortskern besitzt Áfithos.

Néa Potidéa

Reiseatlas: S. 236, C 2
Der Kanal, der den Toronäischen mit dem Thermäischen Golf verbindet, wird überwiegend von Sportbooten und Fischkuttern genutzt, die an seinen beiden Ausgängen sichere Schutzhäfen vorfinden. Bis 1970 gelangte man vom chalkidischen Festland nur auf einer an einem Drahtseil geführten Fähre über diesen Kanal auf die Halbinsel Kassándra. Dann eröffnete man eine erste Betonbrücke. Am 1. Mai 2002 wurde unmittelbar östlich dieser alten Brücke eine zweite Brücke dem Verkehr übergeben.

Gleich hinter den Brücken geht es an der Ampel rechts ab ins Zentrum von Néa Potidéa, dem ersten Ort auf der Kassándra (1600 Einwohner). Zeugnis ökonomischen Denkens ist die über die Hauptstraße gespannte Weihnachtsbeleuchtung, die der Einfachheit halber das ganze Jahr über dort hängt.

Die **Platía** ist wie fast alle Dorfplätze auf der Chalkidikí modern und farbig gepflastert sowie mit Blumen und Springbrunnen geschmückt. Alte Wagenräder vor dem Kiosk zeugen von autofreien Zeiten. Stimmungsvoller sitzt man freilich im Kástro Club am Ufer des Thermäischen Golfs direkt über dem schmalen Strand und einem im Wasser gespannten Volleyballnetz. Gen Süden reicht der Blick entlang der rötlich schimmernden Steilufer mit vorgelagerten Stränden kilometerweit bis hin zum Wehrturm von Sáni. Dicht vor dem Ufer stehen die Gemäuer eines **mittelalterlichen Festungsturms** im Wasser. Er war einst Teil einer Stadtmauer, die sich am Kanal entlang über die ganze Halbinsel zog. Reste von ihr sind ein paar Schritte weiter am Rand des Haupthafens von Néa Potidéa zu sehen.

Verrat

Potidéa war in seiner langen Geschichte wegen seiner strategischen Lage immer wieder eine viel umkämpfte Stadt. Siedler aus Korinth gründeten die antike Stadt um 700 v. Chr. Als die Perser im frühen 5. Jh. v. Chr. auf ihrem Weg nach Athen über die Chalkidikí zogen, mussten sich die Bewohner Potidéas wie so viele Bürger anderer griechischer Städte und Inseln ihnen anschließen: In den Perserkriegen kämpften viele Griechen auf Seiten der Perser gegen frei gebliebene Griechen. Als sich ein Teil des persischen Landheers nach den Niederlagen von Salamis und Platäa nach Makedonien zurückzog, belagerte man Potidéa erneut. Herodot, der große Geschichtsschreiber des 5. Jh. v. Chr., berichtet ausführlich davon (Buch VIII, 126–129). Der persische Feldherr Artabazos setzte auf Verrat. Hinter den Mauern Potidéas war Timoxeinos, ein Offizier aus Skióni, bereit, ihm die Stadttore zu öffnen. Mit Hilfe von Papyrusstreifen, die unter den Federn von über die Mauern geschossenen Pfeilen versteckt waren, tauschte man Nachrichten aus. Ein Pfeil landete jedoch einmal an einer falschen Stelle, der Verrat wurde entdeckt. Artabazos gab dennoch nicht auf. Als sich nach dreimonatiger Belagerung eines Tages aus unerklärlichen Gründen das Meer wie bei starker Ebbe vom Ufer Potidéas zurückzog, versuchten er und seine Truppen, die Mauer zu umgehen. Plötzlich aber kehrte das Wasser wie bei einer Sturmflut zurück; die Perser ertranken oder wurden niedergemacht. Den wundersamen Sieg schrieben die Potidäer dem Meeresgott Poseidon zu. Heute natürlich würde man dafür der Gottesmutter danken.

Der Kanal erleichtert den Fischern von Néa Potidéa das Leben

O Germanós

Ursprünglich hatte der deutsche Inhaber Frank seine Taverne »Schwabenstube« genannt. Dann kamen so viele griechische Gäste, die schlicht »zum Deutschen« gingen, dass sie ihren heutigen Namen »O Germanós« erhielt. Besonders lecker: Zicklein mit Kartoffeln aus dem Backofen. Uferpromenade im östlichen Ortsteil von Néa Potidéa, ganzjährig (Okt.–April nur Sa/So). Moderat.

Krieg und Philosophie

429 v. Chr. gelang den Athenern, was den Persern versagt blieb. Nach zweijähriger Belagerung eroberten sie die Stadt, vertrieben ihre Bewohner und siedelten Athener Bürger an. Im Belagerungsheer kämpfte auch einer der größten Philosophen der Weltgeschichte mit: Sokrates. Er war aber nicht immer ganz bei der Sache. So wird berichtet, er habe einmal 24 Stunden lang völlig unbewegt mitten im Kampfgetümmel gestanden, weil er ein philosophisches Problem zu lösen wünschte. Angst vor dem Tod zu haben, erschien ihm eines Philosophen unwürdig.

Potidéa Palace: westlich der Nationalstraße, aus Richtung Thessaloníki noch vor Erreichen der Brücke, Tel. 23 73 04 16 53, Fax 23 73 04 18 85, www.potidea-palace.gr. 2 km außerhalb des Ortes an einem 5 km langen Sandstrand gelegenes All-inclusive-Hotel mit schönem Garten mit Pool. 172 Zimmer, auf ein Haupt- und acht Nebengebäude verteilt. Kleines Animationsprogramm, Tennisplätze mit Flutlicht, Internet-Ecke und Mountainbike-Vermietung im Haus. 172 Zimmer, DZ all inclusive ab 120 €, auch pauschal zu buchen.

Golden Beach: in der östlichen Ortshälfte an einer Parallelstraße zur Uferpromenade, Tel. 23 73 04 16 57, Fax 23 73 04 12 51, www.goldenpotidea.gr. Sehr familiär geführtes Hotel mit 14 Studios und Apartments in mehreren zweigeschossigen Gebäuden, kleiner Pool im Innenhof, 100 m vom Strand. DZ Ü/F ab 35 €, auch pauschal zu buchen.

Haus María: Odós Agíou Nikoláou, im östlichen Ortsteil am südlichen Rand an einer Parallelstraße zur Uferpromenade, Tel. 23 73 04 12 13, www.hausmaria.com. Modernes dreigeschossiges Haus, etwa 70 m vom Strand. Man spricht Deutsch. 16 Apartments (20–35 m²), DZ ab 25 € (4 Pers. ab 41 €).

Haus Níko: Odós Agíou Nikoláou, im östlichen Ortsteil neben Haus María, Tel./Fax 23 73 04 19 39, im Winter 23 10 31 54 49. Apartments in modernem Haus, alle mit Balkon und gut eingerichteter Küche, ca. 50 m vom Strand. Nette persönliche Betreuung durch die Wirtin Eléni Choulía und ihre Eltern Níkos und Panajóta. 16 Apartments (22–55 m²), DZ ab 22 €.

Marína: am Westufer beim Hafen. Gutes Restaurant mit großer Auswahl auf einer Terrasse mit Meerblick. Teuer.

Ta Kástra: am Südufer des Kanals. Erstklassiges Restaurant am Kanalufer unmittelbar unter einem Überrest der byzantinischen Stadtmauer. Wirt Ispilídis, in Waiblingen geboren, serviert Spezialitäten aus den verschiedensten Regionen Griechenlands und exzellente Meeresfrüchte. Moderat.

GRIECHEN IN KLEINASIEN – LESETIPPS

Griechen lebten in Kleinasien mindestens schon vor 3000 Jahren. Sie siedelten an der Mittelmeer- und Schwarzmeerküste und gründeten hier viele namhafte Städte wie Trapezunt, Ephesos und Milet. Die Vorfahren vieler heutiger Bewohner der Chalkidikí, z. B. in Néa Potidéa oder Néa Fókea, waren kleinasiatische Griechen, die ihre Heimat 1922/23 verlassen mussten. Zwei neugriechische Romane, die in deutscher Übersetzung in jeder Buchhandlung erhältlich sind, erzählen auf ganz unterschiedliche Weise vom Leben in Kleinasien im frühen 20. Jh.:

In seinem 1943 erschienenen Werk »Äolische Erde« (Insel Verlag) beschreibt der in Ayvalik geborene **Ilías Venésis** (1904–1973) seine Kindheit auf einem Landgut in der Nähe der Stadt. Venésis ist ein Meister der sanften, lyrischen Töne. Da er Umwelt und Ereignisse aus Kindersicht schildert, nimmt manches märchenhafte Züge an. Die Natur ist belebt, der kleine Junge versteht die Sprache der Bären und Schakale. So entsteht ein zauberhaftes Bild einer Welt, in der es noch Schmuggler und Kamelkarawanen, Kamelkämpfe und intakte Großfamilien gab. Türken kommen nur am Rande vor, anfangs als Arbeiter auf großen christlichen Gutshöfen, am Ende als Eindringlinge aus den Tiefen Anatoliens, die die Familie des Autors schließlich zur Flucht nach Lesbos zwingen.

Venésis Erstlingswerk »Nummer 31328«, 1969 in deutscher Übersetzung erschienen, ist leider nur noch im Antiquariat erhältlich. Es schildert die Erlebnisse des Autors in einem türkischen Zwangsarbeiterbataillon, das 1922 ins Innere Kleinasiens geschickt wurde.

Das Landesinnere von Kleinasien nahe Smírna ist Schauplatz des Romans »Griechische Passion« (Rowohlt Verlag), den der Kreter **Níkos Kazantzákis** (1883–1957), der bedeutendste Autor neugriechischer Prosa, verfasst hat. Auch hier kommt türkisches Leben nur am Rande vor. Türken haben die griechischen Bewohner eines Dorfes vertrieben. Nach langem Umherziehen lassen sich die Flüchtlinge am Rand einer von reichen Landsleuten bewohnten Siedlung nieder. Der türkische Ağa des Dorfes herrscht zwar mit absolutistischer Gewalt, trinkt aber meistens Raki, schläft viel und nutzt die Uneinigkeit unter den Griechen aus. So kommt es zwischen den armen Flüchtlingen und den reichen Einheimischen zum Konflikt: Die Reichen wollen die Armen vertreiben. Einige aus dem reichen Dorf aber, die demnächst in einem Passionsspiel die Rollen Jesu und seiner Jünger übernehmen sollen, identifizieren sich mit ihren Rollen und wollen den Armen helfen. Der Reichste von ihnen überlässt den Habenichtsen nach dem Tod seines Vaters sogar sein Erbe. Jetzt greifen die anderen Dorfbewohner unter Führung ihres habgierigen Priesters zu den Waffen, die Armen müssen weiterziehen.

Facettenreich und sprachgewaltig zeichnet Kazantzákis ein detailliertes Bild griechischen Dorflebens um 1920. Zugleich enthüllt er aber auch die Schwächen einer Gesellschaft, die sich nur vordergründig christlich verhält.

Der 17 m hohe Wehrturm wacht
über die Bucht von Néa Fókea

Kástro: im westlichen Ortsteil nahe
dem Hafen. Direkt am Meer gelegene Café-Bar, deren Terrasse auf Stelzen
direkt über dem Wasser steht.

Tauchschule: vor dem Hotel Potidéa Palace (Auskünfte dort).
Wassersportzentren: am Strand vor
dem Hotel Potidéa Palace und am östlichen Ortsstrand.

Busverbindung: mit Thessaloníki
und Néa Moudaniá, Néa Fókea, Áfi-
tos und Kallithéa bis zu 28 x tgl.; zahlreiche Verbindungen auch zu den anderen
Orten der Kassándra. Bushaltestelle
gleich südlich der Kanalbrücke an der
Ampelkreuzung.

Néa Fókea

Reiseatlas: S. 237, D 2
Die Hauptstraße senkt sich 11 km hinter Néa Potidéa nach Néa Fókea hinab,
einem erst nach 1922/23 gegründeten
Flüchtlingsdorf (1700 Einwohner). Vor
her gehörte das Gemeindegebiet dem
Áthos-Kloster Ágios Pávlos, das es
1407 von einem byzantinischen Kaiser
zum Geschenk erhalten hatte. Aus jener Zeit stammt auch der 17 m hohe
Wehrturm auf einem niedrigen, grünen
Kap über der kleinen Strand- und Hafenbucht des Ortes, in dem Heerscha-
ren von Mauerseglern nisten. Neben
dem Turm stehen eine kleine, ver-
schlossene **Kirche** aus dem 19. Jh.
und ein **Wirtschaftsgebäude** des
1930 abgerissenen klösterlichen Guts-

hofes. Bei Kirchweihfesten dient das
Gebäude als Festsaal. Vom Kap aus
hat man nach Süden einen schönen
Blick hinunter auf den Hauptstrand von
Néa Fókea, der durch seine ruhige Lage tief unterhalb der Küstenstraße gefällt. In der Hafenbucht nördlich des
Turms liegen tagsüber meist 20 bis 25
kleine Fischerboote. Sie landen ihre
Fänge in der Regel gegen 9 Uhr morgens an. Was nicht direkt am Kai verkauft wird, wird per Lastwagen in die
Fischhandlungen der Städte oder an

die ausgezeichneten Tavernen direkt an der Hafenbucht geliefert.

Zum makedonischen Grab

Wo die kurze Stichstraße zum **Turm Ágios Pávlos** von der Hauptstraße abzweigt, steht auf der anderen Straßenseite ein unscheinbarer Wegweiser mit der Aufschrift »Macedonian Tomb«. Dieses **makedonische Grab** ist nur 20 m weiter zu finden. Auf einem zementierten Platz steht in einem gepflegten Blumenbeet ein Olivenbaum, dahinter entdeckt man am niedrigen Fels eine weiß gekalkte Kapellenwand mit einer braunen und auch braun eingefassten Tür darin. Links davor steht ein halbrunder Tisch auf einem antiken Säulenstumpf. Hat man die nur brusthohe Tür durchschritten, führen Treppen in die spärlich beleuchtete Kapelle hinab. Zu beiden Seiten der Stufen stehen auf kleinen Plattformen einfache Ikonen. Am Fuß der Treppe kann man noch etwa 15 Schritte weit gebückt durch den engen Gang gehen, um dann in einem makedonischen Grab zu stehen (vermutlich 4. Jh. v. Chr.). An einer Stelle sammelt sich Tropfwasser – manchen Gläubigen gilt es als heilsames *agíasma,* »heiliges Wasser«. Einer örtlichen Legende zufolge soll sich dem Apostel Paulus in Ierissós auf der Áthos-Halbinsel bei der Flucht vor Verfolgern die Erde geöffnet haben. Unterirdisch gelangte er bis hierher, wo er wieder der Dunkelheit entstieg. Solche märchenhaften Geschichten waren in früher christlicher Zeit überall im Mittelmeerraum beliebt, knüpften sie doch an antike Heldensagen von wundersamen Ereignissen an und zeigten sie deutlich, dass ihr Protagonist über überirdische Kräfte verfügte oder doch zumindest von solchen beschützt wurde.

Camping Blue Dream: Tel. 23 74 03 12 49, Fax 23 74 03 13 53, 1. Mai bis 30. Sept. Schattiger Platz mit 206 Stellplätzen für Zelte, Wohnwagen und Wohnmobile, Taverne, Bar, Tennis, Volley- und Basketballplätze; Wassersportzentrum gleich nebenan.

 An der kleinen Hafenbucht bieten die vier gleich guten Restaurants **Mános, Apóstolos, Ta Kímata** und **Sergianí** stets frischen Fisch und einen schönen Blick aufs Meer. Alle moderat.

Thókos: zwischen Turm Ágios Pávlos und Hafenbucht. Music-Bar auf mehreren Terrassen unter Palmen.

S. Áfitos S. 73.

Áfitos

Reiseatlas: S. 237, D 3
Die Küstenstraße steigt hinter Néa Fókea wieder hügelan und lässt dann den Ort Áfithos (auch »Áthitos« genannt, 850 Einwohner) links liegen. Man sollte sich dieses besonders schöne Dorf aber unbedingt anschauen! Es breitet sich vom Rand eines Steilufers landeinwärts aus und besitzt mehr alte Bausubstanz als die übrigen Dörfer der Kassándra.

Der kleine **Dorfplatz** erfüllt mit seinen Bänken, Mäuerchen, Bars und dem obligatorischen Kiosk mehr als jede andere Platía der Halbinsel noch die soziale Funktion eines allabendlichen Treffpunkts.

Naturstein als Passion

Vor dem Rathaus auf der gegenüberliegenden Seite der Dorfhauptstraße künden zwei **steinerne Skulpturen** von der Leidenschaft des ehemaligen

Glyptomanie

Wer noch mehr Werke des leidenschaftlichen Bildhauers Vassílis Pavlís sehen will, wirft einen Blick in den Garten seines Hauses in Áfitos. Sie finden es, wenn Sie von der Platía aus die Steiluferpromenade bis zur Fortuna Bar entlanggehen und dann noch etwa 200 m weit der von hier aus leicht ansteigenden Straße folgen. Verfehlen kann man es nicht.

Hübsches Dorf und einer der schönsten Strände der Kassándra – Áfitos

Bürgermeisters Vassílis Pavlís. Der 1956 geborene und 1996 in sein Amt gewählte Bildhauer aus Passion hat es sich zum Ziel gesetzt, den örtlichen Kalkstein wieder zum vorherrschenden Anblick in Áfitos zu machen. Aus den Steinen abgebrochener alter Häuser meißelt er Figuren und Reliefs, die im Dorf aufgestellt oder in neue Mauern eingefügt werden. Alte Mühlsteine und Teile von Weinpressen stehen nicht mehr achtlos in Hinterhöfen, sondern werden dekorativ verbaut. Der ›Naturstein-Bazillus‹ hat bereits andere Dorfbewohner infiziert: Neubauten werden wieder aus Stein erbaut oder zumindest damit verblendet, sogar Telefonzellen aus Naturstein findet man hier.

Völlig aus Naturstein errichtet wurde bereits 1858/59 die Dorfkirche **Ági-**os **Dimítrios** wenige Schritte unterhalb des Dorfplatzes. Innen ist die hölzerne **Ikonostase** sehenswert, den Glockenturm zieren einfache folkloristische Steinreliefs mit symbolischen und figürlichen Darstellungen. Die Kirche steht über den Grundmauern einer frühchristlichen Basilika, von der aber nur geringe Spuren unmittelbar vor der Kirchentür freigelegt werden konnten. Direkt vor dem Gotteshaus fand 1996 auf der Hauptstraße eine kleine Ausgrabung statt, bei der Urnen, Gebeine und Schädel gefunden wurden, die man ins 4. Jh. v. Chr. datierte. Man war auf die **Nekropole des antiken Áfitos** gestoßen. Heute rollt über das Gräberfeld wieder der Verkehr; ein paar Funde werden im Rathaus verwahrt.

Museum und romantischer Strand

An Sommerwochenenden und August-abenden gewährt ein kleines **Volks-kundliches Museum** im Keller und im Erdgeschoss eines Hauses aus dem 19. Jh. an der Platía Einblick in die Lebensweise der Einheimischen im 18. und 19. Jh. Im Hochsommer finden im Obergeschoss des Museums außerdem Kunstausstellungen statt.

Eine Natursteinmauer leitet den Spaziergänger vom Dorfplatz aus an der Steilküste entlang zur etwa 200 m entfernten Bar Mageía, dem zur Zeit des Sonnenuntergangs schönsten Platz. Von der Platía in südwestlicher Richtung gelangt man in etwa fünf Minuten zu Fuß zum **Strand von Áfitos.** Den reizvollsten Anblick bietet er im September, wenn hier tausende von zarten Strandlilien erblühen.

Reisebüro Áfitis Holidays: an der Dorfstraße nahe der Kirche, Tel. 23 74 09 15 00, Fax 23 74 09 11 50.

Seltener Käse

Nikólaos Katsánis serviert als einziger Wirt Griechenlands den sehr seltenen – und deshalb auch teuren – Krassomanoúra-Käse. Er stammt von den ägäischen Inseln Sífnos und Kímolos und ist mit Rotwein durchtränkt. Nahezu die gesamte Produktion dieses Käses, der nach altertümlichen Methoden hergestellt wird, geht in die USA.

Áfitis: am Strand, Tel. 23 74 09 12 33, Fax 23 74 09 15 46, www.afitis-hotel.gr. Unauffällig in die Landschaft eingepasstes Hotel mit gepflegtem Garten direkt am Strand, Pool, Tennisplatz. Ins Dorfzentrum ca. zehn Gehminuten. 57 Zimmer, DZ Ü/F ab 75 €, auch pauschal zu buchen.

Zeus: an der Hauptstraße von der Schule zur Nationalstraße, Tel./Fax 23 74 09 11 32, im Winter 23 74 09 12 94, www.united-hellas.com/tourism/halkidiki/kassandra. Sehr freundliches Hotel mit klimatisierten Zimmern, kleinem Pool mit Whirlpool und Pool-Bar im Innenhof. Fünf Gehminuten vom Zentrum, zehn Gehminuten vom Strand. 20 Zimmer, DZ ohne F ab 45 €.

Studios Moudounoú: an der südlichen Zufahrt zum Strand, Tel. 23 74 09 15 09, im Winter 21 05 02 52 01. Die Studios der schon etwas älteren, herzlichen und freundlichen Brüder Thanássis und Stamátis liegen abseits des Trubels im Garten hinter ihrer Taverne, die wiederum nur ein paar Meter oberhalb des Strandes schöne Sitzplätze mit Meerblick bietet. Hier kann man sich noch abseits des Massentourismus wähnen. Privatparkplatz vorhanden. 14 Studios, DZ ab 35 €.

Catherine: an der Hauptstraße zwischen Schule und Nationalstraße gegenüber der Taverne To Pérasma, Tel. 23 74 09 12 58. In der kleinen Pension von Katerína Karathanási wird noch griechische Gastfreundschaft praktiziert. Die Wirtin lädt ihre Gäste öfters zu einem Tässchen Mokka im Garten ein. Die Zimmer sind einfach, aber modern eingerichtet und haben alle einen Balkon. 12 Zimmer, DZ ab 25 €.

Sousouráda: nahe der Kirche an der Straße zum Strand, erst ab 18 Uhr geöffnet, Tischreservierung empfehlenswert, sousoure@otenet.gr, Tel.

23 74 09 15 94. Der sehr gut Englisch sprechende Wirt Nikólaos Katsánis ist ein bekannter griechischer Fernsehkoch, sein Restaurant ist ein echter Feinschmecker-Treff. Nikólaos kocht bevorzugt griechisch-mediterran, liebt aber auch Eigenkreationen. Auf seine Desserts verwendet er besondere Sorgfalt; in seinen Schatzkammern lagern die besten und seltensten griechischen Käse und Weine. Teuer.

Oinochoe: an der Straße zwischen Kirche und Schule. Weinbar auf drei Etagen. Moderne Lounge oben, Bistro in der Mitte, Weinkeller unten. Griechische Weine glasweise, Häppchen und auch Hauptgerichte dazu. Moderat.

Stromboúli: etwa 30 m abseits der Hauptstraße nördlich der Platía. Man sitzt auf der Terrasse oder kleinen Balkonen abseits des Trubels und kann sich mit Wirt Thanássis, der einmal zwei Jahre in Hannover lebte, gut unterhalten. Preiswert.

Mageía: am Ende des Steilküstenweges, der von der Platía aus nordwärts verläuft. 2001 eröffnete, auf der ganzen Chalkidikí einzigartige Bar. Man sitzt wie in einem Amphitheater auf mehreren Terrassen hoch über dem Meer und genießt seine Cocktails zu dezenter Musik unterm Sternenhimmel.

Koutsómylos: am Ende der Gasse, die an der Nordseite der Kirche entlangläuft. Bar in und vor einer alten Olivenpresse, schöner Meerblick von der Terrasse aus.

Sobóro Terraza Bar: an der Schule. Ganzjähriger Treff jüngerer Einheimischer, Biere aus aller Welt, Weizenbier vom Fass, Chicken Wings, Wurst und Käse.

KM: Am Platz vor der Kirche. Schmuck, Ikonen, historische Stiche, alte *kombolóia* (dem Rosenkranz ähnliche Ketten, mit denen griechische Männer gern spielen) und vieles mehr, von der Antiquitätensammlerin Kleópatra und

Beach Bus

Auch strikte Bewegungsgegner können gut im alten Dorf Áfithos wohnen, ohne zum Strand hinunter und – schlimmer noch – anschließend wieder hinauf laufen zu müssen. Die Gemeinde setzt im Hochsommer einen Gemeindebus ein, der zwischen 10 und 17 Uhr stündlich kostenlos das Ortszentrum mit dem Strand verbindet.

ihrer als Konzertpianistin ausgebildeten Tochter Pétrina aus Leidenschaft aus ganz Griechenland zusammengetragen. Außerdem fertigt Kleópatra Schiffsreliefs aus Holz.

Kímesis tis Theotókou: 14. bis 15. Aug. Kirchweihfest mit Live-Musik und Tanz auf der Platía.

Linienbusverbindung: mit Thessaloníki, Kallithéa, Néa Fókea und Néa Potidéa tgl. bis zu 28 x. Linienbushaltestelle nicht im Dorf, sondern an der 700 m von der Kirche entfernten Hauptstraße.

Kallithéa

Reiseatlas: S. 237, D 3

Der nächste Ort, Kallithéa (780 Einwohner) ist im Gegensatz zu Áfithos wieder eine Flüchtlingssiedlung, die wie die meisten dieser Neugründungen aus den 1920er Jahren nach starrem Rasterplan entstanden ist. Sein Zentrum bildet heute eine moderne Fußgängerzone voller Cafés, Restau-

Zeichen der Volksfrömmigkeit

rants und Souvenirgeschäfte ohne speziell griechisches Flair. Schöner als dort sitzt man am Rand des kleinen **Stadtparks** direkt an der Hauptstraße, wo Caféterrassen einen prächtigen Blick aufs Meer gestatten.

Von diesem Steilufer am Park aus sieht man auch die Überreste des **Tempels des Ámon Zeus** unmittelbar neben dem gleichnamigen Strandhotel. Sie liegen – jederzeit frei zugänglich – auf einer verwilderten Terrasse direkt am Ufer unter Pistazien und kleinen Linden. Der Tempel wurde Ende des 4. Jh. v. Chr. erbaut, also entweder zur Zeit Alexanders des Großen oder kurz danach. Er war etwa 10,5 m breit und 21,5 m lang. Seine aus massiven Mauern bestehende Cella war von einer Ringhalle mit je sechs dorischen, gut 5 m hohen Säulen an den Breit- und elf ebensolchen Säulen an den Längsseiten umgeben (Ecksäulen zweimal gezählt). Der ägyptische Hauptgott Amon und der griechische Göttervater Zeus wurden hier in einer Gestalt verehrt – wohl in Folge der Eroberungszüge des Makedonenkönigs, die ja bis Ägypten führten und das Eindringen nicht-griechischer Gottheiten erleichterten. Zu sehen sind Teile des Tempelfundaments und die Umrisse eines im 2. Jh. angefügten Vorhofs, auf dessen Südwestseite noch drei steinerne Sitzreihen zu erkennen sind.

Hotelburgen und ein Mosaik

In Kallithéa teilt sich die Straße. An der Ampel geht es rechts ab nach Kassándria und an die Westküste. Unsere Route verläuft weiter an der Ostküste und umrundet die Halbinsel Kassándra im Uhrzeigersinn. Vorbei an den beiden landschaftsverschandelnden Hotelhochhäusern Athos Palace (1130 Betten) und Pallini Beach (938 Betten) geht es nach Kriopigí. Folgt man vor Erreichen des Hotels Athos Palace dem Wegweiser an der Hauptstraße zur **Basilika Solénos,** gelangt man an den Strand. Geht man von hier aus 100 m auf das Hotel zu, erreicht man die unter einem Schutzdach konservierten Überreste dieser Kirche aus dem 5./6. Jh. Der Gang dorthin lohnt eines Mosaiks aus jener Zeit wegen, in dem verschiedene Vögel, ein Reh und ein Hirsch besonders schön dargestellt sind.

Manita Tours: an der Hauptstraße, Tel. 23 74 02 40 35, Fax 23 74 02 21 34, manita@otenet.gr.

Geldautomat der National Bank an der Hauptstraße nach Néa Fókea, der Alpha Bank an der Straße nach Síviri nahe der Ampelkreuzung.

Ámon Zeus: Tel. 23 74 02 32 31, Fax 23 74 02 32 32, www.ammon-zeus. gr. Fünfgeschossiges Hotel direkt am Strand etwa 300 m unterhalb des Ortszentrums, kleiner Pool. 126 Zimmer, DZ Ü/F ab 80 €, auch pauschal zu buchen.
Áthos Palace: 2 km südlich vom Zentrum, Tel. 23 74 02 21 00, Fax 23 74 02 36 05, www.g-hotels.gr. Zwölfgeschossiges All-inclusive-Hotel direkt am Strand. Großes Sportangebot. 427 Zimmer, DZ Ü/F ab 60 €, auch pauschal zu buchen.
Pallíni Beach: 2 km südlich des Zentrums, Tel. 23 74 02 24 80, Fax 23 74 02 24 89, www.g-hotels.gr. Anlage mit neungeschossigem Haupthaus und mehreren ebenerdigen Bungalowreihen, Pool, hauseigene Disco, großes Sport- und Animationsangebot. 485 Zimmer, DZ Ü/F ab 60 €, auch pauschal zu buchen.
Margaríta: am nördlichen Strandende, Tel. 23 74 02 21 61, Fax 23 74 02 40 44, www.hotel-margarita.de. Modernes Haus, das von einer im Winter in Deutschland lebenden griechischen Familie sehr persönlich geführt wird. 30 Studios und Apartments, DZ ab 38 €.

Días: links oberhalb der Küstenstraße zwischen dem Zentrum und dem Hotel Pallíni Beach, 600 m vom Ortszentrum, tgl. ab 12 Uhr. Abseits des Massentreibens auf einem Steilufer gelegene Taverne mit einem schönen Garten. Moderat.
Aethríon: im Zentrum an der Hauptstraße Richtung Áfithos, neben der National Bank. Tsipourádiko mit vielen auch ungewöhnlichen griechischen Spezialitäten, Traditionell eingerichtet in den Landesfarben Weiß und Blau. Moderat.

Ta Paramíthi: im Zentrum an der Hauptstraße Richtung Áfitos, tgl. ab 18 Uhr. Klassische Ouzerí auf einer von Blättern überrankten Terrasse, viele saisonale Angebote, nur griechische Musik (gelegentlich auch live). Moderat.

Kallithéa ist das Nightlife-Zentrum der Kassándra. Die bedeutendsten Discos liegen rechts der Straße nach Kriopigí kurz vor Erreichen der beiden Großhotels Áthos Palace und Pallíni Beach.
Lido Club: Tanz auf mehreren Pisten, Platz für 2000 Gäste, internationale und griechische Rock-Musik.
Stígma: Disco, in der nur griechische Musik gespielt wird, häufig live.

Bootsausflüge: mehrmals wöchentlich nach Néos Marmarás und Toróni; 2 x wö. startet von hier ein Boot zur Fahrt entlang der Küste der Mönchsrepublik Áthos.
Tauchschule Explorer Divers: vor dem Hotel Pallíni Beach, Tel. 69 44 45 46 32.
Großes **Wassersportzentrum** vor dem Hotel Pallíni Beach.

Ágios Pantelímonas: 26./27. Juli. Kirchweihfest mit Musik und Tanz.

Linienbusverbindung: mit Thessaloníki, Áfitos, Néa Fókea und Néa Potidéa bis zu 28 x tgl., mit Pefkochóri bis zu 20 x tgl., mit Palioúri bis zu 13 x tgl.

Kriopigí

Reiseatlas: S. 237, D 3
Kriopigí zählt wie Kallithéa weitaus mehr Fremdenbetten als Bewohner: Auf 2260 Gäste kommen 520 Einwohner. Die Hotels stehen jedoch außer-

Kleines Idyll im Hinterland von Kriopigí

halb des kleinen, gut 1 km von der Küste entfernten Ortes am Strand oder am baumreichen Weg dorthin. Der Ort lohnt keinen Besuch, wohl aber der gut ausgeschilderte **Pigadákia Beach.** Der lange, gewundene Sandstrand vor einer idyllischen Kiefernböschung bietet viel Naturschatten und ist nur im August überlaufen. Außer einer der Gemeinde gehörenden Cafeteria gibt es noch nicht einmal eine Taverne.

 Villa George: am Pigadákia Beach, Tel. 23 74 05 15 44, Fax 23 74 05

23 03, www.villa-george.gr. Ruhige, nur 50 m vom Meer entfernt gelegene Apartmentanlage mit Pool. 44 Betten, DZ Ü/F ab 30 €.

Stella's Paradise: von der Hauptstraße aus ausgeschildert, Tel. 23 74 05 11 64, Fax 23 74 05 11 63. Nur 60 m oberhalb des Strandes und der gleichnamigen Taverne sehr ruhig gelegenes Hotel. 17 Zimmer, DZ Ü/F ab 40 €.

Platía: im alten Dorf an der Fußgängergasse nahe der Kirche. Taverne in einem über 150 Jahre alten Natursteinhaus, auch ausgefallenere Spezialitäten wie *fáva,* ein Püree aus gelben Erbsen mit Zwiebeln und Öl. Moderat.

Kímesis tis Theotókou: 14./15. Aug. Kirchweihfest mit Musik und Tanz im alten Dorf.

Gemeindebus: vom alten Ort zum Strand zwischen 10 und 23 Uhr 18 x.
Linienbusverbindung: mit Thessaloníki und den Kassándra-Orten am Weg dorthin sowie mit Políchrono, Pefkochóri und Palioúri bis zu 16 x tgl.

Políchrono

Reiseatlas: S. 237, E 3
An der Küstenstraße folgt nun als nächster Ort **Políchrono** (1000 Einwohner), das insbesondere bei osteuropäischen Urlaubern als Ferienziel sehr beliebt ist. Symptomatisch für den Ort ist die schmale Uferpromenade, die sich 1 m schmale Blumenrabatten mit Autos teilen müssen. Der grobsandige Strand ist mehrere Kilometer lang, bietet aber leider keinerlei natürlichen Schatten.

Jean-Marie/Giánnis-María: an der Uferpromenade, Tel. 23 74 05 25 41, Fax 23 74 05 21 76. In die Umgebung gut eingepasstes, zweigeschossiges Hotel. Die Tochter des griechisch-französischen Besitzerehepaares ist Deutschlehrerin und abends meist anwesend. 17 Zimmer, DZ Ü/F ab 40 €.

International: an der Platía im Dorfzentrum. Der zypriotische Inhaber serviert nicht nur die üblichen griechischen Gerichte, sondern auch die herzhaftere zypriotische Küche, zu deren Spezialitäten *haloúmi* (gegrillter Ziegenkäse) und *afélia* (Schweinegulasch in einer Koriander-Weißweinsauce) gehören. Moderat.

Chanióti und Pefkochóri

Reiseatlas: S. 237, E 4
In den 1930er Jahren wurde **Chanióti** (980 Einwohner) neu gegründet. Ein 60 m breiter, parkähnlich gestalteter Grünstreifen trennt die Uferstraße vom langen Grobsandstrand voller Sonnenschirme und -liegen. Individualurlauber werden sich hier höchstwahrscheinlich ebenso wenig wohl fühlen wie im Nachbarort **Pefkochóri** (1650 Einwohner), der aber zumindest ein idyllisches Zentrum besitzt. Schön ist auch ein Abschnitt der Küstenstraße zwischen beiden Orten, der auf über 1 km Länge einer Oleanderallee gleicht.

Im neueren, überwiegend touristisch geprägten Ortsteil von Pefkochóri zwischen Küstenstraße und Strand sind Pensionen und Apartmenthäuser so dicht aneinander gedrängt wie sonst kaum irgendwo in Griechenland. Lärmempfindlich und lichthungrig darf man hier nicht sein.

Das alte Dorf und ein Kloster

Im alten Dorf auf der Landseite der Hauptstraße (Abzweigung am Postamt) ist der Ort hingegen durchaus attraktiv. An zwei kleinen, 1996 völlig neu gestalteten Plätzen mit Springbrunnen, Bäumen und Sträuchern stehen das kleine, alte **Rathaus** und die meist nur am Spätnachmittag geöffnete Kirche **Ágios Athanásios** aus der Zeit um 1850. Die nur locker an der oberen Bilderreihe der blau gestrichenen, simplen Holzikonostase befestigten Ikonen lassen erkennen, dass sie wie überall in Griechenland ursprünglich herauszunehmen waren. Die Ikone mit der Darstellung Jesu Geburt z. B. wurde in der Weihnachtszeit auf einen besonderen Bildständer im Kirchenraum, das **Ikonostas,** gelegt. Gleiches geschah mit den übrigen Festtagsikonen zur jeweils passenden Zeit. Die Kirchendecke ist als blauer Himmel mit goldenen Ster-

nen gestaltet, die auf drei Seiten umlaufende Holzempore ist ebenfalls ganz in Blau gehalten. Da Männer und Frauen früher voneinander getrennt am Gottesdienst teilnahmen, war dies der Platz der Frauen.

3,5 km außerhalb von Pefkochóri steht in schöner Waldeinsamkeit das kleine, moderne **Kloster Osíou Ioánnou Roússou.** Der Spaziergang oder die Fahrt dorthin lohnen vor allem für Pefkochóri-Urlauber – und für Liebhaber griechischer Seltsamkeiten (s. Kasten).

Info-Kiosk der Gemeinde Pefkochóri: am nördlichen Ortsanfang an der Kassándra-Rundstraße, nur in der Hauptsaison zeitweise besetzt.

Atrium: Pefkochóri, oberhalb der Kassándra-Rundstraße, Wegweiser zum Kloster Agíou Ioánnou tou Roússou folgen, Tel. 23 74 06 20 00, Fax 23 74 06 35 01, www.atrium-hotel.gr. Sehr ruhig am meeresfernen Ortsrand im Grünen gelegenes Hotel, etwa 400 m vom Zentrum und 800 m vom Strand. Große Poolterrasse mit Orts- und Meerblick, Animationsprogramm. Mehrmals tgl. kostenloser Shuttle-Bus zum Strand. 72 Zimmer, DZ Ü/F ab 52 €.
Sousoúras: im Zentrum von Chanióti am Strand, Tel. 23 74 05 22 13, Fax 23 74 05 10 91. Dreigeschossiges Haus mit Pool, 300 m vom Ortszentrum. 73 Zimmer, DZ Ü/F ab 60 €.
Magdaléna: Pefkochóri, Odós Sokratoús/Ecke Odós Ypsalánti, Tel. 23 74 06 31 33, Fax 23 74 06 31 30. Von den gut Deutsch sprechenden Inhabern Mákis und Magdaléna äußerst persönlich-familiär geführtes Hotel im Ortszentrum, viele Stammgäste. 20 Zimmer, DZ Ü/F ab 42 €.

Der Ruf der Felge

Normalerweise hängt in griechischen Klöstern ein eisernes Schallbrett, mit dem die Mönche zum Gebet gerufen werden. Nicht so im Kloster Osíou Ioánnou Roússou: Hier hat man gespart und schlägt mit dem Hammer statt an ein teures Schallbrett an eine ausgediente Lkw-Felge, die deutlich sichtbar neben der Klosterkirche hängt.

Diónysus: Chanióti, an der Straße von der Platía zum »Hotel Strand«, tgl. ab 9 Uhr. Gute Spezialitäten wie Exochikó, in Folie zusammen mit Käse gegartes Lamm. Moderat.
Mariánthi: Pefkochóri, an der Uferpromenade, tgl. ab 9 Uhr. Gute Küche zu sehr günstigen Preisen, schöne Lage. Preiswert.

Stavedo: Chanióti, an der Landseite des Uferparks, tgl. ab 21 Uhr. Große Music-Bar, 4 x wöchentl. Karaoke.
NoNo: Pefkochóri, an der Kassándra-Rundstraße. *Die* Diskothek des Ortes, ihre Öffnungszeiten sind sehr saisonabhängig.

Tauchschule Divecenter Kassándra, im Hotel Hanióti Village, Tel./Fax 23 74 02 36 22, www.divecen ter-kassandra.de.vu. Deutschsprachige Tauchschule, Inhaber sind Katerína und Norbert Höger.

Linienbusverbindung: von Chanióti und Pefkochóri mit Thessaloníki, Kallithéa, Áfitos, Néa Fókea und Potidéa bis zu 20 x tgl., mit Palioúri bis zu 13 x tgl.

Palioúri

Reiseatlas: S. 237, F 4
3 bis 4 km hinter Pefkochóri zweigen Stichstraßen zum küstennahen Brackwassersee Glarókavos ab. Zwei lang gestreckte, sandige Nehrungen riegeln ihn fast vollständig vom offenen Meer ab; nur eine schmale Öffnung gibt Fischerbooten und Jachten die Gelegenheit, den See als sicheren Hafen zu nutzen. Auf der Seeseite beider Neh-

rungen könnten schöne Strände zum Baden locken, wären sie nicht stark verschmutzt.

Paralía Palioúri

Sehr sauber ist hingegen der lange Sandstrand von **Paralía Palioúri.** Das staatliche Xenía-Hotel und der benachbarte Campingplatz entstanden bereits 1961 als erste touristische Angebote auf der Chalkidikí. Das Hotel hatte den Charme einer Kaserne. Viel schöner sind da die kleinen, neueren Hotels nahe dem **Kap Chroússo** im Süden der Bucht, wo der feinsandige Strand von viel Grün eingerahmt wird.

Von hier aus an der Küste entlang weiter in Richtung Kap Palioúri zu fahren, lohnt nicht: Es folgen nur noch vereinzelte Ferienhäuser und äußerst kümmerliche Strände.

Zurück zur Kassándra-Rundstraße: Sie wendet sich nun landeinwärts und steigt sanft etwa 100 m hoch bergan zum 3 km vom Meer entfernten Binnendorf **Palioúri** (800 Einwohner). Trotz vieler Privatzimmer wirkt es touristisch noch nicht so überlaufen wie die Orte an der Ostküste. Dass an dieser Stelle auch in der Antike eine Stadt lag, beweisen einige wenige Zufallsfunde.

Pseudoantike

Wer Kurioses liebt und im Hochsommer unterwegs ist, unternimmt von Palioúri einen Abstecher auf die weitgehend unbewohnte Spitze der Kassándra. Die gute Asphaltstraße dorthin beginnt an der Tankstelle am unteren Dorfrand. Nach 1 km folgt man den Wegweisern nach Panagía (ΠΑΝΑΓΙΑ) bzw. zum Beach Club Avaton, weitere 900 m weiter zweigt man nach links unten zum dann noch 300 m entfernten **Beach Club Ávaton** ab.

Die weitläufige, nur im Hochsommer geöffnete Freizeitanlage ist ein gutes Beispiel für gelungenen Antike-Kitsch. Neu angefertigte Säulen und Säulenstümpfe stehen oder liegen herum, ein kleiner Tempel mit perfektem (isodomischen) Mauerwerk ist entstanden. Statuen sind aufgestellt, Wände mit Fresken im Stil der Antike bemalt. In dieser künstlichen Welt der Pseudoantike werden Hamburger mit Pommes frites serviert, Cocktails geschüttelt, Nüsse geknabbert. Musik liegt in der Luft, im kleinen Amphitheater darf getanzt werden. Am langen Sandstrand werden Liegestühle und Sonnenschirme vermietet, beim Hinausschwimmen hat man die Halbinsel Sithonía und dahinter den Berg Áthos vor Augen.

Pórto Valítsa: vor Erreichen des Chroússo Beach letzte Straße rechts ab, Tel. 23 74 09 20 07, Fax 23 74 09 20 60, www.portovalitsa.gr, ganzj. Völlig ruhig auf dem Kap Chroússo gelegene Apartmentanlage in zwei Gebäuden. Alle Apartments mit offenem Kamin. Stufen führen hinunter zur hauseigenen Beach Bar, die im Sommer auch öfter Schauplatz von kulturellen Veranstaltungen ist. 250 m vom Strand, 2 km vom Dorf Palioúri entfernt. 8 Apartments (50 m²), DZ ab 100 €.

Chroússo Village: an der Straße zum Chroússo Beach, Tel. 23 74 09 23 32, Fax 23 74 09 21 51, www.chrousso.com. Feriendorf mit schönem Garten abseits des großen Trubels. Zwei Pools, 400 m vom Strand. 80 Studios und Apartments mit Balkon (36–45 m²), DZ all inclusive ab 75 €.

Thálassa Gévseon: auf dem Gelände des Hotels Porto Valítsa, im Hochsommer tgl. mittags und abends, sonst nur Fr–So 12–16 Uhr, Reservierung über die Hotelrezpetion empfehlenswert. Eines der besten Restaurants der Kassándra. Exzellente, auch ausgefallene Salate und Gemüsegerichte, hervorragende Pasta mit raffinierten Saucen, erstklassige Weine zu relativ günstigen Preisen. Teuer.

Tauchschule Triton Scuba Club: im Hotel Chroússo Village, Tel. 23 74 09 21 80, Handy 69 45 58 64 57, www.tritonscuba.gr.

Wassersportzentrum: am Chroússo Beach.

Ávaton: Zufahrt ab Ka-Oil-Tankstelle am Ortsrand von Palioúri aus, griechische Musik live, Juni–Anfang Sept. 2 x wö.

Agía Paraskeví

Reiseatlas: S. 237, E 4

Wir kehren wieder zurück zum Ursprünglichen: Nächster Ort an der Hauptroute ist das noch sehr untouristische Dorf **Agía Paraskeví** (360 Einwohner). Hier öffnen die Kaffeehäuser wie in alten Zeiten noch morgens um 7 Uhr; ein einziger Dorfbewohner vermietet Zimmer. Fremde kommen lediglich her, um hier ihre Wanderung,

Mountainbike-Tour oder Mopedfahrt über den **Kassándra-Höhenweg** anzutreten.

Er beginnt am nordwestlichen Dorfrand, ist mit K 4 ausgezeichnet und führt in etwa drei bis vier Wanderstunden nach Chanióti oder Néa Skióni bzw. in fünf bis sechs Stunden nach Kassandrinó. Der breite, von Autos allerdings nur vorsichtig befahrbare Waldweg eröffnet immer wieder Ausblicke auf den Toronäischen und den Thermäischen Golf. An vielen Aleppokiefern hängen durchsichtige Plastiksäcke, in die aus Schnitten in die Rinde Harz hineintropft, bis sie prall gefüllt sind. Es wird primär für die Herstellung von *retsína* gebraucht, dem in Griechenland so beliebten Wein. 70–100 g werden dabei je nach Geschmack einem Hektoliter Wein beigemengt.

Wanderimker haben ihre Bienenkästen in der Landschaft verteilt

Christóphoros: im Dorfzentrum von Agía Paraskeví. Sehr einfache Grilltaverne mit freundlichem jungen Wirt, der noch an Fremden interessiert ist. Fast immer gibt es die *marídes* genannten kleinen, in der Pfanne gebratenen Fische, am Samstagabend meist auch die in Darm gewickelten Innereien vom Lamm, *kokorétsi*. Preiswert.

Castéllo: oberhalb der Umgehungsstraße von Agía Paraskeví. Bar auf einem Hügel über den Getreidefeldern der kassandrischen Südspitze mit Blick aufs Meer – der Aussicht und der ruhigen Atmosphäre wegen einen Besuch wert.

Kleiner Wochenmarkt: Fr vormittags in Agía Paraskeví.

Honigfest in Agía Paraskeví: 25./ 26. Juli. Am ersten Abend Musik und Tanz zu kostenlos ausgegebenem Reispudding mit Honig, am zweiten Abend Aufführung einer volkstümlichen Komödie.
Kímesis tis Theotókou: 14./15. Aug. Kirchweihfest mit Musik und Tanz im Binnendorf Palioúri.

Linienbusverbindung: zwischen Palioúri, Thessaloníki und den Orten an der Ostküste der Kassándra bis zu 13 x tgl. Zwischen Agía Paraskeví, Thessaloníki, Kalándra, Paralía Foúrka, Kassandrinó und Néa Skióni 3 x tgl.

DIE WESTKÜSTE

Die Urlaubsorte an der Westküste der Kassándra sind kleiner und stärker von griechischen Urlaubern geprägt als die auf der Ostseite der Halbinsel. Während man an der Ostküste die Berge der Halbinsel Sithonía vor Augen hat, sieht man von der Westküste aus meist nur das offene Meer – und an besonders klaren Tagen in der Ferne das mächtige Massiv des Olymp.

Ágios Nikólaos

Reiseatlas: S. 237, F 4; 238, A 4
Südlichster Ort an der Westküste der Kassándra ist Ágios Nikólaos (30 Einwohner), das auch »Loutrá Agías Paraskevis« genannt wird. Oberhalb des Dorfes steht unmittelbar an der Kassándra-Rundstraße auf einer Anhöhe über dem Meer das neue Kurhaus, das von Juni bis Anfang November geöffnet ist. Auch als Passant kann man hier ein Bad im Thermalschwimmbecken nehmen oder die Sauna nutzen (Mo–Sa 8–19.30, So 8–13.30 Uhr, www.pallini.gr). Genutzt wird hier das schwefelhaltige Thermalwasser, das in kleinen Höhlen am Fuß der Küstenfelsen entspringt und heraufgepumpt wird. Griechen kommen hierher, um rheumatische und arthritische Leiden sowie Schuppenflechte zu mildern.

Ágios Nikólaos selbst ist ein eher stiller Weiler, in dem im Winter nur fünf Familien leben – gut für ein paar ruhige Badeurlaubstage abseits des Massentourismus. Aber auch auf der Durchreise sollte man unbedingt eine Pause in der Taverne Víla Stása einlegen: Da sitzt man auf sechs kleinen Terrassen unter Pinien, genießt den Blick auf bizarr geformte Felsen im Wasser, von denen manche einem Hundekopf, einer Schildkröte oder anderen Tieren gleichen, und sieht bei klarer Sicht in der Ferne die Pílion-Halbinsel, manchmal sogar den Olymp.

Loutrá Beach: an der Uferstraße im Dorf, Tel. 23 74 07 10 00, Fax 23 74 07 14 84, ganzj. Hinter blühenden Bougainvilleen verstecktes, sehr familiär geführtes Hotel. 22 Zimmer, DZ Ü/F ab 40 €.
Róza: unterhalb der Straße vom Dorf zum Kurhaus, Tel. 23 74 07 12 28, Fax 23 74 07 13 90. Haus im Kiefernwald über der Küste, gut Englisch sprechender Wirt. 10 Apartments, DZ ab 35 €.

Kapetános: landseitig an der Uferstraße im Dorf, Mo–Fr ab 18.30 Uhr, Sa/So ab 12 Uhr. Gute Fischtaverne. Die Scampi und Kalamáres stammen aus der Tiefkühltruhe, der Fisch aber wird meist vom Wirt selbst frisch gefangen. Teuer.
Remétzo: meerseitig an der Uferstraße im Dorf. Bistro mit romantischem Innen-

hof und Terrasse direkt am Meer. Mittags nur kleine Snacks, abends auch Pizza und Pasta. Moderat.

Linienbusverbindung: mit Thessaloníki, Agía Paraskeví, Néa Skióni, Foúrka, Néa Fókea und Kassandrinó 3 x tgl.

Panagía Faneroméni

Reiseatlas: S. 237, E 4
Zwischen Ágios Nikólaos und Néa Skióni steht die Wallfahrtskirche der **Panagía Faneroméni** direkt zwischen Uferstraße und Meer. Sie birgt Reste schöner Wandmalereien aus dem 17. Jh., darunter eine Darstellung »Mariä Entschlafung« sowie eine »Kreuzigung« und eine »Grablegung Jesu«.

Zwischen Kirche und Strand laden blaue Holzbänke auf einer Terrasse zur beschaulichen Rast ein, im Vorraum der Kirche können sich Gläubige mit Kerzen, Weihrauch, Holzkohle und Schlüsselanhängern eindecken.

Marienikone

Ziel von Pilgern ist eine **Marienikone,** die vor unbekannter Zeit auf den Marmorsockel einer kleinen, antiken Statue gemalt worden war. Dieser Sockel ist heute in die Ikonostase der Kirche eingefügt. Die Vertiefungen im Sockel für die Füße der Statue sind noch deutlich zu erkennen. Die Gläubigen interpretieren diese vermeintlichen Fußabdrücke freilich völlig unpragmatisch. Dem Volksglauben nach schwamm die Marmorikone übers Meer hierher und

Mühselige Arbeit, die immer mehr an Bedeutung verliert

Die Landschaft der Kassándra ist eindeutig von Menschenhand gestaltet

verlangte damit die Stiftung einer Kirche. Als ein Türke nicht an das Wunder schwimmenden Marmors glauben wollte und die Ikone mit Füßen trat, geschah ein zweites Wunder: Die Abdrücke seiner Füsse verewigten sich im harten Marmor, als sei er weicher Lehm. Münzen zieren heute als Zeichen der Dankbarkeit einen der Fußabdrücke. Verehrt wird die Ikone aber auch noch wegen weiterer wundersamer Ereignisse, von denen eine große Tafel an der linken Seitenwand auf griechisch berichtet. Vor allem weint die Ikone immer wieder, wenn Griechenland Böses widerfährt. So traten Tränen aus Marias Augen, als die Türkei 1974 auf Zypern einmarschierte und als 1993 in Skopje Besitzansprüche auf Thessaloníki erhoben wurden.

Néa Skióni

Reiseatlas: S. 237, E 4

Das freundlich anmutende Néa Skióni (900 Einwohner) ist noch relativ ursprünglich geblieben, der Dorfpfarrer spielt noch mit seinen Mitbürgern Karten im Kafeníon. Die erst 1999 angelegte Uferpromenade ist einmal mehr Musterbeispiel für den neugriechischen Geschmack. Mit reichlich EU-Mitteln wurden Bänke und nostalgisch wirkende Straßenlaternen mit Energiesparlampen aufgestellt und als optische Höhepunkte Springbrunnen mit bestenfalls zum Schmunzeln anregenden Farb- und Wasserspielen installiert.

Erste griechische Siedlung

Néa Skióni trägt wie Néa Potidéa den Namen ihrer antiken Vorläufersiedlung.

Frühling auf der Kassándra bei Kassandrinó

Im Gegensatz zu Néa Potidéa ist Skióni aber keine Gründung von Flüchtlingen aus den 1920er Jahren. Es wurde erst im folgenden Jahrzehnt gegründet, als die Bewohner des damals 4 km vom Meer entfernten Dorfes Tsapráni eine moderne Siedlung an der Küste wünschten. Das antike Skione, von dem keine Spuren erhalten blieben, war übrigens die erste griechische Siedlung auf der Kassándra. Wie Thukydides (»Peloponnesischer Krieg«, Buch IV, 120) berichtet, ließen sich hier bereits um 1200 v. Chr. Achäer vom Peloponnes nieder, als sie auf der Rückkehr vom Trojanischen Krieg ein Sturm an diese Küste verschlug. Eine andere der schon von den alten Griechen so geliebten Legenden weiß es genauer: Die Achäer hatten trojanische Frauen als Sklavinnen an Bord. Die nutzten die Gelegenheit des Sturms, indem sie die an der Küste Schutz suchenden Schiffe kurzerhand in Brand setzten und so erreichten, dass die Achäer sie zu ihren Frauen machten und mit ihnen hier blieben …

I Stáni: an der Straße zur Hafenmole. Kleine, sehr ursprünglich gebliebene Taverne, die außer Fisch, Meeresfrüchten und gängigen Gerichten auch Uriges wie *kokorétsi* (in Darm gewickelte Innereien von Lamm und Zicklein, die über Holzkohle gegrillt werden), Kalbsleber und auf Vorbestellung sogar Hammelhoden (*amelétita*) serviert. Preiswert.

Móla Kalíva

Reiseatlas: S. 237, D 4
Neusiedler prägen auch das Bild von **Móla Kalíva:** Wohlhabende Bürger aus

Thessaloníki haben sich hier luxuriöse Sommervillen mit großen, blumenreichen Gärten erstellen lassen. Eines der angenehmsten Hotel-Resorts der Kassándra liegt kurz darauf etwas abseits der Straße oberhalb der Küste: das Hotel Mendi mit der schönsten Gartenanlage weit und breit. Geht man durch den Hotelgarten zum Strand und wendet sich dort nach rechts, sieht man nach etwa 300 m rechts an der niedrigen Steilküste einige Wellblechdächer, unter denen sich die für den Laien nichtssagenden Überreste der antiken Stadt **Mende** verbergen.

🛏 **Méndi:** nördlich von Móla Kalíva am Strand, Tel. 23 74 04 13 23, Fax 23 74 04 13 26, www.mendi-hotel.gr. Erstklassiges Hotel mit Pool, Tennisplätzen und Wassersport-Zentrum, sehr ruhig und landschaftlich schön gelegen. 172 Zimmer, DZ Ü/F ab 79 €.

Kalándra

Reiseatlas: S. 237, D 4
Das Binnendorf **Kalándra** (600 Einwohner) liegt ebenfalls noch im Bereich der antiken Stadt Mende. Sehenswürdigkeiten besitzt der auf einer Anhöhe gelegene Ort nicht. Für Freunde byzantinischer Kunst lohnt jedoch die Fahrt zur 1 km außerhalb gelegenen Kapelle **Panagía.** Sie birgt noch fast vollständig erhaltene Wandmalereien aus dem Jahr 1619. Man kann die im Halbdunkeln gelegenen Fresken allerdings nur durch eine Glastür betrachten. Die Kapelle thront auf einer niedrigen Anhöhe 1 km westlich des Dorfes neben markanten Zypressen. Wenn man von der Straße nach Possídi dem Wegweiser mit der Aufschrift »ΚΡΕΑ–ΤΑ ΑΓΟΡΑ« folgt und nicht bis zur Schlachterei fährt, sondern vorher links abbiegt, kann man die Kapelle nicht verfehlen.

Possídi

Reiseatlas: S. 237, D 4
Von Kalándra gelangt man zum Weiler Possídi (50 Einwohner) mit schmalem Sand-Kieselsteinstrand, kleinen Hotels und mehreren Tavernen. Hier beginnt ein kilometerlanger, völlig schattenloser Strand, der an Kiefernwäldchen und einem 1864 erbauten Leuchtturm vorbeiführt bis zur Gemarkung Aigiopelagítiko mit weiteren, größeren Hotelanlagen. Linienbusverbindungen in die Dörfer der Kassándra gibt es von hier aus nicht.

🛏 **Possídi Holidays:** in Possídi-Aigiopelagítiko, landseitig an der Uferstraße, Tel. 23 74 04 21 03, Fax 23 74 04 20 28, www.possidi-holidays.gr. Sehr ruhig gelegene Anlage mit zweigeschossigem Haupthaus und locker im Pinienwald verstreuten Nebengebäuden, zwei Tennisplätze mit Flutlicht, Sauna, Whirlpool, Massagen, Spielplatz, Plantschbecken, Pool und Wassersportzentrum. Der breite Sandstrand gehört quasi allein den Hotelgästen. Deutsch sprechende Inhaberfamilie. 130 Zimmer, DZ HP ab 122 €, auch pauschal buchbar.

🍴 **To Stéki tou Vasilá:** am südlichen Ortsrand direkt am Meer. Relativ preiswerte Fischtaverne in schönster Lage. Moderat.

Paralía Foúrka

Reiseatlas: S. 237, D 4
Die Kassándra-Rundstraße führt von
Kalándra weiter nach Paralía Foúrka.
Noch vor drei Jahrzehnten gab es hier
nur ein Lagerhaus und ein paar Boots-
schuppen der Fischer aus dem alten
Binnendorf Foúrka; heute prägen briti-
sche Urlauber und griechische Ferien-
hausbesitzer das moderne Ortsbild.

Iolí: in Paralía Foúrka, 20 m von der
Platía, Tel. 23 74 04 17 79, Fax 23 74
04 23 93, www.ioli-apartments.com. Zentral gelegenes Hotel in schönem Garten,
nur 50 m vom Strand. 60 Zimmer, DZ ab
30 €.

La Plazza: an der Platía von Paralía
Foúrka. Modernes Restaurant mit
besonders freundlichem, jugendlich-be-
schwingtem Service. Gute Nudelgerich-
te, Salate und Pizzas. Moderat.

Báka: an der Platía von Paralía
Foúrka direkt am Strand, Mitte Juni bis Mitte Sept. Im Techno-Look durch-
gestylte Diskothek auf zwei Ebenen in einem ehemaligen Lagerhaus aus Naturstein.

Manólis Karagoúnis: 20 m von der
Platía von Paralía Foúrka, ausgeschildert. Verkaufsatelier eines Töpfers.

Linienbusverbindung: mit Thessaloníki, Síviri, Kassándria, Néa Fókea,
Áfitos und Néa Potidéa bis 11 x tgl., keine Busverbindung mit den Hotels von Aigiopelagítiko.

Abstecher nach Foúrka und Kassandrinó

Foúrka

Reiseatlas: S. 237, D 3
Interessanter als Paralía Foúrka ist das
alte, landeinwärts gelegene Foúrka
(530 Einwohner) am rechten Ufer eines
steinigen, im Sommer trockenen Fluss-
betts. Nur wenige Schritte von der
weithin sichtbaren Dorfkirche **Tríon
Jerárchon** entfernt steht die kleine Kirche **Agía Paraskeví** aus dem 19. Jh.
Zwischen den Ikonen der hl. Paraskeví und des Propheten Ilías ziert die Ikonostase eine interessante **Darstellung
des hl. Georg.** Hinter dem Heiligen
sitzt auf seinem Pferd ein kleiner Junge
mit einer Teekanne und einer Trink-
schale in der Hand. Diese in Griechenland weit verbreitete Variante des Ge-
orgsbildes bezieht sich auf eine nette
Legende: Auf Wunsch der Mutter be-
freite der Heilige den Knaben aus den
Händen von Piraten, denen er als
Mundschenk zu dienen hatte.

Chalkidische Briefkästen

Einen Blick wert ist in Foúrka eine
moderne, fast nur auf der Chalkidikí anzutreffende Kuriosität. Während in anderen kleinen Dörfern
Griechenlands der Briefträger die
Post fürs Dorf einfach in einem
Kaffeehaus deponiert, hat hier jede Familie ihr eigenes Postfach.
Die große Wand mit 195 gelben
Schließfächern steht vor dem Ge-
meindeamt an der Dorfstraße.

Reiseatlas: S. 236, 237

Erlebnis Natur

An der Friedhofskirche von Kassandrinó beginnt eine ausgeschilderte Wanderung, die in zwei bis drei Stunden zu Fuß nach Kriopigí an der Ostküste hinunterführt. Unterwegs sind Sie mit der Natur allein.

Weitaus älter als diese Ikonen sind die verblichenen Wandmalereien in der nur noch von Schwalben als Nistplatz genutzten **Friedhofskapelle** auf der anderen Seite des Trockenbaches. Sie stammen aus dem 16. Jh. (Zugang über die Straße, die an der Taverne Serianí von der Dorfstraße abzweigt).

Kassandrinó

Reiseatlas: S. 237, D 3
Von Foúrka aus kann man im Trockenbachtal an vielen Walnussbäumen vorbei ins kleine Dorf **Kassandrinó** weiterfahren, das ohne Blickkontakt zum Meer zwischen grünen Hügel eingebettet ist. Neben Áfithos darf es als schönster Ort auf der Kassándra gelten, denn viele ältere Häuser sind gut erhalten und das Dorfzentrum mit seinen beiden Tavernen und dem Kaffeehaus wirkt noch sehr ursprünglich. Am westlichen Ortsrand steht die alte **Friedhofskirche** mit äußerst spärlichen Freskenresten.

🍴 **O Záchos:** in Kassandrinó an der Hauptstraße 10 m hinter der Platía. Alteingesessene Grilltaverne, in der es oft schon mittags Lamm, Zicklein oder Spanferkel vom Spieß gibt. Preiswert.
To Tzáki: in Foúrka an der Hauptstraße, tgl. ab 18 Uhr. Grilltaverne mit Zicklein und *kokorétsi* (in Darm gewickelte, gegrillte Innereien) als Spezialitäten. Preiswert.

Síviri

Reiseatlas: S. 236, C 3
Die Kassándra-Rundstraße führt von Paralía Foúrka weiter nach **Síviri**. Der ehemalige Bootslandeplatz des Binnendorfes Kassándria ist heute eine große, neue Siedlung aus Apartmenthäusern und Sommervillen von Griechen zu beiden Seiten eines Trockenbachbettes. Das Ortszentrum bildet eine etwa 50 m lange Fußgängerzone. Am Ortsrand findet auf einer modernen Freilichtbühne alljährlich im Sommer ein Kulturfestival mit Theateraufführungen und Konzerten statt.

🛏 **Dríades:** 1200 m südlich vom Zentrum, Tel. 23 74 04 14 06, Fax 23 10 24 16 54, palba@otenet.gr. Oberhalb eines kleinen, nur für Hotelgäste zugänglichen Strandes, der von Steinen durchsetzt ist, auf einem bewaldeten Hügel. Kleiner Pool, Deutsch sprechende Besitzer. Vom Festival-Theater 700 m entfernt. 31 Zimmer, DZ Ü/F ab 55 €.
Síviris: direkt am Strand von Síviri, 500 m vom Zentrum entfernt, Tel. 23 74 02 27 36, Fax 23 74 02 51 52. Kleine Hotelanlage mit hauseigener Taverne, nur durch einen Rasenstreifen vom Strand getrennt. 31 Zimmer, DZ Ü/F ab 40 €.

🍴 **Diamándis:** direkt am Strand im Zentrum am Ende der Fußgängergasse. Gute Fischtaverne. Moderat.

Timothéos: an der Fußgängergasse im Zentrum. Frischer Fisch und große Auswahl an anderen Gerichten. Moderat.

Kassándra-Festival: Juli/Aug. 15 Konzerte und Theateraufführungen, darunter auch eine Operette, im modernen Freilichttheater von Síviri.

Síne Síviri: Open-Air-Kino am Ortsrand unterhalb der Straße nach Kassándria.

Linienbusverbindung: mit Thessaloníki, Paralía Foúrka, Kassándria, Néa Fókea, Áfitos und Néa Potidéa bis 11 x tgl.

Kassándria

Reiseatlas: S. 237, D 3
Kassándria (2300 Einwohner) ist der größte Ort auf der Kassándra. Nur hier wird Schülern der Kassándra eine gymnasiale Oberstufe geboten; dienstags findet hier der einzige große Wochenmarkt der Halbinsel statt. Dann wird die Hauptgasse auf 500 m Länge von Ständen aller Art gesäumt. An anderen Tagen wirkt der Ort ruhig und beschaulich; sehenswert ist bestenfalls die **Bischofskirche** im historischen Dorfzentrum, in deren Westportal ein frühchristlicher Türsturz mit reichem Reliefschmuck integriert ist.

Bargeldautomaten: in der Fußgängergasse.

Palatáki: auf der oberen Platía am Ende der Fußgängergasse. Pizza, Pasta und andere Snacks unter einer uralten Platane. Preiswert.

Linienbusverbindung: mit Thessaloníki, Kallithéa, Áfitos, Néa Fókea und Néa Potidéa bis zu 19 x tgl., mit den Orten an der Ostküste bis zu 13 x tgl.

Sáni Beach Holiday Resort

Reiseatlas: S. 236, C 3
Das Sáni Beach Holiday Resort ist mehr als ein Hotel oder Feriendorf (s. Thema, S. 91). Mit seinen Pools in der eigenen Marina und den Filialen renommierter Schmuck- und Modegeschäfte aus Thessaloníki sowie seinen beiden historischen Denkmälern ist es auch ein Ausflugsziel für Urlauber, die anderswo auf der Kassándra wohnen. Auf dem Gelände des Hotels ganz im Norden des Resorts erhebt sich auf einem grünen Hügel über dem Meer der **Pírgos von Stavroníkita,** ein noch in 8 m Höhe erhaltener Wehrturm aus dem 14./15. Jh. Er stand auf ausgedehnten Ländereien des gleichnamigen Áthos-Klosters und diente der sicheren Zwischenlagerung von Ernteerträgen sowie als Zufluchtsort bei Piratenüberfällen.

Ausgrabungen

Im Altertum lag an der Stelle des heutigen Hotels wahrscheinlich die Stadt Sane. Von den Hoteleignern privat finanzierte, seit April 1996 laufende wissenschaftliche **Ausgrabungen** an der Küste nördlich des Hotels haben bisher vor allem 18 Familiengräber, eine Reihe von einfachen Kindergräbern sowie eine Art Gutsgebäude aus römischer Zeit

MODERNE KOLONISATOREN

1961 steckte der Tourismus in Griechenland noch in den Kinderschuhen. Es kamen fast ausschließlich Studienreisende, die auf der Suche nach dem alten Hellas waren. Nur auf den Inseln Mykonos, Rhodos und Korfu waren ausländische Badeurlauber zu finden. Die Chalkidikí war als Reiseziel völlig unbekannt. Auf den drei Fingern gab es nur wenige Straßen, aber viele Sümpfe. Noch immer war viel Land im Besitz der Áthos-Klöster. Da die Klöster aber infolge ihrer Erfahrungen aus den 1920er Jahren, als sie zahlreiche Ländereien an Kleinasien-Flüchtlinge abgeben mussten, weitere Enteignungen fürchteten, entschlossen sie sich, ihre Ländereien zu höchstmöglichen Preisen an private Investoren zu verkaufen.

Zum Verkauf stand damals auch ein nur auf dem Seeweg erreichbares, 4 Mio. m^2 großes Areal, das heute das Sáni Beach Holiday Resort einnimmt. Drei Bauunternehmer erwarben es 1962, um darauf ihre Vision einer modernen Freizeitsiedlung zu verwirklichen. Trinkwasserbrunnen mussten gebohrt, Sümpfe trockengelegt und Straßen gebaut werden. Dann entstand zwischen 1965 und 1969 der Sáni Beach Club mit 215 Bungalows. Zehn Jahre später war das Sáni Beach Hotel mit 489 Zimmern fertig gestellt. Schließlich kamen der Campingplatz und die Sáni Villas hinzu, 1997 das Porto Sáni Village mit seiner Marina und über 325 Betten und zuletzt das Boutique-Hotel Asterias Suites. Insgesamt sichert das Resort jetzt ca. 800 Arbeitsplätze. Bei allen Unternehmungen hat man ein für griechische Verhältnisse großes Umweltbewusstsein an den Tag gelegt.

ans Licht gebracht. Die Familiengräber aus dem 4. bis 6. Jh. sind aus Steinen älterer Bauten konstruiert; sie bargen Ringe und Ohrringe aus Kupfer und Silber, farbige Glasperlen, Öllampen und ein paar Münzen. Der Gutshof, dessen Mauern zum Teil noch stehen, war zweigeschossig und besaß einen Innenhof. In der Mitte des 3. Jh. brannte er nieder, muss aber gleich wieder neu aufgebaut worden sein. Um zu den Ausgrabungen zu gelangen, kann man vom Resort aus immer am Strand entlang Richtung Néa Potidéa gehen. Mit dem Fahrzeug hält man sich dort, wo die Zufahrtsstraße von der Ostküste auf die Uferstraße trifft, nach rechts, fährt am Sani Village vorbei und biegt dahinter rechts auf einen Feldweg ab. Nach 1 km an einer Weggabelung rechts und dem Seeufer folgen. Nach weiteren 800 m an Schafspferchen links vorbei. Nach nochmals 300 m links, über ein betoniertes Kanalbett und durch Waldgebiet in Strandnähe bis ans Ende des Feldweges.

Sáni Beach Holiday Resort: Tel. 23 74 03 12 31, Fax 23 74 03 12 93, www.saniresort.gr, ganzj. Zum Resort gehören vier Unterkunftskomplexe mit unterschiedlichem Charakter und unterschiedlichem Preisniveau. DZ Ü/F ab 65 €.

VON DER KASSÁNDRA ZUR SITHONÍA

Zwischen dem Kanal von Néa Potidéa und dem Ansatz der Halbinsel Sithonía erstreckt sich eine flache Küstenebene, an die niedrige Hügel angrenzen. Hier liegt mit Ólinthos eine der bedeutendsten archäologischen Stätten der Chalkidikí. Anfang September ist Ágios Mámas mit seinem großen Markt eine längere Anreise wert. Einziger Badeort in diesem Küstenabschnitt ist das kleine Gerakiní.

Ágios Mámas

Reiseatlas: S. 236, C 1

Ágios Mámas ist ein vom Tourismus noch völlig unberührtes Bauerndorf, dessen Ortsbild nicht Busse, sondern Traktoren prägen. Eine 2,5 km lange Stichstraße führt zum breiten, nur wenig besuchten Sandstrand. Alljährlich am 2. September feiert das Dorf das Fest des hl. Mámas von Cäsarea, des Schutzheiligen der Ammen und der Tiere. Auf Ikonen wird der jugendliche Märtyrer aus Kappadokien in der Regel auf einem Löwen reitend dargestellt: Als er wegen ›christlicher Umtriebe‹ vor den Richter beordert wurde, ritt er der Legende nach auf einem Löwen dorthin. Der Löwe verließ ihn auch im Gefängnis nicht, andere wilde Tiere drangen in seine Zelle ein, um die Gefangenschaft mit ihm zu teilen. Mámas starb durch den Lanzenstich eines Soldaten den Märtyrertod. Am Namenstag des Heiligen lässt man es in Ágios Mámas nicht bei einer schlichten Kirchweihe bewenden. Drei Tage lang veranstaltet man eine große Landwirtschaftsmesse auf einem speziell dafür hergerichteten Gelände 2 km westlich des Ortes (Hinweisschild »ΠΑΝΙΓΥΡΙ«), zu dem auch eine kleine alte und eine große neue Mámas-Kirche gehören. An zahlreichen Kiosken wird gegrillt, überall lagern Messebesucher bei Oúzo, Bier, Wein, mitgebrachtem oder gekauftem Essen. Die Besucher kommen von weit her, manche campieren auch in der Nähe des Messeplatzes.

Linienbusverbindung mit Néa Moudaniá 3–4 x tgl., dort Anschluss an die Busse zur und von allen Orten der Kassándra.

Ólinthos

Reiseatlas: S. 236, C 1

Auf der Schnellstraße in Richtung Sithonía folgt nach 1 km eine Kreuzung, an der es links nach Néa Ólinthos abgeht. Archäologisch Interessierte sollten hier jedoch zunächst rechts abbiegen, um dann sogleich vor einem »Toúmba« genannten Hügel zu parken. Berliner Archäologen legen hier in 1994 begonnenen, auf zehn Jahre angelegten Kampagnen jeweils im Juli und August Siedlungsspuren frei, die von der Jungsteinzeit bis in die Byzantinische Epoche reichen. Auf der Westseite des Hügels wurde der älteste Friedhof Makedoniens entdeckt, der aus der frühen Bronzezeit stammt.

Néa Ólinthos

Das von etwa 100 griechischen Flüchtlingsfamilien aus Ost-Thrakien und Kleinasien in den 1920er Jahren gegründete Dorf **Néa Ólinthos** ist Ausgangspunkt für zwei schöne Exkursionen, die auch als Kurzwanderungen unternommen werden können. Die erste führt durch Getreidefelder und Pistazienhaine zum **Wehrturm des Klosters Dochiaríou** und zu den Überresten einer frühchristlichen Nikólaos-Basilika. Man hält sich auf der breiten Dorfstraße, die von der Schnellstraße her nach Néa Ólinthos führt, immer geradeaus. Am Ortsende beginnt ein mit »ΣΙΜΑΝΤΡΑ« ausgeschilderter, guter Feldweg. 1,2 km weiter gabelt er sich, hier biegt man rechts ab und anschließend sofort wieder nach links. Durch Pistazien- und Olivenhaine geht es nun auf den 15 m hohen Turm zu, der auf einem kleinen Hügel thront. Er wurde um 1375 aus Marmorblöcken errichtet, die aus der Ruine der 300 m entfernten **Nikólaos-Basilika** stammen. Von der Basilika stehen heute nur noch die knapp 5 m hohen Mauern der Apsis aufrecht, die so wie ein hohler

Zahn wirkt. In die Ruine haben Bauern eine neue, mit Wellblech gedeckte Nikólaos-Kapelle gebaut.

Das antike Ólynthos

Die bedeutendste archäologische Stätte der Chalkidikí sind die etwa 2 km östlich von Néa Ólinthos gelegenen Ausgrabungen des **antiken Ólynthos.** Die 1928 von amerikanischen Wissenschaftlern begonnenen und bis heute andauernden Ausgrabungen haben das gesamte Stadtbild erschlossen und gelten unter Archäologen als die bedeutendsten zur Erforschung privater Wohnkultur in der griechischen Antike. Vom Kassenhäuschen aus führt ein etwa 700 m langer, schattenloser Weg an Oleanderhecken vorbei auf einen Hügel hinauf. Wo dieser Hauptweg kurz vor dem Ziel eine Linkskurve beschreibt, zweigt nach rechts oben ein Trampelpfad zur ›Altstadt‹ von Ólynthos ab. (Er führt später zum Eingang zurück.) Der Hauptweg endet auf einem weiten Plateau, das über und über mit den Ruinen der um 432 v. Chr. angelegten ›Neustadt‹ von Ólynthos bedeckt ist (s. Thema, S. 95). Archäologen graben hier schon seit 1928. Beim Rundgang kann man deutlich zwischen originalen und bis zu 1 m Höhe rekonstruierten Mauern unterscheiden: Eine von den Ausgräbern eingefügte, rötliche Lehmschicht sorgt für klare Verhältnisse. Was über ihr liegt, ist aus alten Steinen neu aufgerichtet worden.

Beim Rundgang sollte man zuerst versuchen, die Umrisse der einzelnen Häuser mit ihrer Grundfläche von jeweils etwa 50 m^2 zu identifizieren. Vom

Bedeutendste archäologische Stätte der Chalkidikí – das antike Ólynthos

an der Straße gelegenen Hauseingang führte in der Regel ein kurzer Flur auf einen nicht überdachten, kleinen Innenhof. An ihm lagen hinter einem Säulengang mit Holzpfosten das Wohnzimmer der Familie, das Speisezimmer zur Bewirtung von Gästen sowie die Küche, das an eine öffentliche Kanalisation angeschlossene Bad sowie kleine Abstellräume oder Werkstätten. Eine Holztreppe führte vom Hof in das Obergeschoss mit den Privatgemächern hinauf. Die Wände des Hauses bestanden aus Lehmziegeln auf einem steinernen Fundament, Tonziegel decken die schräge, hölzerne Dachkonstruktion. Von ihnen liegen noch viele Bruchstücke auf dem Boden herum. Die Böden vieler Häuser waren mit **Mosaiken** bedeckt. Die meisten sind heute wieder unter schützendem Sand

verborgen. Nur drei liegen zur Zeit zur Besichtigung frei. Zwei weisen ausschließlich geometrische Motive auf, ein drittes zeigt dagegen zwei Greifen, die gerade einen Hirsch schlagen sowie eine **Jagdszene** mit einem Reiter, der gerade ein Tier erlegt. Auf dem Rückweg zum Eingang kann man nun die spärlichen Überreste des älteren Ólynthos besuchen, das nach der Gründung der Neustadt seine Funktion als kultisches Zentrum und Basarviertel behielt. Man erkennt noch die großen Steinblöcke von Gebäuden, die einst die Agorá säumten, Reste von einfachen Häusern und mehreren Zisternen. (Di–So 8–14.30 Uhr.)

Ólinthos: in Néa Ólinthos an der Dorfstraße direkt an der Abzweigung nach »Ancient Ólynthos«, Tel. 23 73

STADTPLANUNG UND DEMOKRATIE

Schon der bedeutende Philosoph Platon (427–347 v. Chr.) machte sich Gedanken über die ideale Anlage einer Stadt. Seine Utopie war eine kreisförmige, hierarchisch zum Zentrum hin abgestufte Stadtanlage. Die bedeutendsten Gebäude und der Königspalast sollten in der Mitte stehen – möglichst noch erhöht wie die Athener Akrópolis. Der ›Monarchist‹ Platon widersprach damit den Ideen des ›Demokraten‹ Hippodamos von Milet, der bereits 479 v. Chr. bei der Neugründung des von den Persern zerstörten Milet mitgearbeitet und schließlich 446 v. Chr. die Stadt Piräus geplant hatte. Hippodamos sah in der schachbrettartig angelegten Stadt die Idealform für eine demokratisch verfasste Polis. In Ólynthos folgte man seinen Prinzipien.

Nach der Zerstörung einer schon für das 6. Jh. v. Chr. bezeugten Vorgängersiedlung während der Perserkriege im Jahr 480 v. Chr. geriet Ólynthos wie die übrigen Griechenstädte der Chalkidikí unter den Einfluss des übermächtig gewordenen Athen. Um 440 v. Chr. sagten sich die meisten chalkidischen Städte von Athen los. Während des Peloponnesischen Krieges zwischen Athen und Sparta schlossen sich 32 dieser Städte 432 v. Chr. zum Chalkidischen Bund zusammen, um gegenüber Angriffen Athens besser gewappnet zu sein.

Darüber hinaus beschloss man den Bau einer neuen Stadt auf einem dem alten Ólynthos benachbarten Hügel. Umsiedlungswillige aus den stärker gefährdeten Küstenstädten sollten hier Aufnahme finden. Alles musste schnell gehen und möglichst geordnet ablaufen. So entstand die neue Stadt nach einem präzise ausgearbeiteten Plan. Man entwarf ein Raster aus einander rechtwinklig schneidenden Straßen. Die so eingegrenzten Parzellen wurden in bis zu zehn jeweils gleich große Grundstücke unterteilt. Durch Losentscheid wurde jedem Neusiedler eines davon zum Hausbau überlassen. Die Raumaufteilung konnte zwar jede Familie für sich leicht variieren, der Zwang zur Eile und die gleichen Maße sorgten jedoch insgesamt für den Charakter einer ›Reihenhaussiedlung‹. Einige wenige Flächen blieben für öffentliche oder kultische Gebäude reserviert, waren aber nicht durch ihre Lage rangmäßig hervorgehoben. Eine Lehmziegelmauer auf Steinfundamenten umgab die gesamte neue Siedlung. Frisches Wasser wurde der Stadt in Tonröhren über eine 15 km lange Druckwasserleitung zugeführt.

Die demokratischen Ideen des Hippodamos haben die Antike zwar nicht überlebt, wohl aber seine Schemata. Sie wurden in der Renaissance erstmals wieder angewendet, z. B. beim Bau der maltesischen Hauptstadt Valletta (1565–1571). Bei anderen Städten werden seit dem Barock die demokratisch-hippodamische und die hierarchisch-platonische Grundidee miteinander verschmolzen: Über den generell schachbrettartigen Grundriss werden Diagonalen gelegt, die, wie z. B. im nach 1917 neu erbauten Teil von Thessaloníki, die historisch bedeutendsten Gebäude als Sichtachsen miteinander verbinden.

Reiseatlas: S. 236, 237

Archäologie im Internet

Relativ ausführliche, nicht immer aktuelle englischsprachige Informationen zu den wenigen archäologischen Stätten der Chalkidikí inklusive Fotos gibt das griechische Ministerium für Kultur im Internet unter www.culture.gr.

09 16 66, ganzj. 10 Zimmer mit Kochgelegenheit über einer Cafeteria-Pizzeria. DZ ab 20 €.

Nikólas o Psarás: gegenüber vom Hotel Ólinthos. Familiär geführte Taverne mit überwiegend griechischen Gästen, gute, typische Tavernenkost. Preiswert.

Olivenfest: letztes Juliwochenende, Do–So. An den ersten beiden Abenden Musik, Folklore und Tanz auf der Platía von Néa Ólinthos, an den beiden nächsten Abenden Theateraufführung und Konzert auf dem Gelände der antiken Ausgrabungen. Oliven und den Tresterschnaps *tsípouro* gibt es zu allen Veranstaltungen kostenlos.

Linienbusverbindung mit Néa Moudaniá 3–4 x tgl., dort Anschluss an alle Linienbusse zur und von der Kassándra.

Gerakiní

Reiseatlas: S. 237, D 1
Auf der Weiterfahrt von Néa Ólinthos zur Sithonía fallen linker Hand an den Berghängen große, weiße Bergbau-

flächen auf. Hier wird Magnesit abgebaut. Das auch Magnesiumkarbonat oder Bitterspat genannte Mineral zählt zu den bedeutendsten Bodenschätzen Griechenlands. Es dient zur Herstellung feuerfester Ziegel und findet beim Hochofenbau Verwendung. Das aus Magnesit zu gewinnende Magnesium findet vielfältige Verwendungen in der Industrie. Es ist noch leichter als Aluminium und wird deswegen vor allem für Aluminiumlegierungen im Auto-, Flugzeug- und Kamerabau gebraucht.

Links von der Küstenstraße erstreckt sich die Bergarbeitersiedlung **Gerakiní** (420 Einwohner). Etwa 1,5 km davon entfernt steht am Ufer des Toronäischen Golfes die Verladeanlage für das Magnesit. Kleinere Schiffe legen direkt an, größere werden durch Leichter beladen, die ständig zwischen Frachter und Ufer hin und her pendeln. Da nur an wenigen Tagen im Monat Schiffe eintreffen, wird das Strandleben der Urlauber dadurch eher bereichert als gestört. Die Küstensiedlung hat sonst keinerlei Sehenswürdigkeiten zu bieten; sie besteht fast nur aus Restaurants, Cafés, Geschäften und Hotels entlang einer schmalen Straße.

Gerakína Beach: am östlichen Ende der Uferstraße hinter der Platía, Tel. 23 71 05 13 37, Fax 23 71 05 21 18, www.gerakina-beach.gr. Weitläufige Anlage direkt am Strand mit Pool, Hallenbad, Wassersportzentrum, Tennisplätzen. 213 Zimmer in einem fünfgeschossigen Hauptgebäude, weitere 290 Zimmer in Reihenbungalows, DZ Ü/F ab 46 €.
Olympíon Beach: im westlichen Bereich der Uferstraße noch vor der Platía, Tel. 23 71 05 27 00, Fax 23 71 05 29 03, www.

olympionbeach.gr. π-förmig erbautes, zweigeschossiges Hotel direkt am Strand. Eigene Taverne. Sonnenschirme und Liegen am Strand sind für Hotelgäste kostenlos. 36 Zimmer, DZ Ü/F ab 40 €, DZ/HP ab 120 €/Woche (Taxi-Transfer ab und bis Flughafen Thessaloníki 80 €). Besonders günstige Pauschal- und Halbpensionsangebote direkt vom gut Deutsch sprechenden Wirt Apóstolos; spezielle Senioren- und Kinderrabatte.

Camping
Camping Kouióni: Tel. 2371052226, Fax 2371052052, 1. Mai–30. Sept. Schattiger Platz für Zelte, Wohnwagen und Wohnmobile, vermietet werden auch einfache Bungalows. Restaurant, Bar, Basketball- und Beach-Volleyballplatz, Wassersportzentrum am Strand. 56 Stellplätze.

Gerakiniótiko Stéki: an der Platía. Große Grilltaverne, in der der Holzkohlengrill auch in der Vor- und Nachsaison täglich in Betrieb ist. Moderat.
Oásis: an der Strandpromenade. Der gut Deutsch sprechende Wirt Vassílis Lambrídis bietet gute griechische Küche mit vielen hausgemachten Spezialitäten bei dezenter Hintergrundmusik und aufmerksamem Service. Moderat.

Linienbusverbindung: mit Thessaloníki und Nikíti 12 x tgl. Die Busse fahren z. T. über Néa Moudaniá, z. T. über Polígiros.

Bei Gerakiní ist durch den Magnesitabbau eine bizarre Landschaft entstanden

Sithonía

Reiseatlas S. 237/238

DIE WESTKÜSTE

Während die Kassándra von Ackerbau und Tourismus geprägt ist, ist für die schwerer zugängliche Berglandschaft der Sithonía Wald- und Weideland charakteristisch. Die wenigen bedeutenderen Badeorte konzentrieren sich auf die Westküste. Neben sehr langen Sandstränden gibt es kleine, versteckte Badebuchten zwischen niedrigen Felsen und stille Orte, die nur wenige Urlauber aufnehmen können.

Metamórfossi und Moní Ioánnou Prodrómou

Reiseatlas: S. 237, E 1/2

Das erst 1923 gegründete **Metamórfossi** (700 Einwohner) trägt den Namen des biblischen Ereignisses, dem die Dorfkirche geweiht ist: der »Verklärung Christi auf dem Berg Tabor«; Jesus erschien zum ersten Mal in göttlichem Licht. Der Ort selbst ist weniger außergewöhnlich als sein Name. Auf einem bewaldeten Stück Steilufer wurde ein hübscher kleiner Park angelegt; unterhalb der rötlich schimmernden Steilküste beginnt der Strand direkt im Ortszentrum und zieht sich über viele Kilometer zum inneren Golfende hin.

An der Kreuzung, an der man von der Küstenstraße rechts in den Ort Metamórfossi abbiegt, zeigt nach links ein Wegweiser zum Weiler Metagísti im Binnenland. Auf Griechisch wird außerdem auf das Nonnenkloster **Moní Ioánnou Prodrómou** hingewiesen. Die Gebäude sind modern, die freundlichen Nonnen bitten den Besucher meist zum Kaffee auf die Gästeterrasse hinaus, unter deren Dach zahlreiche Schwalben Nester gebaut haben.

Die **Klosterkirche** ist in den 1990er Jahren im traditionellen Stil neu ausgemalt worden. Aus der Kuppel blickt Christus als allesbeherrschender Pantokrator, in den Zwickeln sind die vier Evangelisten als diejenigen zu sehen, die Gottes Wort den Menschen vermittelt haben. In der Apsis des rechten Seitenschiffs sind die Geburt Jesu und der Kindesmord von Bethlehem dargestellt. In der mittleren Apsis sieht man Christi Himmelfahrt und das Pfingstwunder, an der Decke des rechten Querschiffs Jesu Verklärung. An der Ostwand des Narthex ist wie üblich das Jüngste Gericht als eindeutige Warnung an den Menschen zu erkennen. Über dem östlichen Fenster an der Südwand im Narthex sind die jüngsten Heiligen der orthodoxen Kirche präsent, die inzwischen zumindest als Ikone in jedem griechischen Gotteshaus anwesend sind: die Heiligen Raffaíl, Nikólaos und Iríni. Ihre Gebeine wurden erst 1959 auf der Insel Lesbos entdeckt. Zuvor waren diese Heiligen völlig unbekannt. Sie offenbarten sich und ihre Geschichte mehreren Gläubigen im Traum, und es dauerte nicht lang, da wurde ihnen auf Lesbos eine erste Kapelle erbaut, in der ihre körperlichen Überreste eine letzte Ruhestatt fanden. Von nun an bewirkten sie so viele Wunder, dass sich ihr Ruhm in der ganzen griechischsprachigen Welt ausbreitete. Maßgeblich dazu beigetragen hat freilich die Äbtissin des 1963 auf Lesbos für sie erbauten Klosters: Ihre 50 Bücher über die Wunder der drei Heiligen sind in Griechenland Bestseller. (Di, Do, Sa 4–12 und 15–20 Uhr, So 4–8 und 15–20 Uhr.)

Blue Dolphin-Sargáni: 1,5 km nordwestlich des Zentrums, Tel. 23 75 06 13 34, Fax 23 75 06 14 21, www. bluedolphin.gr. Architektonisch ansprechendes Hotel mit 171 Zimmern in mehreren zweigeschossigen Gebäuden. Pool, Tennisplatz. Tauchzentrum. HS 87 €/Halbpension, sonst ab 44 €/Halbpension. **Olympicó:** 4,5 km westlich vom Ortszentrum, Tel. 23 71 09 84 32, Fax 23 71 09 84 34. Einsam auf einem niedrigen Hügel oberhalb des Strandes gelegenes Hotel mit Pool. 95 Zimmer, DZ Ü/F ab 55 €.

Camping
Camping Sithón: 4 km westlich vom Zentrum, Tel. 23 71 09 83 02, Fax 23 71 09 83 01, Mitte April–Mitte Okt. 160 beschattete Plätze für Zelte und Wohnmobile, auch eingerichtete Mietzelte und -wohnwagen. Tennis, Volleyball- und Basketballplatz, Bar, Taverne und Wassersportzentrum.

Bilderstöcke in Kirchenform stehen oft am Straßenrand

DIE »GROSSE IDEE« UND IHRE FOLGEN

Als 1830 Griechenland erstmals als selbstständiger Staat die weltgeschichtliche Bühne betrat, umfasste es nur den Peloponnes, die Kykladen, Attika sowie Mittelgriechenland bis an die Grenzen des Épiros und Thessaliens. Innerhalb von nur 80 Jahren verdoppelte sich das griechische Staatsgebiet durch Kriege und dank der Begünstigung durch Frankreich, Großbritannien und Russland. 1864 kamen die Ionischen Inseln hinzu, 1881 Thessalien samt südlichem Épiros, 1908 Kreta und 1912/13 schließlich der restliche Épiros, Makedonien, West-Thrakien und die ägäische Inselwelt mit Ausnahme des Dodekanes. Den hatten die Osmanen 1912 an die Italiener verloren; die Griechen hofften aber auf eine baldige Inbesitznahme dieser Inselgruppe.

Die Griechen sahen sich auf dem besten Wege, ihre »Große Idee« *(Megáli Idéa)* von einem griechischen »Reich der zwei Kontinente und der drei Meere« (Adria, Ägäis, Schwarzes Meer) verwirklichen zu können. Als das Osmanische Reich nun im Ersten Weltkrieg auch noch auf der Verliererseite stand, schienen die Voraussetzungen für eine griechische Expansion besonders günstig zu sein. 1919 gaben die Briten einem griechischen Expeditionskorps sicheres Geleit zur Besetzung von Smírna (Izmir), dessen 100 000 Einwohner überwiegend Griechen waren. Insgesamt wohnten in der heutigen Türkei etwa 7 Mio. Hellenen. Das Abkommen von Sèvres sprach Griechenland im August 1920 dann offiziell das Recht auf die Besetzung von Smírna zu; die Bevölkerung der Stadt sollte nach fünf Jahren über die künftige Staatszugehörigkeit Smírnas frei entscheiden dürfen. Die Griechen sahen sich angesichts des Zusammenbruchs des Osmanenreichs dazu ermuntert, ganz West-Anatolien in ihren Besitz zu bringen. Das griechische Expeditionskorps brach auf, Ankara zu erobern.

Zwischenzeitlich hatte der in Thessaloníki geborene General Mustafa Kemal (1880–1938), dessen Geburtshaus man dort noch besichtigen kann, die Herrschaft

Camping Sunny Bay: 1 km westlich vom Ortszentrum, Tel./Fax 23 75 06 13 52, Mai–Okt. Schattiger Platz für Zelte, Wohnwagen und Wohnmobile, Mietzelte und Mietcaravans erhältlich. Taverne, Bar, Minigolfplatz. 75 Stellplätze.

Vasílis: an der Platía. Die beliebteste Taverne im Ort, sehr freundlicher Wirt, große Auswahl auch an gekochten Gerichten, exzellenter Tresterschnaps *tsípouro* aus dem Heimatdorf des Wirts am Olymp.

Aigaion: im Park unmittelbar im Ortszentrum. Music-Bar unterm Sternenhimmel nahe dem Meer.

Wassersportzentrum 3,5 km westlich vom Zentrum vor dem Hotel Blue Dolphin.

Linienbusverbindung: mit Thessaloníki, Gerakiní bis zu 12 x tgl., mit Políangchi bis zu 9 x tgl., mit Néos Marmarás 8 x tgl., mit Sárti und Toróni bis zu

der Osmanen gestürzt und 1920 die Türkische Republik ausgerufen. In Russland hatten sich die Kommunisten etabliert. Großbritannien und die USA sahen in der neuen Türkei ein Bollwerk gegen die Bolschewiken und verloren ihr Interesse an Griechenland. Als Mustafa Kemal, genannt Atatürk, im August 1922 eine türkische Gegenoffensive einleitete und die Griechen binnen kürzester Zeit bis ans Ufer der Ägäis zurückdrängte, fielen tausende griechischer Zivilisten Pogromen zum Opfer. Allein in Smírna starben 30 000 Griechen. Alliierte Kriegsschiffe lagen in Sichtweite, verweigerten aber jede Hilfe.

Im Vertrag von Lausanne wurde im Juli 1923 ein Bevölkerungsaustausch zwischen Griechenland und der Türkei vereinbart. Weit über 1 Mio. Flüchtlinge strömten in das nur 5 Mio. Einwohner zählende Griechenland. Die meisten kamen ohne jede Habe, nur den Griechen aus Istanbul war die Möglichkeit eingeräumt worden, ihren Grundbesitz zu verkaufen und ihre Besitztümer mitzubringen. Die Flüchtlinge waren weder sprachlich noch kulturell homogen: Sie stammten von der Krim, aus der Ukraine, aus Kleinasien, aus dem Schwarzmeergebiet und aus Ost-Thrakien. Weit über 150 000 von ihnen sprachen nicht einmal mehr Griechisch, sondern nur Türkisch. Die Enteignung der Klöster und anderer Großgrundbesitzer durch das Bodenreformgesetz von 1926 schuf die Voraussetzung für die Integration der Flüchtlinge. Binnen kurzer Zeit stieg so die landwirtschaftliche Nutzfläche in Makedonien um das Dreifache. Der Völkerbund leistete finanzielle und technische Hilfe.

Griechenland wurde erst jetzt zu einer relativ homogenen Nation; erst die Flüchtlingsströme sorgten dafür, dass die Griechen in Regionen wie Makedonien oder West-Thrakien die Mehrheit bildeten. Die slawischen Volks- und Sprachgruppen gerieten in die Minderheit und wurden im Laufe der nächsten beiden Generationen nahezu völlig gräzisiert. Dadurch ist Griechenland dem Schicksal vieler anderer Balkanstaaten entgangen: Nationalitätenkonflikte sind in Hellas hoffentlich kein Thema mehr. Ein Problem gilt es allerdings noch zu lösen: Die zahlreichen Roma Griechenlands sind bisher kaum integriert.

6 x tgl., mit Ágios Nikólaos und Vourvouroú 3–4 x tgl.

Nikíti

Reiseatlas: S. 238, A 2
Nikíti, auch »Nikítas« genannt, ist mit 2800 Einwohnern einer der größeren Orte auf der Chalkidikí. Die Durchgangsstraße teilt ihn deutlich in eine neuere, zum Meer hin gewandte Flüchtlingssiedlung, wo auch die meisten kleinen Hotels stehen, und den alten Ortskern weiter landeinwärts. Der Strand im unmittelbaren Ortsbereich ist schmal und wird größtenteils von einer kleinen Straße gesäumt; das historische Zentrum hat viel Atmosphäre. Hier stehen noch einige Dutzend Häuser aus dem 19. Jh., von denen viele durch ausländische Neubürger – über-

Sithonía-Durchquerung

Oberhalb der Friedhofskirche von Nikíti beginnt ein markierter Waldweg, der Wanderer in etwa zwei Stunden quer über die Halbinsel in das Dorf Ágios Nikólaos und in etwa vier Stunden zum Hafen Órmos Panagías bringt.

wiegend Deutsche – restauriert wurden.

Am obersten Dorfrand lohnt die kleine **Friedhofskapelle** (1600 m von der Durchgangsstraße entfernt) mit stark verblassten Freskenresten aus dem 16. Jh. an der Außenwand einen Besuch. Sie steht direkt neben der Dorfkirche **Ágios Nikítas** aus dem Jahr 1867. Die Fresken lassen noch eine in der Orthodoxie weit verbreitete Darstellungsform der heiligen Dreifaltigkeit erkennen: Abraham und seine Frau Sarah bewirten drei Engel, die auf Gottvater, Gottsohn und Heiligen Geist als himmlische Trinität hinweisen. Eine zweite Malerei zeigt die hagere Gestalt

Für Poesiefreunde

Über »Die Ägyptische Maria« schrieb Rainer Maria Rilke ein kurzes Gedicht: Das Bild von der »bettheißen Hure«, die vom »puren Herz der Ewigkeit« trank, hatte auch den deutschen Dichter fasziniert.

der hl. Maria von Ägypten und den hl. Zósimas. Maria war eine ägyptische Prostituierte, die gern auf Reisen war. Sie verband das Angenehme mit dem Nützlichen und ›jobbte‹ auf einem Pilgerschiff, das ins Heilige Land fuhr. Als sie in Jerusalem neugierig die Grabeskirche Christi betreten wollte, wurde sie daran immer wieder von unsichtbarer Hand gehindert. Daraufhin erkannte sie ihre Sündhaftigkeit und verbrachte den Rest ihres Lebens als Einsiedlerin in der Wüste. Kurz vor ihrem Tod reichte ihr ein anderer Eremit, eben der hl. Zósimas, die Kommunion, sodass sie in Frieden sterben konnte.

Danái Beach: 4 km außerhalb Richtung Metamórfossi, von der Hauptstraße aus ausgeschildert, Tel. 23 75 02 23 10, Fax 23 75 02 25 91, www.danai-beach.gr. Eines der luxuriösesten Hotels Griechenlands, Mitglied in der Gruppe der »Small Luxury Hotels of the World«. Ruhig in einem Park oberhalb eines langen Sandstrandes gelegen. Auf jeden Fall einen Blick ins Internet wert. 78 Wohneinheiten vom Doppelzimmer bis zu diversen Suiten (bis zu 190 m^2 Wohnfläche) und Bungalows mit privatem Pool. Verschiedene Sportangebote. DZ Ü/F ab 250 €, Villa ab 600 €/Nacht.

Lagómandra Beach: an der Sithonía-Rundstraße, Tel. 23 75 07 11 74, Fax 23 75 07 20 09, www.hotel-lagomandra.gr. Für Wassersportler besonders zu empfehlendes Hotel. 170 Zimmer, DZ Ü/F ab 50 €.

Geránion Village: am oberen Ortsrand von Nikíti, Tel. 23 75 02 26 93, Fax 23 75 02 28 13. Ruhig auf einem Hügel gelegene Bungalowanlage in mehreren kleinen, zweigeschossigen Gebäuden. 1,5 km vom historischen Ortskern und 1 km vom Strand entfernt, 1 x tgl. kostenloser Hotelbus zum Strand. Pool, Tennisplatz, im Restaurant Gemüse aus eigenem, meist ökologischem Anbau. 58 Zimmer, DZ Ü/F ab 50 €.

Toronéos: 850 m nördlich vom Ortszentrum über die Uferstraße zu erreichen, Tel. 23 75 02 29 70, Fax 23 75 02 31 90, www.hotels-in-greece.com. 150 m vom Strand entferntes Hotel mit schöner Poolterrasse; Obst und Gemüse aus biologischem Anbau. 65 Zimmer, DZ Ü/F ab 40 €.

Marína: 100 m vom Ortszentrum am Jacht- und Fischereihafen über der gleichnamigen Taverne, Tel. 23 75 02 21 23, Fax 23 75 02 27 88, www.halkidiki.com/marina. DZ ab 25 €.

Camping

Camping Ágios Geórgios: Tel. 23 75 02 23 83, Mai–Aug. Schattiger Platz für Zelte, Wohnwagen und Wohnmobile. 35 Stellplätze.

Camping Mílos: Tel. 23 75 02 20 41, Fax 23 75 02 20 49, ganzj. Schattiger Platz für Zelte, Wohnwagen und Wohnmobile, Vermietung von Zelten, Wohnwagen, Bungalows und Schilfrohrhütten. Restaurant, Bar, Basketballplatz. 40 Stellplätze.

Camping Nikíti: Tel. 23 75 02 29 27, Mai bis Mitte Okt. Schattiger Platz für Zelte, Wohnwagen und Wohnmobile, Restaurant, Bar. 40 Stellplätze.

 Áris: an der Hauptstraße von der Nationalstraße zum Strand, Tischreservierung empfehlenswert, Tel. 23 75 02 37 87. Kleine Taverne, die insbesondere auf wohlhabende und kulinarisch neugierige griechische Gäste setzt. So gibt es hier z. B. sibirischen Wodka und Straußenfilets. Wirt Áris, der perfekt Deutsch spricht und früher einmal in Stade gearbeitet hat, serviert aber auch exzellente Rinder-Tournedos in Scampisauce oder Wachtelfilets mit Safransauce. Teuer.

Marína: in der gleichnamigen Pension am Jachthafen. Wirt Thomas hat sein Kochhandwerk in Mönchengladbach gelernt und serviert vor allem griechische Küche mit ungewohntem Pfiff. Besonders lecker ist sein hausgebeizter Lachs. Moderat.

 Wassersportzentrum: am Strand nördlich vom Hafen.

Ágios Nikítas: 14./15. Sept., Kirchweihfest mit Musik und Tanz im alten Ortszentrum.

 s. Gerakiní, S. 97.

Ágios Geórgios

Reiseatlas: S. 238, A 2

An Archäologie begeisterte Reisende können von Nikíti einen kurzen Abstecher zu den spärlichen Überresten zweier frühchristlicher Basiliken in der Gemarkung **Ágios Geórgios** unternehmen. Sie sind die letzten Zeugnisse einer in hellenistischer Zeit gegründeten Siedlung. Man findet hin, wenn man von der mit Ampeln bestückten Kreuzung in Nikíti noch 800 m auf der Hauptstraße in Richtung Néos Marmarás fährt. An der Bäckerei Chrístos zweigt man auf den schmalen Weg zum Campingplatz Nikíti ab und folgt von dort aus dann den kleinen Wegweisern. Nach 1500 m liegt links des Weges eine kleine Kapelle. Sie wurde in die Ruine einer der beiden Basiliken hineingebaut. Ein paar hüfthohe Mauerreste sind noch erhalten, ein paar Schritte weiter sind Dachziegel der alten Kirche

Touristenzentrum und Fischerort –
im Hafen von Néos Marmarás

säuberlich aufgeschichtet. Etwa 3,5 m südlich von der heutigen Kapelle sind im Boden zwei **frühchristliche Gräber** zu erkennen. Die Verschlusssteine liegen davor, man kann hineinschauen. Geht man nun auf dem Feldweg einige Schritte zurück, sieht man links die eingezäunten Grundmauern einer weiteren Basilika. Der Grundriss ist nachvollziehbar, einige Säulen liegen verstreut auf dem Boden herum.

Eliá, Lagómandra und Ágios Pávlos

Reiseatlas: S. 238, A 2, B 2/3
Kurz hinter Nikíti teilt sich die Hauptstraße. Links geht es weiter an die Ostküste der Sithonía und auf die Áthos-Halbinsel, rechts an die Westküste nach Néos Marmarás. Die im folgenden vorgeschlagene Route umrundet die Sithonía entgegen dem Uhrzeigersinn, führt also zunächst nach Néos Marmarás. Das Landschaftsbild ändert sich, kleine Felsen und Pinien prägen das Bild. Statt kilometerlanger Strände überwiegen jetzt zunächst kleine, von Felsen eingerahmte Buchten wie die **Kalógria Beach** (Wegweiser an der Hauptstraße). Einer der schönsten Küstenabschnitte ist der von **Eliá** mit einem dichten Kiefernwald unmittelbar über der Steilküste. Hier gibt es auch einige kleinere Hotels. Der anschließende **Lagómandra Beach** zeichnet sich durch ein großes Wassersportangebot aus.

Bei Kilometertafel 45 zweigt ein nur auf Griechisch mit »ΑΓΙΟΣ ΠΑΥΛΟΣ« ausgeschilderter Feldweg landeinwärts ab. Nach 2,5 km stößt er auf die kleine Kapelle **Ágios Pávlos.** Einem Felsspalt entspringt eine gefasste Quelle. Der örtlichen Legende nach begann sie zu sprudeln, als hier der Apostel Paulus auf einer seiner Missionsreisen durstig vorüberzog. Heute wird sie von Einhei-

mischen zum kostengünstigen Waschen ihres Autos genutzt.

 **Athena Palace:** in Eliá an der Uferstraße, Tel. 23 75 08 14 10, Fax 23 75 08 14 18, www.athena-pallas.gr. Architektonisch unauffällig in die Umgebung eingepasstes Hotel auf der Landseite der Uferstraße, von der aus einige Stufen die bewaldete Steilküste hinab an den Strand führen. Eigenes Folklore-Museum, win-

zige orthodoxe Kapelle mit Kirchenmusik vom Band, großer Pool, Dampfbad, Tennisplätze, Wassersportzentrum am Strand. 93 Zimmer, 34 Suiten, DZ Ü/F ab 55 €, auch pauschal buchbar.

Virgínia: in Eliá direkt am Steilufer, Tel. 23 75 02 20 22, Fax 23 75 08 12 83, www.hotels-in-greece.com. Sehr umweltbewusst geführtes, kleines Hotel im Uferwäldchen. Kleiner Garten wie vor einem englischen Landhaus, deutsch-griechisches Inhaberpaar. 14 Zimmer, DZ Ü/F ab 49 €, auch pauschal buchbar.

Camping
Camping Mitári: in Eliá, Tel. 23 75 07 17 75, Fax 23 73 02 39 75, Mitte April bis Mitte Okt. Behindertenfreundlicher, schattiger Platz für Zelte, Wohnwagen und Wohnmobile; Restaurant, Bar. 100 Stellplätze.

Néos Marmarás

Reiseatlas: S. 238, B 3
Etwa 2 km hinter dem Lagómandra Beach ist links der Straße die inzwischen von Pflanzen überwucherte Ruine des **Landgutes Tripótamos** aus dem 19. Jh. zu sehen, das einst einem Kloster gehörte. Kurz hinter Kilometer 51,5 liegt links der Straße die schattige Taverne Drosiá. Hier beginnt der markierte **Wanderweg S1,** der in etwa zwei Stunden sanft bergan ins Bergdorf Parthenónas führt (s. S. 110). Am Wegesrand stehen Ölbäume und Kiefern, Steineichen und Ginster. Im Frühjahr blühen die Zistrosen, im Herbst tragen die Erdbeerbäume Früchte.

Néos Marmarás ist mit 3000 Einwohnern der größte Ort an der Westküste der Sithonía. Er breitet sich über eine kleine Halbinsel und unterhalb niedriger, grüner Hügel entlang mehrerer Buchten aus und wird durch eine moderne Umgehungsstraße vor zu viel Durchgangsverkehr geschützt. Flaniermeile ist die Uferstraße, die vom winzigen Fischerhafen im Süden bis zum großen Fischerhafen im Norden dem Verlauf der Buchten folgt. Das Ortszentrum liegt am ehemaligen Fährhafen, in dem früher die Boote zu den Nördlichen Sporaden und zur Pílion-Halbinsel an- und ablegten. Ein 2 km langer Sandstrand liegt zwischen dem östlichen Ortsende von Néos Marmarás und Pórto Carrás. Ein zweiter, kürzerer Grobsandstrand liegt etwa 2 km nördlich an der Bucht von Parádissos.

Im Ortszentrum

Niedrige, kleine Häuser an schmalen Gassen lassen im Ortskern noch erkennen, dass Néos Marmarás 1923 als Flüchtlingssiedlung gegründet wurde. Durch die Topographie bedingt, konnte der Ort aber nicht nach dem üblichen Schachbrettmuster angelegt werden, sodass Néos Marmarás natürlicher gewachsen wirkt als die anderen Neugründungen aus den 1920er Jahren. Das schafft ein gewisses Flair, zu dem auch mehrere Cocktail-Bars und Fischtavernen beitragen; Tische und Stühle stehen entweder direkt am Ufer oder auf einem kleinen Sandstück am Ortsstrand. Das einzige ältere Gebäude im Ortsbereich ist das **Landgut des Klosters Grigoríou** an der Straße, die vom Nordende des langen Südstrandes zur Umgehungsstraße in Richtung Toróni führt. Im Hochsommer lebt hier nur ein ziviles Verwalterehepaar, im September und Oktober kehren dann einige Mönche von ihrer Sommerfrische auf dem Heiligen Berg Áthos hierher zurück. Die Mariä Entschlafung geweihte **Kirche** stammt bereits aus dem Jahr 1865; die zweigeschossigen Wohntrakte aus Naturstein mit umlaufenden Holzbalkonen entstanden nach 1905 (tgl. 8–14, 18–22 Uhr).

Méli Tours: gegenüber der Hauptkirche an der Uferstraße, Tel. 23 75 07 21 13, Fax 23 75 07 24 08, melik@mail.otenet.gr.

Geldautomaten: am Hafen.

Star Paradise: in der Mitte des Paradise Beach, ca. 70 m vom Strand, Tel. 23 75 07 24 15, Fax 23 75 07 24 16, www.starparadise.gr, ganzj. Kleines Hotel mit Dachgarten und Pool. 11 Zimmer, DZ Ü/F ab 40 €.

Sweet Home: an der Gasse, die vom Hafen neben der Pizzeria dorfeinwärts führt, Tel. 23 75 07 16 64, Fax 23 75 07 18 28. Kleines Hotel an einer Gasse, an der noch viele alte Flüchtlingshäuser stehen. Kleiner Innenhof mit gemütlicher Bar, mit Liebe zum Detail eingerichtete Zimmer. Wirtin Koúla kocht auf Wunsch für ihre Gäste; wenn das Hotel ausgebucht ist, hilft sie bei der Privatzimmersuche weiter. 15 Zimmer, DZ Ü/F ab 40 €.

Loúla Lazóglou: an der Uferstraße am Paradise Beach, Tel. 23 75 07 12 27. 10 Zimmer mit großem Balkon und Kaffeeküche. DZ ab 25 €.

Coráli: oberhalb des langes Hafenkais, Tel./Fax 23 75 07 18 75. Haus in markanter Lage, schöner Blick von allen sehr geräumigen Zimmern aus, sehr freundlicher Wirt. Ruhig und doch zentrumsnah. 14 große Studios, DZ ab 25 €.

Camping

Camping Marmará: Tel. 23 75 07 19 01, Fax 23 75 07 12 46, 1. Mai–10. Okt. Nahe dem Strand in einem Kiefernwald gelegener Platz zwischen dem Ort und dem Parádissos-Strand. Terrassenförmig auf einem kleinem Kap direkt über dem Meer angelegt, Restaurant, Bar, Basket- und Volleyballplatz. 130 Stellplätze.

Kyaní Aktí: an der Uferstraße Richtung Pórto Carrás. Unscheinbares, aber bei Griechen vor allem zum Fisch essen sehr beliebtes Restaurant; auch viele vegetarische Gerichte. Teuer.

Thessaloníkia: in der kleinen Strandbucht des großen Hafens. Eine von drei benachbarten Fischtavernen. Die meisten Tische und Stühle stehen direkt auf dem Strand, manche sogar mit den Beinen im Wasser. Teuer.

Diónisos: an der zentralen Bushaltestelle. Die traditionsreichste Taverne im Ort serviert auf einer Terrasse mit Hafenblick eine große Auswahl typisch griechischer Tavernenkost. Moderat.

O Gláros: am Ende der Gasse, an der auch das Hotel Sweet Home liegt. Touristen sind hier meist in der Minderzahl, hier trifft sich vor allem die Nachbarschaft. Wirt Christódoulos, seine Frau Poúla und ihre Tochter Ánna servieren typisch griechische Hausmannskost wie gegrillte Sardinen, warme Rote Bete samt Blättern und leckere Salate. Preiswert.

Wochenmarkt: Do vormittags am Hafen.

Antíca: an der Platía mit dem Postamt im Süden des Zentrums. Silberfiligranschmuck aus dem gebirgigen Epirus, Aquarelle sowie neue und alte Kupferwaren aus der Werkstatt des Vaters des Inhabers.

Casa di Notte: am südlichen Teil der Umgehungsstraße, Ende Juni–Anfang Sept. tgl., sonst im Juni und Okt. nur Fr/Sa. Diskothek, in der fast nur griechische Rock-Musik erklingt.

Risko Music Hall: an der südlichen Straße vom Ortszentrum zur Umgehungsstraße, Ende Juni–Ende Aug. tgl., Juni, Okt. nur Fr/Sa. Griechische Rock-Musik zum Tanzen, an vielen Abenden live.

Go-Kart: San Maríno an der Umgehungsstraße, südlicher Teil.
Wassersportzentrum: am Strand Richtung Pórto Carrás.

Linienbusverbindung: mit Thessaloníki, Polígiros, Néa Moudaniá, Nikíti, Metamórfossi und Gerakiní bis zu 8 x tgl.

Parthenónas

Reiseatlas: S. 238, B 3
Das alte Bergdorf **Parthenónas,** 5 km hinter Néos Marmarás in 350 m Höhe am Berghang gelegen, erreicht man über eine gut ausgebaute Asphaltstraße oder zu Fuß über den Wanderweg S1, der bei der Taverne Drossiá an der Straße Richtung Thessaloníki beginnt. Hier stört noch kein Neubau das Bild eines traditionellen makedonischen Dorfes. Die Häuser sind meist zweigeschossig aus unverputztem Naturstein errichtet, nur die Fensterrahmen sind zumeist weiß umrandet. Die Dächer sind mit Ziegeln gedeckt. Hohe Rauchabzüge auf dem Dach weisen darauf hin, dass es in den Häusern mehrere Kamine oder Feuerstellen gibt. Die architektonische Geschlossenheit von Parthenónas rührt daher, dass das Dorf seit der Gründung von Néos Marmarás im Jahr 1923 immer stärker vernachlässigt wurde. 1970 verließ die letzte Familie den Ort, und bis 1977 war Parthenónas ein Geisterdorf. In letzter Zeit werden allerdings viele Häuser als Sommervillen für Einheimische und Ausländer restauriert. Außerdem gibt es inzwischen eine Pension und zwei Tavernen.

Das alte Bergdorf Parthenónas wurde wieder zu neuem Leben erweckt

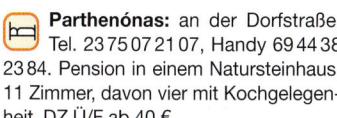 **Parthenónas:** an der Dorfstraße, Tel. 23 75 07 21 07, Handy 69 44 38 23 84. Pension in einem Natursteinhaus. 11 Zimmer, davon vier mit Kochgelegenheit. DZ Ü/F ab 40 €.

Párthenon: am oberen Ende der Dorfstraße. Die Inhaber der Taverne, Paul und seine Frau, waren 1977 die ersten, die sich wieder im Dorf niederließen. Von der Terrasse aus genießt man einen schönen Meerblick; der Service hat aber mit steigender Popularität des Wirtes gelitten. Teuer.

To Stéki tou Méniou: am unteren Anfang der Dorfstraße. Kleine, 1999 eröffnete Taverne mit gut Deutsch sprechender Wirtin, sehr freundlicher Service. Moderat.

Pórto Carrás

Reiseatlas: S. 238, B 3

Ein stärkerer Gegensatz als der zwischen Parthenónas und **Pórto Carrás** ist wohl kaum vorstellbar. Als der Reeder und Multimillionär John Carrás hier um 1970 Hotels bauen ließ, mögen sie für den damaligen Geschmack futuristisch und vielleicht sogar schön gewesen sein, heute verschandeln sie das Landschaftsbild. Inzwischen haben die Carrás-Erben den Komplex verkauft. Ein griechisches Großunternehmen hat den Komplex mitsamt seiner drei Großhotels gekauft. Die Villa des Reeders im Stil eines Athos-Klosters wurde in ein VIP-Hotel mit 17 Suiten umgewandelt. Zum Komplex gehören der einzige Golfplatz Nordgriechenlands, die größte Marina weit und breit sowie ein Spielcasino mit 425 Slot machines und 17 Roulette-Tischen. Die Weinkellerei der Domaine Carras wurde modernisiert, 170 ha Weinanbaufläche wurden erneuert. Bereits 2003 fand hier ein Treffen der EU-Ministerpräsidenten statt, insgesamt können Konferenzen mit bis zu 5200 Teilnehmern abgehalten werden. Ein Blick auf die Website www.portocarras.com lohnt sich!

Die Küste bis Tristiníka

Reiseatlas: S. 238, B 3/4

Fährt man nun auf der Sithonía-Rundstraße weiter in Richtung Süden, liegt kurz hinter der Abzweigung nach Pórto Carrás links der Straße die **Weinkellerei Domaine Carrás**. Hier kann man den Wein der Region verkosten und kaufen.

Kurz hinter der Abfahrt zur Weinkellerei weist rechts ein Schild den Weg zum Campingplatz Stávros. Wer Zeit hat oder auf der Suche nach guten Stränden ist, kann hier abbiegen und zunächst über Asphalt, in der zweiten Hälfte dann auf unbefestigter, aber guter Piste 20 km lang immer in Meeresnähe weiterfahren bis Tristiníka, wo man wieder auf die Sithonía-Rundstraße zurückkehrt. Unterwegs stößt man auf unverbaute Strände, auf einige Campingplätze und einsam in der Küstenlandschaft gelegene Hotels.

Tristiníka ist ein winziger Weiler, in dem im Winter nur zwei Familien leben. Zum langen, wenig besuchten Sandstrand von Tristiníka gelangt man, wenn man an der exzellenten Pension Villa Sithonía in Richtung Küste abbiegt. Vom Massentourismus à la Néos Marmarás ist hier nichts zu spüren.

111

Karibik-Flair am Arétes Beach südlich von Pórto Carrás

Villa Sithonía: an der Küstenstraße an der Abzweigung zum Strand, Tel. 23 75 05 11 18, in Deutschland Tel. 07121/223 75. Völlig ruhig gelegene Pension in zwei Gebäuden, mit kleinem Restaurant nur für Hausgäste in schönem Garten, 400 m vom Strand. 9 Zimmer und Apartments, DZ ab 25 €.
Sotíris: an der Dorfstraße, Tel. 23 75 05 12 95. Urige Taverne, deren Terrasse der Wirt selbst künstlerisch aus Stein und Bambus gestaltet hat. In der Sommerzeit dreht sich jeden Tag ein Zicklein am Spieß über der Holzkohlenglut. Preiswert. Im Haus nebenan werden von der Wirts-

familie Privatzimmer vermietet. DZ ab 20 €.

Camping
Camping Stávros: an der Küstenstraße zwischen Pórto Carrás und Tristiníka, 10 km von Néos Marmarás, Tel. 23 75 07 13 75, Mai–Mitte Sept. Ruhig und einsam gelegen. 82 Stellplätze für Zelte, Wohnwagen und Wohnmobile, auch Vermietung von Zwei- und Vierbett-Bungalows.

Ethnik: am nördlichen Strandende von Tristiníka, im Hochsommer tgl. 24 Std. geöffnet, www.united-hellas.com/

ethnik. Originelle Strandbar auf niedrigen Dünen, in der alles auf ›Ethnik‹ getrimmt ist. Wer zwischendurch mal müde wird, nimmt ein Bad oder legt sich an den Strand.

 Keine Linienbusverbindung entlang der Küste und nach Tristiníka, nächster Busstopp in Toróni.

Toróni und Pórto Koufó

Toróni

Reiseatlas: S. 238, B/C 4
Zunächst muss man von Tristiníka kurz auf die Sithonía-Rundstraße zurückkehren, kann aber schon knapp 1 km später wieder in Richtung Meer abbiegen. Man erreicht dann **Toróni** (240 Einwohner). Nach dem antiken Ort gleichen Namens ist der Golf zwischen den Halbinseln Kassándra und Sithonía benannt worden. Toróni besteht überwiegend aus kleinen Pensionen, Apartmenthäusern und Tavernen, die die Landseite der unmittelbar am kilometerlangen Sandstrand verlaufenden Uferstraße säumen. Sie führt bis zum Hügel am südlichen Ende der Bucht, an dem die antike Stadt Torone lag. Kurz bevor die Uferstraße am Fuß dieses Hügels endet, zweigt nach links eine Straße zurück zur Sithonía-Rundstrecke ab. Hier erkennt man ein eingezäuntes Gelände, auf dem Archäologen die Überreste einer **frühchristlichen Basilika** aus dem 5. Jh. freilegten. Zu erkennen sind noch bis zu 2 m hohe Mauerreste und Teile des Mosaikfußbodens.

Schildkröten-Tummelplatz

In Toróni mündet ein kurzer Bach als schmaler Fluss ins Meer. In dieser Mündung tummeln sich Dutzende von Wasserschildkröten. Man sieht sie am besten, wenn man sich in die Taverne Ángelos setzt, in der auch Gäste willkommen sind, die nur einen Kaffee oder einen Drink bestellen. Bei bewölktem Himmel oder bei starkem Wind sind die Tiere oft nicht zu sehen. Dann hilft es, ein paar Brotbrocken ins Wasser zu werfen – und schon kommen sie an die Oberfläche, um sich ihr Futter zu schnappen.

Kap Lekíthos

Vom Ende der Uferstraße sind es nur wenige Schritte zur Ruine einer Burg auf dem niedrigen **Kap Lekíthos.** Auf dem Weg dorthin sind im Wasser einige Steinblöcke der antiken Kaianlagen und unmittelbar an der Wasserkante Grundmauern eines Lagerhauses auszumachen. Im frei zugänglichen Gelände der **Burg,** in dem sich auch Schlangen wohl fühlen, stößt man auf die Ruinen zweier Türme und eine Zisterne. In antiker Zeit soll hier ein Tempel der Göttin Athena gestanden haben. Später wurde die winzige Halbinsel wiederholt befestigt, zuletzt wohl von Römern und Byzantinern. Wer gern in unwegsamem Gelände Hänge hinaufkraxelt, kann den Hügel im Süden der

Ein fliegender Händler erleichtert den Menschen das Leben

Bucht erklimmen. Im Gelände sind an mehreren Stellen noch die **antiken Stadtmauern** zu erkennen.

Pórto Koufó

Reiseatlas: S. 238, C 4
Der südlichste Ort an der Westküste der Sithonía ist **Pórto Koufó.** Seine wenigen Häuser stehen am Nordostufer einer Meeresbucht, die ringsum von Bergen umschlossen zu sein scheint. Sie ist 1600 m lang, 550 m breit und bis zu 33 m tief. Ihre nur 300 m breite Verbindung zum Meer sieht man erst, wenn man im südlichen Teil der Bucht steht. So sitzt man also in den einfachen, guten Fischtavernen von Pórto Koufó wie an einem Binnensee.

House Georgiádi: an der Uferstraße, meerseitig, Tel. 23 75 04 12 19. Mit kleinem Swimming-Pool direkt am Strand. 14 Studios, DZ ab 25 €.

O Kapetános: an der Straße nach Tristínika, 600 m vom Hafen, Tel. 23 75 05 12 46, www.elcapitan.be, DZ Ü/F ab 39 €. Das flämisch-griechische Paar Tásos und Linda spricht gut Deutsch. Es vermietet einfache Zimmer mit schöner Aussicht, gibt viele Wandertipps, kocht leckere Hausmannskost und betreibt einen Mini-Markt, der viele Einheimische zu einem Schwätzchen in die Taverne bringt.

Linienbusverbindung: zwischen Toróni, Pórto Koufó und Sárti, Kalamítsi, Sikiá, Vourvouroú, Nikíti, Metamórfossi, Gerakiní, Polígiros und Thessaloníki bis zu 6 x tgl.

DIE OSTKÜSTE

An der Ostküste der Sithonía gab es in vortouristischer Zeit nur einen Ort, Sárti. Jetzt sind mit Vourvouroú und Kalamítsi zwei Sommersiedlungen hinzugekommen, aber dennoch hat dieser Küstenstrich nichts von seiner Wildheit verloren. Die meisten der tief unterhalb der Sithonía-Rundstraße gelegenen Strände sind noch fast unverbaut.

Von Pórto Koufó nach Kalamítsi

Hinter Pórto Koufó wendet sich die Sithonía-Rundstraße der Ostküste zu. Sie steigt durch Phrígana und für Wiederaufforstungen terrassierte Hänge bergan. Bei der Kilometertafel 88 erstaunt jeder Fotograf: Hier gibt es tatsächlich eine griechische Landschaft, in der kein einziges Strom- oder Telegrafenkabel und noch nicht einmal ein Haus zu sehen ist. Wie Elefantenköpfe samt Rüsseln geformte Bergzungen streben dem Meer entgegen, das hier an steile Felsküsten brandet; für einige Zeit ist weit und breit kein einziger Strand zu entdecken. Bald darauf folgt rechts der Straße die **Taverne Panórama,** die zu einem guten Imbiss einen wahrhaft fantastischen Ausblick bietet. Die Sicht reicht bis zum Berg Áthos, der an der Spitze der gegenüberliegenden Halbinsel über 2000 m hoch unmittelbar aus dem Meer aufsteigt.

Bei Kilometertafel 86 gleicht die Landschaft einem Felsengarten; überall sind ganz unterschiedliche Steinblöcke über die Phrígana-Hänge verstreut. Kurz darauf liegt links unmittelbar an der Straße ein einfacher Bauernhof mit eigener **Käserei.** Das Viehzüchterehepaar freut sich über Besucher, die Käse kaufen wollen.

Kalamítsi

Reiseatlas: S. 238, C 4
Bei **Kalamítsi** ist dann die Ostküste erreicht. Der kleine, im Winter nur von fünf Familien bewohnte Weiler liegt an einer sandigen Bucht, in der 20 m vor dem Ufer kleine Felsinseln ein belieb-

Jede Menge Felle

Der Wirt der Taverne Panórama ist selbst Viehzüchter. In einem Seitenraum seines Lokals verkauft er Schafs- und Ziegenfelle. In größerer Auswahl und zu günstigeren Preisen findet man sie sonst nirgends auf der Chalkidikí.

115

tes Ziel für Schwimmer sind. Weiter südlich schließen sich daran noch weitere, halbkreisförmig geschwungene Sandsichelbuchten an, wo weder Liegestühle noch Sonnenschirme, geschweige denn Hotels von Tourismus zeugen. Auf dem Campingplatz Pórto in Kalamítsi hat sich eine deutsche Tauchschule etabliert, denn die felsige Südspitze der Sithonía ist ein ideales Tauchrevier.

 O Giorgákis: an der Uferstraße kurz vor dem Campingplatz Porto, Tel./Fax 23 75 04 10 13. Taverne und sehr gepflegte Pension direkt am Strand. 25 Zimmer, DZ Ü/F ab 25 €.

Camping
Camping Kalamítsi: Tel./Fax 23 75 04 14 10, Mai–Sept. Schattiger Platz für Zelte, Wohnwagen und Wohnmobile, Bar, Taverne, Tennis, Volley- und Basketballplatz. 252 Stellplätze.
Camping Pórto: Tel. 23 75 04 13 46, Mai bis Sept. Schattiger Platz für Zelte und Wohnmobile, Bar, Taverne, Tauchschule. 95 Stellplätze.

Tauchschule North Aegean Diving Centre, auf dem Campingplatz Por-

---

Wochenmarkt in Sikiá

An jedem Samstagvormittag findet in Sikiá einer der größten Wochenmärkte der Chalkidikí statt. Da kann man nicht nur Lebensmittel aller Art, sondern auch billige Kleidung und preiswerte Souvenirs erstehen.

---

to, Tel./Fax 23 77 04 11 48, im Winter Tel. 23 10 52 16 92, www.membres.lycos.fr/ nikofa. Deutsch- und englischsprachige Tauchschule; viele Spezialkurse. Nach Absprache auch Tauchgänge im Winterhalbjahr möglich.

 wie Porto Koufó, s. S. 114

Sikiá

Reiseatlas: S. 238, C 3
Die Rundstraße wendet sich nun wieder von der Küste ab. Ausgeschilderte Stichstraßen führen zu den langen Sandstränden **Klimatária Beach** und **Kri Kri Beach,** an denen viele Griechen den ganzen Sommer über ihren Wohnwagen stationiert haben. Für sie mag das angenehm sein, der Anblick der Wohnwagenreihen stört das Landschaftserlebnis aber ganz erheblich. 6 km hinter Kalamítsi durchquert die Rundstraße die Küstenebene von Sikiá mit Windmühlen-Stümpfen aus dem 19. Jh. und einem langen Sandstrand.

Mit 2430 Einwohnern ist **Sikiá** der größte Ort der Sithonía. Die Menschen leben überwiegend vom Fischfang und der Viehzucht, einige Familien auch von der Imkerei. Der Tourismus spielt im Ort keine Rolle, denn Sikiá liegt ca. 3 km vom Meer entfernt. Im historischen Ortskern stehen noch mehrere alte Häuser aus dem 19. Jh., manche Läden wie die des Schneiders und des Schusters wirken museumsreif. Die Schulgebäude stammen aus den Jahren 1870 und 1920. Auf einem niedrigen Hügel thront die Kirche **Ágios Athanássios** aus der Zeit um 1865.

Sárti

Reiseatlas: S. 238, C 3

Sárti (1200 Einwohner) verwandelt sich jeden Sommer in einen internationalen Ferienort, in dem besonders viele Tschechen und Ungarn Urlaub machen. Die wenigen Hotels liegen unauffällig am Ortsrand. Meist wohnt man hier in Privatzimmern und kleinen Apartmenthäusern. Der Sandstrand ist fast 3 km lang und nie überfüllt; herrlich ist der Blick übers Meer auf den Berg Áthos. Zentrum des Ortes ist die kleine, modern gestaltete Platía mit mehreren Tavernen, vielen Ruhebänken, Bäumen und Blumen. In der Umgebung des Platzes wird der Charakter Sártis als Flüchtlingssiedlung mit schachbrettartigem Grundriss besonders deutlich. Hier stehen auch noch viele kleine Häuser aus den 1920er Jahren, deren Fassaden manchmal völlig hinter Hibiskus und Bougainvilleen verschwinden. Älter sind nur die Ruinen eines Landguts des Áthos-Klosters **Xiropótamou,** die 500 m landeinwärts auf der anderen Seite der Sithonía-Rundstraße liegen und aus dem 19. Jh. stammen.

Taousánis Tours: an der Platía, Tel. 23 75 09 45 83, Fax 23 75 09 41 41.

Póntos: am Strand 700 m südlich vom Ortszentrum, Tel. 23 75 09 43 01, Fax 23 75 09 43 02. Das einzige wirkliche Strandhotel von Sárti; in der Hauptsaison nur mit Halbpension zu buchen. Pool, stets bestens von jungen Leuten besuchte Pool-Bar. 42 Studios, DZ Ü/F ab 50 €, HP 9 €/Person zusätzlich.

House Theódora: fast am nördlichen Ende der Uferstraße, Tel. 23 75 09 43 41, Fax 23 75 09 46 55. 20 m vom Strand und 150 m von der Platía entfernt. 11 neue Studios mit Balkon und Meerblick, DZ ab 30 €.

Camping

Camping Sárti Beach: Tel. 23 75 09 42 50, Mai–Sept. Schattiger Platz für Zelte, Wohnwagen und Wohnmobile, Bar, Taverne. 120 Stellplätze.

Kivotós/Arche Noah: an der Uferstraße im Ortszentrum. Strandtaverne mit großer Auswahl, kostenloser Begrüßungs-Oúzo für alle Gäste. Moderat.

Aristídis: an der Platía. Große Auswahl, Langusten aus dem Wasserbecken. Nur hausgemachte Speisen, nichts Tiefgefrorenes außer Kalamáres. Moderat.

Oréstis: an der Stichstraße zur Sithonía-Rundstraße (wo auch das Síne Titánia ist, s. unten), tgl. ab 9 Uhr. Kleine, sehr familiäre Ouzerí abseits vom Touristenstrom, viele auch ausgefallene Spezialitäten. Preiswert.

Yían: an der Hauptstraße neben der Apotheke, tgl. ab 12 Uhr. Silberschmuck und Emaille-Kreationen eines griechisch-französischen Paares in einem restaurierten Flüchtlingshaus.

Síne Titánia: an der Stichstraße zur Sithonía-Rundstraße, nur im Juli und Aug. Open-Air-Kino.

George: schräg gegenüber vom Síne Titánia. Dancing Pub auch für etwas älteres Publikum, bevorzugt Latin Music. Wirt George ist ein echtes Original, kleidet sich oft wie ein Pirat und greift manchmal auch selbst hinterm Tresen zur Trompete.

Macedonian Spirit: am Ortsrand in einer Parallelstraße zur Sithonía-Rundstraße.

Größte Disco im Ort, klimatisiert. Von innen cool, von außen wie eine romantische Burg aussehend. Techno, Charts-Musik.

 Kímesis tis Theotókou: 14./15. Aug., Musik und Tanz auf der Platía.

 Wassersportzentrum: Aqua Fun Watersports neben dem Hotel Sárti Beach, Handy 69 37 13 23 17, www.aquafun-watersports.de. Eins der besten Wassersportzentren der Region. Der deutsche Inhaber Uwe Chittka bietet Kayaks, Wasserski, Parasailing, Katamaransegeln, Windsurfen und diverse Funsports an.

 Linienbusverbindung: mit Thessaloníki, Polígiros, Gerakiní, Metamórfossi, Nikíti, Vourvouroú, Sikiá, Kalamítsi, Pórto Koufó und Toróni bis zu 6 x tgl.

Von Sárti nach Vourvouroú

Zwischen Sárti und dem nächsten Ort an der Ostküste, Vourvouroú, liegen 30 kurvenreiche Kilometer. Die Straße verläuft oft weit oberhalb der Küste am Hang des Ítamos (753 m) entlang; Stichstraßen führen hinunter an die von Wohnwagen gesäumten Sandstrände, die schon von oben gut zu sehen sind. Trotz der vielen Camper haben sie ihre Fans, einer von ihnen ist sogar zum Kultplatz geworden: Pórto Parádiso, zu erreichen über den Campingplatz an der Zoográfos Bay. Da trifft sich an einem der schlechtesten Strände und an einer der lautesten und teuersten Beach Bars der Chalkidikí der jüngere Teil der Schickeria von Thessaloníki.

Vourvouroú

Reiseatlas: S. 238, B 2
Vourvouroú ist eigentlich kein Ort, sondern ein bebauter Landstrich. Hier gibt es eine Art touristisches Straßendorf entlang einer schmalen Uferstraße und eine Halbinsel mit einem besonders schönen, irgendwie an die Ostsee und die Karibik zugleich erinnernden Strand. Für den Tagesgast fällt die Orientierung zunächst schwer; trotzdem lohnt auch ein Besuch für wenige Stunden. Am besten steuert man gleich die Halbinsel an und folgt den Wegweisern zum **Karídi Beach,** an dem uralte Pinien bis fast unmittelbar ans Wasser reichen. Der Strand wird von niedriger Steilküste und bizarr geformten Felsknollen gesäumt – man fühlt sich in eine exotische Welt versetzt.

 Manorhouse: am Ansatz der Halbinsel im Osten der Bucht, Tel. 23 75 09 10 00, Fax 23 75 09 14 16, www.manorhouse.gr. 2001 eröffnetes Hotel in weitläufigem Garten direkt am Strand, mit Pool und Pool-Bar. DZ Ü/F ab 70 €.
Toúla: auf der Halbinsel im Osten der Bucht unmittelbar oberhalb vom Karídi Beach, Tel. 23 75 09 11 02/23 10 65 02 14, Fax 23 10 65 02 14. Nicht sehr professionell, aber liebenswert geführte Pension im Kiefernwald, nur 100 m vom Strand entfernt. Es gibt auch einen kleinen Pool mit Pool-Bar, der aber nur sporadisch mit Wasser gefüllt ist: Oma managt die Pension, während der Sohn in Thessaloníki Geld verdient. 11 Zimmer und 4 Apartments, DZ ab 30 €.
Vourvouroú: zwischen Uferstraße und Strand im Zentrum, Tel./Fax 23 75 09 12 61. Einfaches, älteres Hotel mit freundlicher Wirtsfamilie. 38 Zimmer, DZ ab 35 €.

Mischung aus Ostsee und Karibik – der Karídi Beach

🍴 **Gorgóna I Poulmán:** am Hauptstrand im Straßendorf. Die bestbe-
suchte Taverne im Ort. Guter Service,
durchschnittlich gutes Essen. Moderat.
Río: an der Sithonía-Rundstraße oberhalb
des Ortes. Steinofen-Pizza und hausgemachte Nudeln auf einer Terrasse mit
traumhaftem Blick auf das Meer und die
Áthos-Halbinsel. Moderat.

🍸 **Boogie Woogie und Cosa Bar:** am
südlichen Ortsrand hinter der Abzweigung zum Karídi Beach, Mitte Juni
bis Anfang Sept. Griechische und internationale Disco-Musik mit fast ausschließlich griechischen Gästen.
Pefcus Beach Bar: am Hauptstrand im
Straßendorf. Ein leiser Platz auf einer Wie-
se direkt am Meer – Kerzen auf dem
Tisch, Romantik pur.

⚓ **Motorbootverleih:** Der Standort
des Vermieters wechselt von Jahr
zu Jahr, manchmal kommt er auch gar
nicht. Am besten in einer der Tavernen erfragen. Zu mieten sind Boote unter 25 PS
ohne Bootsführerschein zur Fahrt auf die
vorgelagerten Inselchen.

Rast im Hinterland: Taverne in Gomáti

Linienbusverbindung: mit Thessaloníki, Nikíti, Metamórfossi, Gerakiní und Políghros bis zu 4 x tgl.

Órmos Panagías und Ágios Nikólaos

Reiseatlas: S. 238, A 2, A 1
Órmos Panagías (500 Einwohner) ist der Hafenort des 4 km entfernten Bergdorfes Ágios Nikólaos (2300 Einwohner). In Órmos Panagías werden im Sommer täglich Schiffsausflüge entlang der Westküste der Áthos-Halbinsel angeboten. Ágios Nikólaos ist am reizvollsten, wenn am Donnerstagmorgen der große Wochenmarkt stattfindet. Immer eine Pause wert ist die modern gepflasterte, verkehrsfreie Platía mit Ouzerien und Tavernen.

Makedonian Village Assa Maris: 5 km außerhalb an der Straße nach Pirgadíkia, Tel. 23 75 09 21 51, Fax 23 75 09 21 55. Sehr ruhig und isoliert gelegenes Strandhotel für entspannte Strandtage, großes Sportangebot inkl. Bogenschießen und Windsurfen. 91 Zimmer, DZ Ü/F ab 80 €, auch pauschal buchbar.

Die **Bootsausflüge** entlang der Küste der Mönchsrepublik Áthos beginnen täglich um 9.30 Uhr. Zur Auswahl stehen zwei unterschiedlich komfortable Passagierschiffe einer Reedereigemeinschaft, für die die Tickets ab Órmos Panagías ca. 30–35 €/Person kosten. Mehrmals wöchentlich kann man die gleiche Fahrt aber auch mit einem 2005 neu gebauten Kaiki unternehmen, das maximal 24 Gäste fasst (Auskunft erhält man über: Friedrich Travel, Tel. 23 75 03 14 80, Fax 23 75 03 17 85, www.friedrich.claranet.de). Wer

Symphonie in Weiß – Ágios Nikólaos

mit dem Auto zur Áthos-Bootsfahrt anreist, sollte unbedingt vor 9 Uhr eintreffen, um noch einen akzeptablen Parkplatz zu finden!
Linienbusverbindung: zwischen Ágios Nikólaos und Thessaloníki, Gerakiní, Metamórfossi, Nikíti 3 x tgl. Nach Ormós Panagías fährt der Bus nur während der griechischen Schulferien (ca. Mitte Juni bis Mitte Sept.) – und das auch nur am Nachmittag. Man muss also ein **Taxi** von Ágios Nikólaos nach Ormós Panagías nehmen, wenn man die Ausflugsschiffe benutzen will.

Pirgadíkia

Reiseatlas: S. 238, A 1
14 km sind es von Ágios Nikólaos bis zum nächsten Küstenort, **Pirgadíkia** (330 Einwohner), der schon nicht mehr an der Ostküste der Sithonía, sondern am Übergang zur Áthos-Halbinsel liegt. Er ist deutlich zweigeteilt. Einige Häuser stehen am kleinen Fischerhafen mit seinen guten Fischtavernen, das eigentliche Dorf aber liegt abseits auf einem steil aufsteigenden Halbinsel-Plateau östlich des Hafens. Das rechtwinklige Straßennetz lässt wieder ein typisches Flüchtlingsdorf der 1920er Jahre erkennen. Schöne Sandstrände liegen im Kámbos genannten Flachland nördlich des Dorfes. Dort ragt auch die Ruine eines **Wehrturms** auf, wie er für die alten Besitzungen von Áthos-Klöstern auf der Chalkidikí typisch ist.

Von Pirgadíkia führt die Straße dann ins Binnendorf **Gomáti** und weiter zur Werftenstadt Ierissós auf der Áthos-Halbinsel.

Áthos

Blick auf den Berg Áthos

Reiseatlas S. 234/235, 239

DER WELTLICHE ÁTHOS

Über die Áthos-Halbinsel zieht sich eine fast unüberwindliche Grenze. Nördlich von ihr geht das Leben seinen gewohnten irdischen Gang, südlich davon gelten andere Regeln – die der über 1000 Jahre alten Mönchsrepublik vom Heiligen Berg. Vor dem schönsten Ort des weltlichen Teils, Ouranoúpoli, liegt die einzige bewohnte Insel der Chalkidikí: Amoulianí.

Ierissós

Reiseatlas: S. 234, C 4

Ierissós (2860 Einwohner) ist keine Schönheit. Viele Straßen in der großen Flüchtlingssiedlung sind noch nicht einmal asphaltiert, immer wieder liegen Brachen zwischen hässlichen Betonneubauten. Ierissós ist erst nach 1932 neu entstanden, nachdem ein Erdbeben die alte Siedlung zerstört hatte. 151 Todesopfer waren damals zu beklagen. Es verwundert nicht, dass am kilometerlangen Grobsandstrand meist nur Einheimische anzutreffen sind. Einzige Attraktion von Ierissós sind die **Werften** auf dem Strand unmittelbar an der Küstenstraße in Richtung Néa Róda. Hier werden hölzerne Kaikis noch auf traditionelle Art unter freiem Himmel gebaut. Nur für archäologisch besonders Interessierte lohnt hingegen die Fahrt oder Wanderung zum **Heiligtum des antiken Ouranoúpoli.** Unter zwei Wellblechdächern liegen dort die spärlichen Überreste eines antiken Heiligtums. Um hinzukommen, folgt man von der Straße nach Néa Róda aus dem braunen Wegweiser mit der Aufschrift »Sanctuary of Ancient Ouranopolis«. Am dritten derartigen Wegweiser lässt man dann seinen Wagen stehen und geht noch 200 m zu Fuß weiter.

Geldautomat: bei der National Bank nahe der Platía.

Mount Áthos: am südlichen Ortsrand an der Straße nach Néa Róda, Tel. 23 77 02 22 25, Fax 23 77 02 22 07. In einem schönen, 22 000 m² großen Garten mit hohen Bäumen, die bis an den Strand reichen. Schattige Pool-Terrasse direkt über dem Strand und dem kleinen Fischerhafen. 90 Zimmer, DZ Ü/F ab 48 €, auch pauschal buchbar.

Osterdienstag: Gedenktag *To Mávro Alóni* in Erinnerung an die Ermordung von 300 Dorfbewohnern während des Aufstands gegen die Türken im Jahr 1821. Man trifft sich auf dem gleichnamigen Hügel zu einem besonderen Tanz, dem *kangelévto.*
Profítis Ilías: 20. Juli, Kirchweihfest. Nach dem Gottesdienst gibt es ein kostenloses Essen für Dorfbewohner und Fremde, anschließend Musik und Volkstanz.

Schlachtfest: am 26. Dez. auf der Platía von Ierissós. Es gibt kostenlos Spanferkel und Wein für alle Anwesenden.

Néa Róda und Xerxes-Kanal

Reiseatlas: S. 234, C 4
Néa Róda (1200 Einwohner) ist auch nicht schöner als Ierissós. Ein Plus ist jedoch die unverbaute Sandstrandbucht **Aktí Voúlitsas** 600 m südlich vom Hafen.

Hinter Néa Róda wendet sich die Straße dann landeinwärts und verläuft durch eine Talsenke zur Westküste. Durch diese Senke ließ der Perserkönig Xerxes 480 v. Chr. einen Kanal graben, den **Diórig tou Xerxí** (s. Thema S. 126). Heute ist davon freilich nichts mehr zu sehen.

Ouranoúpoli

Reiseatlas: S. 235, D 4; 238, C 1
Bei **Tripití,** das nur aus einer Handvoll Häuser besteht, ist die Westküste erreicht. Von hier setzen Autofähren zur **Insel Amouliani** über, der einzigen ständig bewohnten Insel der Chalkidikí. Zu beiden Seiten des kleinen Anlegers erstrecken sich kilometerlange Sandstrände, die im Süden bis nach Ouranoúpoli reichen. Die ganze Strecke dorthin wird zunehmend von modernen Badehotels gesäumt, die zumeist oberhalb der Küstenstraße an den niedrigen Berghängen liegen. Nur das renommierte Hotel Eagle's Palace, z. T. im Stil eines Áthos-Klosters erbaut,

verfügt über einen direkten Zugang zum Strand.

Übergang zur Mönchsrepublik

Der letzte weltliche Ort auf der Áthos-Halbinsel ist **Ouranoúpoli** (960 Einwohner). Der Name des Ortes bedeutet auf deutsch »Himmelsstadt«. Mit seiner Lage an der Grenze zur Mönchsrepublik hat er allerdings nichts zu tun. Diesen Namen trug bereits die antike, vom makedonischen Prinzen Alexarchos 316 v. Chr. gegründete Stadt. Das heutige Ouranoúpoli wurde erst 1922/23 neu gegründet, wirkt aber weniger vom Reißbrett als die meisten anderen Flüchtlingssiedlungen. Zuvor waren Grund und Boden in diesem Gebiet Eigentum des Áthos-Klosters Va-

Für Frauen verboten – an der Grenze zur Mönchsrepublik

DER KANAL DES XERXES

Mardonios, Feldherr und Schwiegersohn des Perserkönigs Darius, führte im Jahr 492 v. Chr. einen Feldzug gegen Makedonien und machte das Königreich den Persern tributpflichtig. Auf dem Rückweg aber zerschellte seine Flotte vor dem Berg Áthos. Wie der bedeutende griechische Geschichtsschreiber des 5. Jh. v. Chr., Herodot, berichtet, versanken dabei 300 Schiffe mit 20 000 Mann.

Als Xerxes, Nachfolger des Darius auf dem Perserthron, zehn Jahre später Griechenland zu erobern plante, wollte er ein ähnliches Missgeschick verhindern. Um seiner Flotte die Umschiffung des Áthos zu ersparen, ließ er zwischen den heutigen Siedlungen Néa Róda und Tripití einen Kanal ausheben. Menschen aus den verschiedensten Völkern Asiens, die Xerxes in seinem Heer mit sich führte, mussten »unter Geißelhieben« die Erde ausheben. Jeder Völkerschaft war ein Bauabschnitt zugeteilt. Die Arbeiter hatten Ketten zu bilden und den Aushub von Mann zu Mann weiter nach oben zu reichen. Immer wieder stürzten die Seitenwände ein, weil sie von der Grabensohle senkrecht nach oben aufstiegen. Nur die Phöniker waren weise genug gewesen, den oberen Einstich doppelt so breit anzulegen wie die Grabensohle.

Herodot bezweifelt allerdings, dass der Kanalbau wirklich nötig war. Nach seiner Interpretation hätte man die Schiffe ja auch einfach über Land ziehen können. Im Kanal, dessen Planung vorsah, dass zwei Schiffe einander bequem hätten passieren können, sah er nur ein Prestigeobjekt, mit dem Xerxes seine Macht demonstrieren wollte. Ob der Kanal jemals fertig wurde, berichtet Herodot nicht. Heutige Archäologen zweifeln daran.

topedíou gewesen. Dieses Kloster ließ 1344 auch den gewaltigen **Wehrturm** am Anleger erbauen, der heute das Wahrzeichen des Dorfes ist und eine schöne Aussicht bietet (tgl. 9.30–16 Uhr). Zur besonderen Atmosphäre der Himmelsstadt tragen die Áthos-Mönche bei, die hier auf ihrem Weg von den Klöstern ins weltliche Griechenland oder auf ihrem Rückweg zwischen Schiff und Linienbus umsteigen. Die Gegensätze werden besonders augenfällig, wenn leicht geschürzte Urlauber und Mönche in der gleichen Taverne sitzen. Die meisten Tavernen von Ou-

ranoúpoli säumen an einer verkehrsfreien Promenade den Hafen. Dort kann man auch ohne Bootsführerschein Motorboote mieten, um die unbewohnten **Dreniá-Inseln** (S. 238, C 1) aufzusuchen. Außerdem stehen Taxi-Boote und Passagier-Kaikis für die Überfahrt auf die auch Gaidourónissia – »Eselsinseln« – genannten Eilande bereit. Auf der größten Eselsinsel gibt es drei Tavernen, auf einer anderen nur eine kleine Strandbar. Wer etwas sucht, findet einsame Strände und Buchten.

Ein schöner Spaziergang führt vom Hafen Ouranoúpolis auf einem auch befahrbaren Feldweg 2,3 km weit bis an die **Landgrenze der Mönchsrepublik.** Kurz vor der Grenze legen Archäologen seit 1995 die **Ruinen des Klosters Sivós** frei, eines der ältesten Áthos-Klöster. Über seinen Resten erbauten fränkische Kreuzritter im 13. Jh. eine kleine Festung, Frangokástello genannt, deren Reste noch gut sichtbar sind. Einige griechische Soldaten bewachen hier ständig die Grenze. Passierbar ist die Grenzmauer, die über die ganze Halbinsel verläuft, aber nur für Mönche oder diejenigen, die in der Mönchsrepublik arbeiten.

Athos City Travel Bureau: an der Hauptstraße, Tel. 23 77 07 11 50, Fax 23 77 07 13 93, www.athos-city.gr.
Geldautomat der ATE-Bank im Zentrum nahe der Hauptstraße

Eagle's Palace: an der Straße von Tripití nach Ouranoúpoli, 4,5 km außerhalb, Tel. 23 77 03 10 70, Fax 23 77 03 13 83, www.eaglespalace.gr. Eines der namhaftesten Hotels Griechenlands, zwischen viel Grün oberhalb des Meeres gelegen. Von außen größtenteils wie ein Áthos-Kloster wirkend, bietet es Zimmer und Bungalows in üppigem Garten. Erstklassiger Service auf internationalem Niveau, Pool, Tennis, Wassersportzentrum. 170 Zimmer und Bungalows, DZ Ü/F ab 140 €, auch pauschal buchbar.
Skítes: an der unbefestigten Uferstraße von Ouranoúpoli zur Grenze der Mönchsrepublik, Tel. 23 77 07 11 40, Fax 23 77 07 13 22, www.skites.gr. Absolut ruhig inmitten eines wild wuchernden Gartens gelegene Bungalows, gut Deutsch sprechende Inhaberin. Kleiner Pool direkt am Steilufer über dem schmalen, steinigen Strand. 21 Zimmer, DZ Ü/F ab 90 €, auch pauschal buchbar.

Xénia: am Ortseingang aus Richtung Tripití zwischen Hauptstraße und Strand, Tel. 23 77 07 14 12, Fax 23 77 07 13 62, www.papcorp.gr. Das älteste Hotel im Ort, einst staatlich, jetzt in Privatbesitz. Mit altem Garten direkt am Strand und Pool, nur 300 m vom Hafen entfernt. 40 Zimmer, DZ Ü/F ab 60 €, auch pauschal buchbar.
Drosinós: von Tripití kommend im Ort gleich hinter der Jet-Oil-Tankstelle nach links, dann in die nächste Gasse wieder nach links, Tel. 23 77 07 11 78, ganzj. Der Fischer Níkos und aus Nürnberg stammende Frau Luisa vermieten in ihrem eigenen Wohnhaus. Wer länger bleibt, kann mit Níkos zum Fischen hinausfahren. 6 Zimmer, 1 Apartment, DZ ab 25 €.
Lásaros Antonákis: am Ende der Hafenpromenade, Tel./Fax 23 77 07 13 66. Moderne Pension oberhalb des Cafés Alkionídes. Geräumige Zimmer, z. T. mit Meerblick. 8 Zimmer, DZ ab 25 €.

Camping
Camping Ouranoúpoli: Zentrumsnah am Strand, Tel. 23 77 07 11 71, April–Okt. Schattiger Platz für Zelte, Wohnwagen und Wohnmobile, behindertenfreundlich, Bar, Restaurant, Wassersportzentrum am Strand. 78 Stellplätze.

Kritikós: reicht vom kleinen Platz unterhalb der Hauptstraße im Ortszentrum bis zur Uferpromenade. Eine der besten Fischtavernen Griechenlands. Große Auswahl an Schalentieren und Meeresfrüchten. Teuer.

Bratserá: Am nördlichen Ende der autofreien Uferpromenade. Große Holzterrasse mit Bartresen, direkt am Wasser, junges Publikum. Gespielt wird überwiegend griechische Musik, getanzt nur selten.

Motorbootverleih: an der Hafenpromenade. Für Fahrten (ohne Bootsführerschein) zu den unbewohnten Dreniá-Inseln.

Taxi-Boote und **Passagier-Kaikis:** an der Hafenpromenade. Überfahrt zu den »Eselsinseln«, s. S. 126.

Wandern: Der ausgeschilderte Rundwanderweg 14 führt 9 km lang vom Hafen entlang der Küste zur Klosterruine Sivós und durchs Binnenland zurück.

Mehrere **Wassersportzentren** vor den Großhotels entlang der Uferstraße zwischen Tripití und Ouranoúpoli.

 Linienbusverbindung: mit Thessaloníki, Tripití, Néa Róda, Ierissós, Nikíti, Metamórfossi, Gerakiní und Polígiros 8 x tgl. Wer als Visuminhaber die Fähre nach Dafní/Mönchsrepublik Áthos erreichen will, muss den Bus um 6 Uhr ab Thessaloníki nehmen.

Amouliani

Reiseatlas: S. 234, C 4; 238, B/C 1

Die nur 12 km² kleine und maximal 250 m hohe Insel, zwei Seemeilen vor der Küste der Áthos-Halbinsel gelegen, scheint für erholsame Strandferien wie geschaffen zu sein. Ihre 550 Bewohner leben alle im einzigen Inselort, der erst nach 1923 neu gegründet wurde. Im geschützten Hafen liegen nicht nur kleine Fischerboote und Jachten, sondern nachts auch Ausflugsboote, die tagsüber an der Küste des Áthos kreuzen. Vier Pferdekutschen pendeln in zwölf Minuten zwischen dem Fähranleger und dem 800 m langen **Sandstrand Alikés** auf der anderen Inselseite. Sie fahren dabei auf Feldwegen durch eine Senke, die im Winter ein kleiner Salzsee ausfüllt. Früher wurde das Salz abgebaut, heute ist das nicht mehr rentabel. Am Strand werden Kanus und Tretboote vermietet, ein großer Campingplatz liegt unter schattigen Bäumen; ansonsten ist der Strand noch völlig naturbelassen. Weitere kleine Sand- und Kiesstrände erstrecken sich 1 bis 4 km vom Ort entfernt an der Nordostküste der Insel und sind zu Fuß oder per Fahrrad leicht zu erreichen. Besichtigungsprogramme muss man auf Amouliani nicht absolvieren, denn außer dem **ehemaligen Wehrturm** am Hafen (heute Bar Arsanás) aus dem 19. Jh. gibt es auf der Insel keinerlei historische Gebäude.

Ein Paradies ist Amouliani dennoch nicht. Da es nur zwei Autostunden von Thessaloníki entfernt liegt, haben hier viele Städter Ferienwohnungen und -häuser gekauft; seit Beginn der 1990er Jahre sind auch erste Hotels entstanden. Im August schwillt die Einwohnerzahl der Insel von 600 auf bis zu 10 000 an. Die meisten Griechen kommen mit dem Wagen, obwohl man den auf der Insel wahrhaftig nicht braucht – und junge Leute bringen ihre Mopeds und Motorräder als unerschöpfliche Lärmquellen mit. Trinkwasser wird in dieser Zeit extrem knapp. Tankschiffe bringen es vom Festland her; eine Wasserleitung zum Festland ist zwar schon lange im Gespräch, lässt aber auf sich warten. Fazit: Amouliani ist während der Vor- und Nachsaison für ein paar ruhige Urlaubstage gut, im Juli und August aber völlig überfüllt.

Mit dem Ausflugsboot lässt es sich an der Mönchsrepublik Áthos entlangschippern

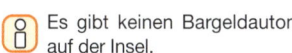 Es gibt keinen Bargeldautomaten auf der Insel.

Agioníssi Resort: 2 km östlich vom Dorf gelegen, Tel. 23 77 05 11 02, Fax 23 77 05 11 80, www.papcorp.gr. Aus mehreren Gebäuden bestehende, isoliert am Hang gelegene Anlage mit Pool, Tennisplatz und Fitnessraum. 300 m vom nächsten Strand entfernt. 68 Zimmer, DZ Ü/F ab 60 €.

Sun Rise: auf dem Hügel, an dem das Inseldorf liegt, weithin sichtbare Leuchtreklame, Tel. 23 77 05 12 73, Fax 23 77 05 11 74. Zentral gelegenes Hotel, gut für eine Zwischenübernachtung. 46 Zimmer, DZ Ü/F ab 50 €.

Archontaríki: in einer Seitengasse der Hauptverkehrsstraße, Tel./Fax 23 77 05 12 07, ganzj. Trotz der zentralen Lage ruhige Pension, nur 200 m vom Meer. 11 Zimmer, DZ Ü/F ab 45 €.

Camping
Camping Alikés: Tel./Fax 23 77 05 13 79, Mai–Sept. Schattiger Platz am gleichna-

migen Strand. Bar, Restaurant. 53 Stellplätze.

O Jánis: über dem Stadtstrand. Gepflegtes Restaurant mit großer Terrasse, griechische und internationale Küche, frischer Fisch. Moderat.
O Vasílis: am Hafen. Insbesondere bei Einheimischen beliebte Taverne mit Hafenblick. Moderat.
Klimatária: an der Hauptverkehrsstraße, ca. 100 m vom Anleger. Metzgereitaverne, in der man sein Fleisch, ob Lamm, Zicklein oder Spanferkel, nach Gewicht bestellt. Preiswert.
Ágios Geórgios: am gleichnamigen Strand, etwa 2,5 km nordöstlich vom Ort. Sehr einfache Strandtaverne mit nur durchschnittlichem Essen, aber besonders freundlichen Wirtsleuten alten Schlages. Preiswert.

Hacienda: an der Hauptverkehrsstraße in Richtung Alikés. Diskothek, in der in den Sommermonaten auch öfter griechische Live-Musik gespielt wird.

129

Wassersportzentrum mit Motorbootvermietung: am Alikés Beach.

 Fährverkehr mit Tripití: im Sommerhalbjahr tgl. mindestens 7 x, Mo bis Do ca. 7–20 Uhr, Fr–So 7–21 Uhr. Preis der einfachen Überfahrt für Personen ca. 0,65 €, für Pkw ca. 8 €, für Motorräder ca. 1 €.

Alle **Linienbusse** von und nach Ouranoúpoli halten in Tripití.

Nach Olimbiáda

Der schnellste Weg von der Áthos-Halbinsel nach Thessaloníki führt am Golf von Ierissós entlang und dann über Arnéa durch das chalkidische Binnenland. Schon 1 km hinter dem Ortsendeschild von Ierissós ragt hinter einer Mobil-Tankstelle die Ruine eines Wehrturms der Áthos-Klöster auf, dann geht es durch eine Oleanderallee weiter gen Norden. Voraus taucht schon das waldreiche Hügelland des 832 m hohen Stratonikó-Gebirges auf. Bei **Stratóni** (1200 Einwohner) teilt sich die Straße. Die Hauptroute führt weiter nach Arnéa und Thessaloníki, eine Nebenroute nach Stratóni hinein und weiter über Olimbiáda nach Kaválla. Stratóni ist ein unattraktives Bergbaustädtchen ganz ohne Tourismus. Hier werden Blei und Zink aus Minen im Hinterland verschifft.

Die Straße führt von Stratóni an der Küste entlang weiter; dabei ergeben sich schöne Blicke zurück auf die Áthos-Halbinsel. Später machen dann Muschelverkaufsstände am Straßenrand darauf aufmerksam, dass in dieser Region Menschen von der Mu-

schelzucht leben. Zum Baden lockt der von Felsen und Bäumen eingerahmte **Sandstrand Próti Ammoudiá** mit seinem flach abfallenden Grobsandufer. Schon von hier aus sind die Ruinen des antiken **Stágira** zu sehen, die auf der kleinen, nördlich des Strandes vorspringenden **Halbinsel Liotópi** liegen. Von der Küstenstraße zweigt wenig später ein Feldweg auf die Halbinsel ab, nur wenige hundert Meter weiter ist der Küstenort Olimbiáda) erreicht.

Olimbiáda

Reiseatlas: S. 234, B 2
Olimbiáda (700 Einwohner) ist außer an Sommerwochenenden und während des griechischen Ferienmonats August ein recht stiller Ort ohne jedweden ausländischen Pauschaltourismus. Ein Sandstrand zieht sich unmittelbar vor dem Ort entlang und reicht viele unverbaute Kilometer weiter nach Norden. Das gesellige Leben spielt sich hauptsächlich entlang der kurzen Strandpromenade ab.

Die Ausgrabungen des antiken **Stágira** auf der Halbinsel Liotópi haben dem Ort in letzter Zeit viele Erwähnungen in der internationalen Presse eingebracht. Vermutlich wurde hier 384 v. Chr. Aristoteles geboren, der neben Platon bedeutendste Philosoph der griechischen Antike. Die etwa 2 km lange Stadtmauer ist mitsamt ihren drei Türmen besonders gut erhalten, außerdem sind vor allem Grundmauern von Wohnhäusern, eine 40 m lange Wasserleitung aus Tonröhren, eine 4 m tiefe Zisterne und geringfügige Reste kul-

Kleines Paradies in der Vor- und Nachsaison – die Insel Amouliĭ

tischer und öffentlicher Bauten erhalten. Die von der EU finanziell geförderten griechischen Ausgrabungen dauern noch an.

Germany: an der Hauptstraße am Ortseingang aus Richtung Chalkidikí, Tel. 23 76 05 13 62, Fax 23 76 05 12 55, www.chalkidiki.de/germany.html. Die sehr gut Deutsch sprechende Familie Sárris-Karakósta vermietet nicht nur in ihrem kleinen Hotel direkt am Strand, sondern auch im Haus Liotópi auf der anderen Straßenseite. Das Erdgeschoss des Strandhotels nimmt eine erstklassige Taverne mit riesiger Auswahl an griechischen Spezialitäten ein. Wer mag, kann sich hier sein Essen und seine Drinks auch direkt an den Liegestuhl am Strand bringen lassen. Wer Halbpension bucht, hat freie Auswahl unter allen angebotenen Gerichten. 16 Zimmer am Strand, 20 Studios im Haus Liotópi, DZ mit HP ab 60 €. Taverne: preiswert.

Kirchweihfest: 6./7. Juli. An beiden Abenden treten Tanzgruppen aus ganz Griechenland auf. Kostenlose Bewirtung aller Gäste mit Wein und Sardinen.

Linienbusverbindung: zwischen Olimbiáda und Thessaloníki im Hochsommer bis zu 18× tgl. (Achtung: Abfahrt nach Olimbiáda in Thessaloníki nicht am Chalkidikí-Busbahnhof, sondern am Busbahnhof Odós Polizoïdi/Irínis. Die Busse fahren nicht über Arnéa, sondern über Stavrós und die E 90).

MÖNCHSREPUBLIK ÁTHOS

Mönche am Steuer eines Unimogs, mit dem Handy oder Laptop in der Hand sind auf dem Heiligen Berg längst kein ungewöhnlicher Anblick mehr. Gleichzeitig hat aber eine Rückbesinnung auf die traditionellen Werte des Mönchtums eingesetzt, die den Áthos wiederbelebt und ihn auch für gebildete junge Männer attraktiv macht.

Die Republik der Klöster im 21. Jh.

In der Mönchsrepublik Áthos leben zur Zeit etwa 2300 Mönche; die Tendenz ist steigend. Sie alle gehören einem der 20 Áthos-Klöster an, deren Zahl seit 1924 gesetzlich festgeschrieben ist. Schon beim Vorüberfahren, erst recht aber beim Durchwandern des Heiligen Berges sieht man freilich weitaus mehr kleine und große Gebäude. Die Klöster sind nämlich nicht die einzigen Wohnstätten von Mönchen auf dem Áthos. Ihnen unterstehen auch zwölf *Skiten* und eine Reihe von *Kellien.*

Skiten sind einem winzigen Dorf ähnliche Mönchssiedlungen. In jedem ihrer Häuser leben drei bis sechs Mönche und Novizen in einer Gemeinschaft zusammen. Sie haben jeweils ihre eigene kleine Kapelle und bleiben beim Essen außer an hohen Festtagen unter sich. Zu jeder *skíti* gehört aber auch eine gemeinsame Kirche. Jede Skíti wird von einem Prior geleitet, der dem Mutterkloster gegenüber verantwortlich zeichnet.

Kellien sind eine Art Einzelgehöfte, in denen wie in einer Skíti höchstens sechs Mönche und Novizen zusammenleben. Sie sind einem Mutterkloster zugeordnet, können Lebensweise und Tagesablauf aber sehr viel individueller gestalten als das in größeren Mönchsgemeinschaften möglich ist. Früher lebten auf dem Áthos auch noch eine Reihe von Einsiedlern, die ganz allein in der Wildnis hausten, sowie Wandermönche, die überhaupt kein festes ›Heim‹ hatten. Sie gibt es heute nicht mehr.

Keine Orden

Orden wie z. B. die Franziskaner, Benediktiner oder Dominikaner in der katholischen Kirche gibt es im orthodoxen Raum nicht. So besitzen auch nur die wenigsten Klöster ausführliche, schriftlich niedergelegte Regelwerke. Man hält sich an die grundlegenden Regeln des frühchristlichen Kirchenvaters Basilios von Cäsarea und eigene Traditionen. Zwei höchst unterschiedliche Grundrichtungen gibt es den-

Die Mönchsrepublik im 21. Jh.

noch: Idiorrhythmie und Kinovie. In idiorrhythmischen Klöstern behält jeder Mönch sein Privateigentum, muss aber auch für sich selbst sorgen. Dadurch entstehen große soziale Unterschiede. Manche Mönche darben, andere können sich sogar Diener erlauben. In idiorrhythmischen Klöstern nehmen die Mönche nur an hohen Festtagen ihre Mahlzeiten gemeinsam ein, ansonsten kocht jeder, was er mag und sich leisten kann.

Seit 1990 gibt es auf dem Heiligen Berg keine idiorrhythmischen Klöster mehr. Hier leben alle Mönche nach kinovitischen Prinzipien. Sie haben ein Gelübde der Armut, Keuschheit und des Gehorsams gegenüber dem Abt abgelegt, nehmen alle Mahlzeiten gemeinsam ein und halten sich an strenge Fastenregeln.

Vielfalt

Nicht alle Klöster und Mönche auf dem Berg Áthos sind griechisch-orthodox. Je ein Kloster ist russisch-, bulgarisch- und serbisch-orthodox; außerdem gibt es eine rumänisch-orthodoxe Skíti. Seit 1924 müssen jedoch alle ausländischen Mönche, die sich auf dem Berg Áthos niederlassen, zwangsweise die griechische Staatsbürgerschaft annehmen. Damit hat die griechische Regierung jeder ›Überfremdung‹ des Heiligen Berges einen Riegel vorgeschoben. Auch heute noch steht man den Nicht-Griechen in Athen sehr skeptisch gegenüber. Als russische Mönche vor einigen Jahren den ökumenischen Patriarchen aus ihrem Fürbittegebet strichen, weil der der Übernahme des

Gregorianischen Kalenders – statt des Julianischen Kalenders – auf dem Berg Áthos zugestimmt hatte, setzte die Regierung Polizisten gegen die Russen ein und verbannte sie vom Heiligen Berg; die russische Skíti Ilías bewohnen heute griechische Mönche.

Außer Mönchen und Novizen leben inzwischen auch zahlreiche griechische Zivilisten zumindest zeitweise in der Mönchsrepublik. Dazu gehören nicht nur die Tavernenwirte in Kariés und Dáfni, sondern vor allem Wald- und Bauarbeiter. Viele Klöster bessern mit dem Abholzen von Wäldern ihren Etat auf. Für den Abtransport der Hölzer wurden unbefestigte Straßen angelegt, die inzwischen fast alle Klöster erschließen. Über 100 Pkw und Lkw sind auf dem Berg Áthos zugelassen – das Kennzeichen AO auf dem Nummernschild bedeutet Ágios Óros. Die Klöster selbst, die griechische Regierung und die Europäische Union sind zudem bemüht, die Klosterbauten auf dem Áthos zu restaurieren und zu modernisieren; allein die EU hat dafür über 8 Mio. € bereitgestellt.

Verwaltung

Der griechische Staat ist in der Mönchsrepublik mit zahlreichen Repräsentanten vertreten. Die Post, die Telegrafengesellschaft OTE und die Elektrizitätsgesellschaft DEI haben hier Mitarbeiter stationiert, es gibt Ärzte und Apotheker. Die eigene Áthos-Polizei wird durch die staatliche Polizei unterstützt, Zöllner und Hafenpolizei sind in Dáfni ansässig. In Kariés residiert zudem der staatliche Gouverneur als Bindeglied zwischen der griechischen Regierung und den Selbstverwaltungsorganen der Mönchsrepublik.

Deren oberstes Organ ist die *ierá kinótis,* die Heilige Gemeinschaft. Jedes der 20 Klöster entsendet einen jeweils für ein Jahr gewählten Vertreter in diese Art Parlament. Es tagt dreimal wöchentlich in Kariés, wo jedes Kloster ein *konáki* als Repräsentanz unterhält. Die Ierá Kinótis regelt das Zusammenleben der Klöster untereinander und ist für die Beziehungen zum Ökumenischen Patriarchat in Istanbul sowie zur griechischen Regierung zuständig. In die inneren Angelegenheiten der einzelnen Klöster mischt es sich nicht ein; dort hat ein auf Lebenszeit gewählter Abt das Sagen.

Für die Tagesarbeit zuständig ist die *ierá epistassiá,* die »Heilige Vorsteherschaft«. Ihr gehören vier Mitglieder an; sie sind vor allem für die Aufrechterhaltung der öffentlichen Ordnung zuständig und führen das Siegel der Mönchsrepublik. Die Ierá Epistassiá wird im Fünfjahresrhythmus jeweils für ein Jahr von je einem Vertreter der Klöster einer *Tetrade* gestellt. Jeder der fünf Tetraden des Áthos sind vier Klöster zugeordnet.

Alltag

Der Alltag der Mönche ist von Gebeten, Gottesdiensten und Arbeit geprägt. Anders als in vielen katholischen Klöstern spielen soziale Aufgaben oder gar Mission keine Rolle. In orthodoxen Klöstern sind alle Sinne nach innen gerichtet. Gott näher zu kommen, ist das einzige Ziel. Im Mittelpunkt stehen dabei die beiden gemeinschaftlichen Gottesdienste am frühen Morgen und am späten Nachmittag. Mittwoch und Freitag sind Fastentage, an denen die Mönche nur eine einzige dürftige Mahlzeit zu sich nehmen; die Fastenregeln für die Zeit vor Ostern werden streng eingehalten. Das Arbeitsspektrum der Mönche ist breit gefächert. Einige widmen sich der Landwirtschaft, andere sind als Handwerker tätig. Man zieht Kerzen, webt Stoffe für liturgische Gewänder, stellt fromme Holzschnitzereien her, malt Ikonen oder geht fischen.

Lange Tradition

Eremiten lebten auf der Halbinsel Áthos wahrscheinlich schon nach der Zerstörung der antiken Städte im 7. Jh. 843 werden die frommen Männer vom Berg Áthos erstmals schriftlich erwähnt. 963 gründete Athanássios aus Trapezunt dann mit Hilfe des byzantinischen Kaisers Nikephóros Phókas die Megístis Lávras als erstes Kloster. Noch im gleichen Jahrhundert erfolgte die Gründung der heute noch bestehenden Klöster Vatopedíou und Ivíron. 980 ließen sich auch Benediktinermönche aus Amalfi auf dem Áthos nieder – die Kirche war damals ja noch nicht gespalten.

Blütezeit und Niedergang

Im 11. Jh. wurden zehn weitere Klöster gegründet. Viele Mönche aus wohlhabenden Familien brachten große Vermögen in die Gemeinschaft ein, überließen den Klöstern Ländereien in den

STREITOBJEKT KALENDER

An den Wänden griechischer Wohnungen, Büros und Geschäfte hängen Kalendarien, die mit den unseren fast identisch sind. Auch in Griechenland und sogar auf dem Berg Áthos hat das Jahr dreimal hintereinander 365 und dann einmal 366 Tage. Die Schaltjahre sind sogar identisch.

In den meisten Jahren bemerkt man aber einen Unterschied: Die beweglichen Feiertage fallen in Griechenland nur selten auf denselben Termin wie bei uns. Sie können identisch sein, aber auch bis zu fünf Wochen später liegen. Die unbeweglichen Feiertage hingegen fallen in fast ganz Griechenland immer auf das selbe Datum wie bei uns – nur in der Mönchsrepublik Áthos nicht.

Der Grund dafür sind zwei unterschiedliche Systeme der Zeitrechnung: Der julianische Kalender des römischen Diktators Gaius Julius Cäsar aus dem Jahr 45 v.Chr. und der gregorianische Kalender, eingeführt 1582 von Papst Gregor XIII. Die orthodoxe Kirche zieht für die Berechnung des Ostertermins immer noch den alten julianischen Kalender zu Rate, die westlichen Kirchen aber berechnen ihn nach dem gregorianischen.

Cäsar hatte bemerkt, dass der alte Kalender der römischen Republik zu ungenau war – und die Astronomen des Papstes stellten fest, dass auch der des Cäsar nicht ganz mit dem Sonnenumlauf übereinstimmte. Der Fehler lag in der Berechnung der exakten Länge eines Jahres. Cäsar hatte sie mit 365,25 Tagen angesetzt, Gregor XIII. korrigierte die Zahl auf 365,242199 Tage. Der Irrtum des Cäsar hatte dazu geführt, dass der Kalender der Sonne pro Jahr um elf Minuten und 14 Sekunden vorausrannte. Das macht in 1000 Jahren immerhin sieben Tage Zeitdifferenz aus.

Genau diese 14 Tage Differenz im Verlauf von nunmehr gut 2000 Jahren sind dafür verantwortlich, dass die orthodoxe Welt die beweglichen Feste in den meisten Jahren später feiert als der Westen. Ihr Termin hängt nämlich vom Ostertermin ab. Und der liegt immer am ersten Sonntag nach dem ersten Vollmond im Frühling. Für die Orthodoxie zählt erst ein Vollmond ab dem 4. April als erster Frühlingsvollmond – während der Westen schon einen ab dem 21. März erscheinenden Vollmond als solchen betrachtet. Dass dann die anderen beweglichen Feiertage, insbesondere also Rosenmontag, Christi Himmelfahrt und Pfingsten, vom Termin des Osterfestes abhängen, ist in allen christlichen Kirchen gleich.

Auf dem Berg Áthos setzen die Mönche der Kalender-Verwirrung das i-Tüpfelchen auf. Sie weigern sich auch, die an ein festes Datum gebundenen Feiertage – also z.B. Weihnachten – nach dem gregorianischen Kalender zu feiern, so wie es die übrige Orthodoxie tut. Deswegen werden auf dem Berg Áthos alle festen Feiertage zurzeit 14 Tage später begangen als im Rest Griechenlands. In 1000 Jahren werden die Mönche diese Feste drei Wochen später feiern – und erst in 49 000 Jahren wieder zeitgleich mit allen anderen.

135

verschiedensten Ländern. Stiftungen byzantinischer Kaiser und später auch anderer Fürsten wie z. B. die des Serbenkönigs und der russischen Zaren machten die Áthos-Klöster zu Großgrundbesitzern. Schlechtere Zeiten setzten erst 1430 mit der Einnahme Makedoniens durch das Osmanische Reich ein. Die auf dem Áthos stationierten Gouverneure und Soldaten respektierten zwar die Traditionen der Mönche und brachten z. B. weder

Frauen noch weibliche Haustiere mit, die Klöster wurden aber hart besteuert. Als sich Griechenland 1821 gegen die Türken erhob, schlossen sich auch viele Mönche dem Freiheitskampf an. Nach der schnellen Niederlage auf der Chalkidikí entvölkerte sich der Áthos. 1826 lebten nur noch 600 Mönche dort. Nach 1830 setzte eine Wiederbelebung ein, die vor allem von der russischen Orthodoxie ausging. Zahlreiche neue Mönche kamen aus Russland,

Das so genannte Russenkloster
Moní Ágiou Pantelímonou

gen im ehemaligen Zarenreich. Nach 1922 wurden ihnen dann auch ihre Ländereien in Kleinasien genommen und der Neuansiedlung der griechischen Flüchtlinge wegen ihr Landbesitz in Griechenland weitgehend enteignet. Die Klöster verarmten. Ihre schlimmste Zeit erlebten sie während des griechischen Bürgerkriegs (1944 bis 1949), in dem kommunistische Partisanen mehrfach auf dem Áthos einfielen, Mönche ermordeten, Gebäude in Brand setzten und Kunstschätze plünderten.

Ein neuer Aufschwung setzte erst 1963 durch die 1000-Jahr-Feier ein, die diese besondere Welt wieder stärker ins öffentliche Bewusstsein brachte. Heute scheint die Zukunft der Mönchsrepublik gesichert.

Die Klöster in Stichworten von A bis Z

Moní Ágiou Pantelímonou

Reiseatlas: S. 239, E 2
Russisch-orthodoxes Kloster unmittelbar an der Westküste in der Nähe des Hafenorts Dáfni. Um 1900 lebten hier über 2000 Mönche; nach dem Ende der kommunistischen Ära erhielt es neuen Zustrom. 1968 wurde ein Teil der Gebäude durch Feuer zerstört, aber noch immer ist die Größe der Anlage eindrucksvoll. Wertvollster Besitz ist eine **Ikone des hl. Pantelímonos** an der ganz mit Gold überzogenen Ikonostase; Tel. 23 77 02 32 52.

der Áthos entwickelte sich zu einem der beliebtesten Pilgerziele russisch-orthodoxer Christen. 1903 lebten auf dem Áthos etwa 3300 griechisch-orthodoxe und fast 3500 russisch-orthodoxe Mönche.

Säkularisation

Die Oktoberrevolution setzte dieser Entwicklung ein Ende. Zugleich verloren die Klöster dadurch ihre Besitzun-

137

Moní Ágiou Pávlou
(Ágios Pávlos)

Reiseatlas: S. 239, E 2

Im Süden der Westküste vor hohen Felswänden. Ursprünglich war es eine Skíti des Klosters Xirapotámou, seit 1404 eigenständiges Kloster. Heiligste Reliquie sind die Myrrhenkörner, die die Heiligen Drei Könige einst dem Jesuskind als Geschenk darbrachten. Äußerst bemerkenswerte Fresken von 1423 in der **Kapelle Ágios Geórgios.** Äußerlich ist das Kloster weniger attraktiv, da es größtenteils nach einem Brand im Jahr 1902 neu errichtet wurde; Tel. 23 77 02 33 55.

Moní Chiliandaríou

Reiseatlas: S. 235, E 4

Serbisch-orthodox, 1197 gegründet. Abseits der Küste liegt das nur selten von Pilgern besuchte Kloster wie eine Festung in einem bewaldeten Tal. Der serbische Kriegsverbrecher Karadžić erwog zeitweilig, hierher ins Exil zu gehen. Im **Refektorium** Wandmalereien im serbischen Stil aus dem Jahr 1623, in der **Klosterkirche** sind Fresken von 1320 beachtenswert. Ein Neubau birgt eine große Ikonensammlung; besonders schöner Innenhof; Tel. 23 77 02 32 81.

Moní Dionisíou

Reiseatlas: S. 239, E 2

1374 gegründetes Kloster an der Westküste auf einem 80 m hohen Felsen direkt über dem Meer. Abenteuerliche, achtgeschossige Bauweise; zahlreiche Balkone und über den Abgrund ragende Wohnteile ruhen nur auf hölzernen Spreizbalken. In der **Klosterkirche** Fresken im kretischen Stil aus den Jahren 1546/47; Fresken gleichen Stils auch im **Refektorium.** Dort befinden sich auch berühmte Fresken mit der Apokalypse als Thema, für die Holzschnitte von Hans Holbein und Lucas Cranach d. Ä. als Vorlage gedient haben sollen. Bedeutende **Bibliothek** mit über 1000 Handschriften und über 5000 alten Druckschriften; Tel. 23 77 02 32 72.

Moní Dochiaríou

Reiseatlas: S. 239, E 1

Nördlichstes Kloster an der Westküste, nur wenige Schritte vom Anleger entfernt. 1030 erstmals urkundlich erwähnt. Die **Klosterkirche** birgt den am besten erhaltenen Freskenschmuck aller Áthos-Klöster. Im Kloster striktes Fotografierverbot; Tel. 23 77 02 32 45.

Moní Esfigménou

Reiseatlas: S. 239, E 4

Zwischen zwei bewaldeten Hügeln direkt an der Ostküste gelegen, 1030 erstmals urkundlich erwähnt. Hier entdeckte der französische Forscher Didron im 19. Jh. eine Kopie vom »Malerhandbuch vom Berg Áthos«, eine der wichtigsten Quellen zum Verständnis der Ikonenmalerei. Die **Klosterkirche der Himmelfahrt Christi** und ihre farbenprächtigen Wandmalereien stammen aus dem frühen 19. Jh.; Tel. 23 77 02 32 82.

FÜR FRAUEN TABU – DER BERG ÁTHOS

Keine Frau und kein weibliches Haustier darf die Mönchsrepublik Áthos betreten. Das Gebot wurde bisher immer eingehalten; nur während des griechischen Bürgerkriegs (1944–1949) sollen kommunistische Partisaninnen provokativ eingedrungen sein.

Mit Diskriminierung alles Weiblichen hat das Verbot nichts zu tun. Das *avaton*, das Gesetz von der Unbetretbarkeit, hat seine Wurzeln schon in den Zeiten des Kaisers Justinian I. (reg. 527–565). In seiner Gesetzessammlung, dem »Codex Justinianus«, ist zu lesen: »Indem Wir für die Würde der hochheiligen Kirchen und der andächtigen Klöster sorgen, untersagen Wir allen Klosterbewohnern, mit Angehörigen des anderen Geschlechts zu verkehren oder nach irgendeiner Gelegenheit zu suchen, bei der sie mit denselben zusammen sein können.«

Das Verbot richtet sich also nicht nur gegen Frauenbesuche in Mönchsklöstern, sondern auch gegen Männerbesuche in Nonnenklöstern. Respektiert wird es nicht ausschließlich auf dem Heiligen Berg: Auch im übrigen Griechenland und auf Zypern gibt es Männerklöster, die keine Frau betreten darf (z. B. das Kloster Stavrovoúni auf Zypern und das Kloster Longovárdas auf Páros) oder Nonnenklöster, die keinen Mann außer ihren Priester einlassen (z. B. das Kloster Christoúgenou bei Árgos auf dem Peloponnes und die meisten Frauenklöster auf Páros). Das Verbot weiblicher Haustiere ist dagegen etwas jünger. Es wurde 972 erstmals schriftlich fixiert. Eine Ausnahme gilt nur für Mönche, die Ikonen malen: Da sie für ihre Arbeit ganz frisches Eidotter benötigen, dürfen sie als einzige Hühner halten.

Für die strikte Einhaltung des Verbots auf dem Berg Áthos werden ganz unterschiedliche Gründe angeführt. Nach dem Verständnis der Mönche ist der Heilige Berg ja ein Geschenk des Kaisers an die Gottesmutter, die heilige Jungfrau Maria. Manchmal hört man, sie dulde keine Konkurrenz neben sich, und führt dann als Beweis an, dass ja auch keine Kirche auf dem Áthos einer anderen Frau als eben der Panagía geweiht sei. Plausibler erscheint jedoch eine sehr weltliche Begründung: Die Mönche sollen nicht in Versuchung geführt werden.

Frei von weiblicher Präsenz ist der Áthos allerdings nicht. Mehrere Klöster verwahren Gebeine weiblicher Märtyrerinnen als Reliquien, auf Ikonen erscheinen weibliche Heilige und sogar zarte Jungfrauen als Begleiterinnen Mariens, das Malerhandbuch vom Berg Áthos gibt genaue Anweisungen zum Malen heiliger Frauen.

Dennoch, es mag unter den Mönchen durchaus ›Frauenfeinde‹ geben – wie überall auf Erden. Einen solchen hat Níkos Kazantzákis getroffen, als er den Berg Áthos besuchte. Er fragte einen Mönch, der zu kontrollieren hatte, ob im Hafen von Dáfni einreisende Fremde eventuell Frauen in Männerkleidung seien, woran er sie denn erkennen würde. »Am Geruch«, war die Antwort. »Riechen denn Frauen anders, heiliger Vater?«, fragte Kazantzákis erstaunt und wollte wissen: »Wie denn?«. »Wie Stinktiere«, antwortete der Mönch.

Moní Filothéou

Reiseatlas: S. 239, E 2
Schon im 10. Jh. gegründetes, 1021 erstmals inschriftlich erwähntes Kloster auf 533 m Höhe über der Ostküste. Die meisten Bauten stammen aus dem 18. Jh. 1973 vom idiorrhythmischen Prinzip zum kinovitischen zurückgekehrt; Tel. 23 77 02 32 56.

Moní Grigoríou

Reiseatlas: S. 239, E 2
Relativ junges Kloster aus dem 14. Jh. an der Westküste. Die vielgeschossigen Gebäude stehen auf Küstenfelsen unmittelbar am Wasser. Wandmalereien in der **Klosterkirche** aus dem 18. Jh., im Narthex aus dem 19. Jh. Hier hängt eine gerade für den Áthos ungewöhnliche, etwa 500 Jahre alte Ikone mit der äußerst seltenen Darstellung der *Panagía Galaktotróphoussa,* der »Stillenden Gottesmutter« (lat.: *Maria lactans*); Tel. 23 77 02 32 18.

Moní Ivíron

Reiseatlas: S. 239, E 1
Nach Koutloumousíou liegt das Großkloster an der Ostküste Kariés am nächsten und ist daher viel besucht. 980 gegründet, schön über dem Meer gelegen. Von besonderem Interesse sind die Fresken aus dem späten 17. Jh. im Narthex der Portaítissa-Kapelle im Innenhof: Dort sind mehrere Persönlichkeiten der heidnischen Antike als weise, weltliche ›Vorläufer‹ des Christentums dargestellt, darunter Platon und Aristoteles, Sophokles und Thukydides, sogar der Perserkönig Darius und der Makedonenherrscher Alexander der Große; Tel. 23 77 02 36 43 (nur 10–12 Uhr).

Moní Karakálou

Reiseatlas: S. 239, F 2
Ca. 1 Std. zu Fuß abseits der Ostküste gelegenes Kloster. Die Kirche und ihre Wandmalereien stammen aus dem 18. Jh.; Tel. 23 77 02 32 25.

Moní Konstamonítou

Reiseatlas: S. 239, E 1
Kloster abseits der Westküste zwischen Weingärten, Olivenhainen und Kastanienwäldern. Überwiegend Bauten aus dem 19. und 20. Jh.; Tel. 23 77 02 32 78.

Moní Koutloumousíou

Reiseatlas: S. 239, E 1
Im Bergland des Áthos nahe Kariés gelegenes Kloster unbekannten Alters. Besonders interessant ist der im 18. Jh. entstandene Freskenzyklus »Die ganze Geisterwelt lobe den Herrn« im Exonarthex der **Klosterkirche.** Darauf sind allerlei fantastische Wesen dargestellt, u. a. auch ein barbusiger weiblicher Kentaur, ein Einhorn und allerlei Kobolde; Tel. 23 77 02 32 26.

Moní Megístis Lávras

Reiseatlas: S. 239, F 2
Ältestes und damit ehrwürdigstes aller Áthos-Klöster, 963 gegründet. Es liegt auf einem etwa 150 m hohen Felspla-

Breites Arbeitsspektrum – hier ein Mönch bei der Gartenarbeit

teau über der Ostküste unmittelbar am Fuß des Áthos-Berges, etwa 30 Gehminuten von seinem Anleger entfernt. Mit der Vielzahl seiner Bauten, Türme und wehrhaften Mauern wirkt es wie eine mittelalterliche Stadt. Die Fresken in der Klosterkirche, im kretischen Stil gemalt, stammen von 1535; die **Klosterbibliothek** verwahrt besonders viele historische Dokumente, Handschriften und wertvolle Bücher; Tel. 23 77 02 33 13.

Moní Pantokrátoros

Reiseatlas: S. 239, E 1
Das Kloster wurde im 14. Jh. an der Ostküste gegründet; seine kostbarsten Reliquien sind der rechte Fuß und ein Bein des Apostels Andréas; Tel. 23 77 02 32 53.

Moní Símona Pétras

Reiseatlas: S. 239, E 2
Wie eine Burg auf einem über 200 m hohen Felsplateau über der Westküste thronendes Großkloster aus dem Jahr 1284. Nach einem Großbrand 1981 nach alten Plänen neu aufgebaut, erinnert es von der Architektur her an tibetanische Klöster; Tel. 23 77 02 32 54 (nur 13–15 Uhr).

Moní Stavronikíta

Reiseatlas: S. 239, E 1
Hoch über der Ostküste erbautes Kloster, gegründet 1542. Sein größter Schatz ist eine **Mosaikikone des hl. Nikólaos** aus dem 14. Jh., die am rechten Chorpfeiler in der Klosterkirche hängt. Sehr sauberer Pilgertrakt mit ei-

141

nem kleinen Gemeinschaftsraum mit herrlichem Ausblick; Tel. 23 77 02 32 55 (nur 13–15 Uhr).

Moní Vatopedíou

Reiseatlas: S. 239, E 1
Das größte Kloster des Áthos liegt an der Ostküste nah am Meer. Mit seinen Bauten am Ufer, dem zinnenbekrönten Wehrturm und der fast 200 m langen Wasserfront des dreieckförmigen Hauptkomplexes wirkt es wie eine mittelalterliche Stadt. Gegründet wurde es zwischen 972 und 985. Die **Klosterkirche** ist mit monumentalen Mosaiken aus dem 11./12. Jh. und Fresken aus dem 14./15. Jh. ausgestattet; Tel. 23 77 02 32 19 (nur 10–16 Uhr).

Moní Xenofóntos

Reiseatlas: S. 239, E 1
Größte Kunstschätze des Klosters an der Westküste sind zwei Mosaikikonen der Heiligen Dimítrios und Geórgios aus dem 12. Jh. in der neuen und ein Freskenzyklus im kretischen Stil aus dem 16. Jh. in der **alten Klosterkirche;** Tel. 23 77 02 36 33 (nur 12–14 Uhr). Liturgische Ostermusik dieses Klosters hat die Deutsche Grammophon 1996 auf CD veröffentlicht.

Moní Xirapotámou

Reiseatlas: S. 239, E 2
Kloster an der Straße von Dáfni nach Kariés. Die Ikonostase der Klosterkirche trägt über 200 Ikonen, die Fresken in der Kirche stammen aus dem Jahr 1783; Tel. 23 77 02 32 51.

Moní Zográfou

Reiseatlas: S. 239, D 1
Das bulgarisch-orthodoxe Kloster im Nordwesten der Halbinsel wird fast nur noch von alten Mönchen bewohnt. Die Gebäude erhielten ihre heutige Gestalt zumeist im 19. Jh.; Tel. 23 77 02 32 47.

Pro Tag dürfen nur zehn ausländische Besucher in die Mönchsrepublik einreisen. Sie müssen männlichen Geschlechts sein. Eine Altersbegrenzung nach unten oder oben gibt es nicht. Der Aufenthalt ist auf höchstens drei Nächte beschränkt. Die Zahl der Antragsteller ist weit höher als die Zahl der zur Verfügung stehenden Visa; der Antrag sollte deshalb mindestens einen Monat vor dem Besuchstermin, für Feiertage mindestens sieben Monate vor dem Reisedatum gestellt werden. Zunächst ruft man das Pilgerbüro in Thessaloníki an und erkundigt sich auf Englisch oder Griechisch, ob zum gewünschten Termin noch Plätze frei sind. Dann schickt man eine Kopie seines Reisepasses oder seines Personalausweises an das Büro und fragt zwei Wochen später noch einmal telefonisch an, ob das Visum zum Wunschtermin erteilt wird. Spätestens einen Tag vor der Fahrt zum Berg Áthos geht man dann persönlich ins Pilgerbüro und holt sich das Genehmigungsformular ab. Die Adresse des Pilgerbüros des Heiligen Berges: IEPA ΕΠΙΣΤΑΣΙΑ ΑΓΙΟΥ ΟΡΟΥΣ ΓΡΑΦΕΙΟ ΠΡΟΣΚΙΝΙΤΟΝ, Odós Egnatía 109, GR-54635 Thessaloníki, Tel. 23 10 25 25 78, Fax 23 10 22 24 24.
Dieses provisorische Visum muss am Tag vor oder am Morgen der Reise im Pilgerbüro in Ouranoúpoli persönlich vorlegt werden. Dort erhält man gegen Zahlung einer Gebühr von ca. 35 € ein schön gestaltetes Dokument – das *diamonitírion* –,

das man beim Besteigen der Fähre vorweisen muss.

Schiffsverbindungen: Von Ouranoúpoli steuert 1× tgl. eine Fähre Dáfni an, Tickets sind an Bord erhältlich, eine einfache Fahrt kostet ca. 8 €. Abfahrtszeit in Ouranoúpoli ca. 9.30 Uhr, Rückfahrt der Fähre von Dáfni nach Ouranoúpoli gegen Mittag; man muss auf dem Berg Áthos also auf jeden Fall übernachten. Die Rückfahrt muss nicht unbedingt von Dáfni aus angetreten werden. Man kann auch von einem der am Meer gelegenen Klöster aus zusteigen, sollte sich aber vorher darüber informieren, ob die Schiffe dort am betreffenden Tag auch tatsächlich anlegen. Reist man über Dáfni aus, findet am Hafen eine Gepäckkontrolle statt, um Diebstähle aus den Klöstern zu verhindern.
Touristische Sightseeing-Touren entlang der Küste des Berg Áthos können in allen Badeorten auf der Chalkidikí gebucht werden: Bustransfer nach Órmos Panagías, dort stechen dann die Ausflugsboote in See.

Aufenthalt auf dem Berg Áthos: Bei der Ankunft in Dáfni finden keinerlei Kontrollen mehr statt; man kann sich jetzt drei Tage lang frei in der Mönchsrepublik bewegen. Zur Ankunft des Schiffes steht ein alter Bus am Hafen, der meist völlig überladen in den Verwaltungsort Kariés hinauffährt. Dort gibt es zwei Tavernen, Lebensmittel- und Souvenirgeschäfte sowie öffentliche Telefone (Kartentelefone). Meist warten dort griechische Pilgergruppen auf ein Unimog-Taxi, das sie zum Kloster ihrer Wahl bringt. Meist kann man sich ihnen anschließen, wenn man nicht lieber wandern will. Auf jeden Fall muss man sich aber zunächst im Kloster seiner Wahl telefonisch anmelden (s. Telefonnummern bei den jeweiligen Klosterbeschreibungen).
Im Kloster angekommen, zeigt man dem Pförtner das *diamonitírion,* erhält zur Begrüßung eine Süßigkeit, einen Kaffee oder einen Tresterschnaps und bekommt dann ein Bett zugewiesen. Die Gästezimmer sind meist einfach, aber sehr sauber; Bettwäsche wird fast überall gestellt. Im Gästetrakt gibt es zudem einen Aufenthaltsraum, in dem teilweise sogar geraucht werden darf. An den Gottesdiensten am frühen Morgen und am frühen Abend darf jeder teilnehmen; Nicht-Orthodoxe müssen jedoch oft im Vorraum der Kirche bleiben. Das spärliche Essen wird im auf griechisch *trapezería* genannten Refektorium eingenommen; manchmal mit, meist ohne die Mönche. Gebühren werden in den einzelnen Klöstern nicht mehr fällig, man freut sich aber über Spenden. Bibliotheken und Schatzkammern der Klöster können nur in Ausnahmefällen besichtigt werden, auch viele andere Teile der Klöster sind für Besucher gesperrt. Wer sich Feinde machen will, fotografiert Mönche ohne deren ausdrückliche Einwilligung. In manchen Klöstern ist das Fotografieren sogar generell untersagt.

Símona Pétras: 7. Januar;
Konstamonítou: 9. Januar;
Ágiou Pávlou: 15. Februar;
Xiropotámou: 22. März;
Vatopedíou und **Filothéou:** 7. April;
Zográfou und **Xenofóntos:** 6. Mai;
Esfigménou: Christi Himmelfahrt;
Dionisíou: 7. Juli;
Karakálou: 12. Juli;
Megístis Lávras: 18. Juli;
Ágiou Pantelímonou: 9. August;
Koutloumousíou und **Pantokrátoros:** 19. August;
Ivíron: 28. August;
Dochiaríou: 21. November;
Chiliandaríou: 6. Dezember.

Das Binnen-
land der
Chalkidikí

Kassándra

Thessaloníki

Chalkidikí

Polígiros

Olimbiáda

Áthos

Sithonía

Landschaft bei Vrástama

Reiseatlas S. 232/233, 234, 237

POLÍGIROS, ARNÉA, PETRÁLONA

Abseits der Küsten ist die Chalkidikí ein bäuerliches Land mit dichten Wäldern und fruchtbaren Tälern. Der Fremdenverkehr spielt hier so gut wie keine Rolle. Man lebt von der Holzwirtschaft, der Imkerei und vom Bergbau. Wer hier übernachtet, erlebt abends im *kafenío* oder auf der Platía noch ursprüngliches Dorfleben.

Die Orte Arnéa und Polígiros sowie die Höhle von Petrálona sind die bedeutendsten Ausflugsziele im Binnenland der Chalkidikí. Man kann sie von allen Urlaubsorten an den Stränden aus bequem auf verschiedenen Routen mit dem Mietwagen erreichen. Sie werden daher im Folgenden ohne Einbindung in eine bestimmte Route beschrieben. Arnéa ist der schönste Ort im chalkidischen Binnenland, Polígiros die Hauptstadt des gesamten Regierungsbezirks.

Polígiros

Reiseatlas: S. 233, E 4
Die äußerst beschauliche Hauptstadt (5050 Einwohner) des Regierungsbezirks Chalkidikí liegt in 400 bis 600 m Höhe am Nordwesthang des bewaldeten Berges Cholomóndas. Die seit 1869 bestehenden Verwaltungsfunktionen von Polígiros unterstreichen ein paar große, moderne Gebäude wie das Gericht, die *nomarchía* als Sitz des Regierungspräsidenten, verschiedene Schulen und vor allem ein großes Krankenhaus am oberen Stadtrand. Im Zentrum sind nur noch wenige alte Häuser gut bewohnbar; die meisten älteren Gebäude werden abgerissen und durch neue, nicht sonderlich schöne ersetzt. Ohnehin musste Polígiros im 19. Jh. völlig neu erbaut werden, nachdem der alte Ort 1821 von den Truppen des Osmanischen Reichs in Brand gesteckt worden war.

Die Haupteinkaufs- und Durchgangsstraße reicht vom kleinen Stadtpark zur großen Platía Iróon mit dem Gerichtsgebäude und dem 1970 eröffneten **Archäologischen Museum.** Es ist die einzige Sehenswürdigkeit der Stadt – und auch das nur, wenn man archäologisch überdurchschnittlich interessiert ist. Die Funde sind nach ihren Ursprungsorten gruppiert. Ein etwa 60 cm hoher, unvollendeter *koúros* aus dem 6. Jh. v. Chr. wurde aus dem Meer vor der Küste von Olimbiáda geborgen. Solche nackten Jünglingsstatuen, die bis zu 10 m Höhe erreichen konnten, wurden in archaischer Zeit gern in Heiligtümern aufgestellt. Meist sollten sie den Gott Apollon repräsentieren. Dass antike Tempel nicht in strahlendem Marmorweiß gehalten, sondern teilweise sehr farbenfroh bemalt waren, zeigen einige Architekturglieder vom Tempel des Amon-Zeus in Kallithéa. Besonders schöner Goldschmuck aus hellenistischer Zeit stammt aus Ierissós (um 300 v. Chr.). Tonfiguren bewaffneter Reiterinnen aus Toróni werden in das 6. Jh. v. Chr. datiert. Aufschluss über das tägliche Leben in der Antike geben einige weitere Tonfiguren: Da rollt jemand Teig oder zerstößt Korn in einem Mörser, steht ein Mann vor einem Backofen, sitzt ein anderer in einer Badewanne. (Di–So 8–14.30 Uhr.)

🔲 **Geldautomaten:** an der Fußgängerstraße.

🛏 **Gláva:** 800 m oberhalb des Stadtzentrums beim Krankenhaus, Tel. 23 71 02 42 22. Sehr ruhig gelegen. Der Wirt spricht gut Englisch und kümmert sich intensiv um seine Gäste. 18 Zimmer, DZ ab 40 €.

Christáras Charítos: Odós Doubiótou 10 (Parallelgasse zur Haupteinkaufsstraße Politechníou nahe dem Stadtpark), Tel. 23 71 02 40 39, ganzj. Ein weit über 100 Jahre altes, traditionell eingerichtetes Stadthaus. 4 Zimmer, DZ ab 40 €.

María Kastrétsou: Odós Doubótou 7, Tel. 23 71 02 20 86, ganzj. Gründlich restauriertes, über 180 Jahre altes Stadthaus mit einer von hohen Mauern umgebenen Rasenfläche hinterm Haus und traditionell eingerichtetem Salon. Je zwei Zimmer teilen sich ein Bad. 6 Zimmer, DZ Ü/F ab 36 €.

Wer auf Entdeckungstour geht, stößt auf kleine Läden zum Stöbern, z. B. den Haushaltswarenhändler in Polígiros

Éxi Vríses: im Stadtpark. Nicht nur schön im Grünen gelegen, sondern auch gute internationale Küche. Moderat.
Agionéri: am Ortsanfang an der Straße von Gerakiní her, im Winter Mo, Di geschl. Große Auswahl vom kleinen Snack zum Bier bis zur griechischen Spezialitätenplatte. Moderat.

Perítechon: am Stadtpark. Ein blau und rot gestrichenes Haus, in dem man den Kitsch findet, den viele Griechen so sehr lieben: Mobiles und Wanduhren, Modeschmuck und Trockenblumen sowie Pflanzschalen in den abenteuerlichsten Formen.

Linienbusverbindung mit Thessaloníki 9 x tgl., mit Gerakiní, Metamórfossi, Néa Moudaniá, Nikíti, Ierissós, Néa Róda und Ouranoúpoli 8 x tgl.

Arnéa

Reiseatlas: S. 234, A 3
In Arnéa (2200 Einwohner) stehen noch viele alte Häuser aus dem 19. und frühen 20. Jh. Beim Bummel durch die schmalen Gassen der Kreisstadt erahnt man, welch lebhaftes Treiben hier einst geherrscht haben muss. Eines der alten Herrenhäuser ist als traditionelles Hotel mit stilvoller Inneneinrichtung restauriert worden, sodass man hier auch gut eine oder mehrere Nächte in historischem Ambiente verbringen kann.

Der zunächst Liarigóvi genannte Ort entstand im 16. Jh. durch den Zusammenschluss der Bewohner mehrerer umliegender Weiler. Er entwickelte sich schnell zum Zentrum der *mande-mochória*, zwölf Gemeinden, deren Bewohner vor allem in den Bergwerken der weiteren Umgebung arbeiteten. Sie brachten dem Osmanischen Reich so viel Nutzen, dass der Sultan ihnen 1775 sogar eine Reihe von Privilegien einräumte. Dafür waren die Dörfer verpflichtet, einen Teil des gewonnenen Silbers als Tribut an die Hohe Pforte weiterzuleiten und die übrigen abgebauten Erze dem Reich zu einem offiziell festgelegten Preis zu verkaufen. Alle Privilegien nutzten den Dörfern allerdings nichts, als sich die Bewohner der Chalkidikí 1821 dem Griechischen Freiheitskampf anschlossen und gegen die Türken rebellierten. Ihre Dörfer wurden dem Erdboden gleichgemacht.

Ab 1850 begann dann für das wieder besiedelte Arnéa eine neue Blütezeit. Seine Bewohner waren als Zimmerleute weithin gefragt, betätigten sich als Schuhmacher, Pferdehändler und Imker. In jedem Haus stand ein Webstuhl, an dem die *flokáti* genannten Schafwollteppiche, Kelims und Webdecken entstanden. Die Familien waren zu einer Webereigenossenschaft zusammengeschlossen, die um 1960 noch etwa 350 Mitglieder zählte. Außerdem arbeiteten mehrere Dutzend Frauen für lokale Händler, die ihnen die Kosten für die Rohmaterialien vorstreckten. Ein schneller Absatz der Ware war wichtiger als hoher Gewinn, da Bargeld für den Einkauf von Wolle und Farben immer knapp war. Noch bis 1967 kamen Händler aus ganz Griechenland nach Arnéa, um sich hier mit diesen Waren einzudecken. Erst in der Zeit der Militärjunta zerbrachen die alten Strukturen, denn unter einer das Großunternehmertum fördernden Wirtschaftspolitik war das traditionelle Kleinhandwerk nicht mehr konkurrenzfähig. Einige wenige Webstühle sind aber zumindest zeitweise noch in Betrieb, sodass die Versorgung der örtlichen Läden mit Souvenirs gewährleistet ist.

Schöne Archontiká

Die viel befahrene Hauptachse des Ortes verbindet den alten Dorfplatz, hier *kentrikí platía* oder *pazári* (Basar) genannt, mit einem zweiten Platz, dem *chorostási*. Am **Chorostási** erhebt sich als markantester Bau seit 1889 ein Uhr**turm** aus alternierenden Lagen von Naturstein und Ziegeln. Er sieht aus, als würde er zur alten Schule von 1871 gehören (heute Rathaus), trägt aber die Glocken der benachbarten Kirche **Ágios Stéfanos.**

Die **Kentrikí Platía** ziert eine alte Platane mit einem der letzten erhaltenen Brunnen – einst waren es 30 – des Ortes: das Wasser fließt hier durch ein Rohr direkt aus dem Baum. Unmittelbar oberhalb dieses Platzes stehen zwei der schönsten Herrenhäuser (*archontikó*, Pl.: *archontiká*) von Arnéa. Das zweigeschossige **Katsángelos-Haus** aus den Jahren um 1855 dient jetzt als Folklore-Museum. Es gehörte einst einem wohlhabenden Pferdehändler und zeichnet sich durch besonders schönes Mauerwerk aus.

Das dreigeschossige **Mitsíou-Haus** aus dem 19. Jh. wurde Anfang der 1990er Jahre restauriert und wird jetzt von der Gemeinde als kleines Hotel betrieben. Das vorkragende Obergeschoss ist typisch für die Häuser jener

Oúzo mit Honig

Eine Spezialität von Arnéa ist der Oúzo Moundovína: ein mit Honig gesüßter Anisschnaps. Vor dem Kauf sollte man ihn kosten, denn er ist sicherlich nicht nach jedermanns Geschmack.

Zeit. Solche *sachníssia* dienten der Vergrößerung des Innenraums, waren mit ihren Holzbalken aber auch Schmuckelement. Die modernen Zimmer sind traditionell eingerichtet. Auch wer dort nicht wohnt, kann das Haus von innen betrachten, da im Erdgeschoss ein Geschäft mit traditionellen Produkten Arnéas und im ersten Stockwerk ein Café öffentlich zugänglich sind.

Ein drittes sehenswertes Haus aus dem 19. Jh. ist das **Pápa Varanáos-Haus.** Im Erdgeschoss ist ein Laden untergebracht, das Obergeschoss wird weiterhin bewohnt. Der Bau stammt aus der Zeit um 1905 und zeichnet sich durch einen ungewöhnlichen, trapezförmigen Grundriss aus. (Man erreicht das Haus, wenn man von der Kentrikí Platía aus auf der Hauptstraße in Richtung Thessaloníki bis zur ATE-Bank geht und dort rechts abbiegt.)

Picknick am Dorfrand

Ein schöner Fleck in Arnéa ist schließlich auch noch der **Eichenwald** um die Kirche **Agía Paraskeví** am unteren Dorfrand (von der alten Schule aus dem Wegweiser folgen, Wanderweg A 5): Die Forstverwaltung hat hier einen

Einst eine wohlhabende Stadt mit vielen Privilegien – Arnéa

Picknick- und Festplatz angelegt, und die Gemeinde hat ein kleines Café erbaut. Eine Taverne wird privat betrieben. An heißen Tagen ist der Wald ein idealer Ort für eine schattige Rast.

Stadtverwaltung: im Rathaus, am Uhrturm, Tel./Fax 23 72 02 29 88.
Geldautomat: an der Kentrikí Platía.

Archontikó Mitsioú: nahe der Kentrikí Platía (dort ausgeschildert), Tel.

23 72 02 27 44, Fax 23 72 02 29 88, ganzj. Stimmungsvoller als in diesem alten, dreigeschossigen Herrenhaus kann man auf der Chalkidikí nicht wohnen. Frühstücksbüfett mit regionalen Spezialitäten. 9 Zimmer, DZ Ü/F ab 60 €.

Konáki: am unteren Ortsrand, ausgeschildert an der Straße vom Zentrum Richtung Áthos, Tel./Fax 23 72 02 29 91, ganzj. Neues, modernes Hotel, gute Parkmöglichkeiten am Haus. 11 Zimmer, DZ ab 38 €.

Plátanos: Kentrikí Platía. Einfache Taverne, in der man auch den Honig der Region verkosten kann. Der Inhaber ist selbst Imker. Preiswert.

Wochenmarkt: Mi vormittags entlang der Hauptstraße.

Mitsioú: im gleichnamigen Hotel, Produkte aus der Region wie Honig, Marmeladen, Stickereien und Webarbeiten.

Kirchweihfest: 25./26. Juli, im Eichenwald an der Kirche Agía Paraskeví. Eines der bestbesuchten Feste der Chalkidikí, bei dem viele Teilnehmer im Wäldchen lagern, grillen und mit Musik und Tanz feiern.

Linienbusverbindung: mit Thessaloníki, Ouranoúpoli und Stratóni 8 x tgl. sowie 6 x tgl. mit Polígiros (dort Anschluss an Busse zur Sithonía und via Néa Moudaniá zur Kassándra).

Die Höhle von Petrálona

Reiseatlas: S. 232, C 4

In einer kleinen Tropfsteinhöhle im Berg Katsíkas beim Dorf Petrálona (360 Einwohner) fanden griechische Paläontologen in den 1960er Jahren die ältesten menschlichen Siedlungsspuren des griechischen Festlands. Mit Hilfe der Radiokarbonmethode konnten Reste eines Lagerfeuers in die Zeit um 700 000 v. Chr. datiert werden; Frühmenschen müssen sich also daran gewärmt haben. Noch bedeutender war der Fund eines menschlichen Schädels, der etwa 160 000 bis 240 000 Jahre alt ist. Er gehört somit einer fossilen Form des Homo sapiens an – zum Vergleich: Der Neandertaler lebte vor etwa 100 000 Jahren. Der Schädel wird heute in der Universität von Thessaloníki verwahrt. Außerdem entdeckten die Höhlenforscher Knochen zahlreicher Tiere wie Höhlenbär und Höhlenlöwe sowie frühe Formen von Nashorn, Wildschwein, Pferd, Schildkröte, Hyäne und Schakal. Sie lagen größtenteils in einem unterirdischen Raum, den heute ein Hinweisschild als *nekrotafío gíganton,* »Friedhof der Riesen«, kenntlich macht.

Die elektrifizierte, durch Zementwege erschlossene und ganzjährig 17 bis 18 °C kühle Höhle ist nur in Begleitung eines Führers zu besuchen. Der Rundgang dauert etwa ein halbe Stunde; Fotografieren und Videoaufnahmen sind untersagt. Außer vielfältigen Tropfsteinformationen sind einige simple Gipsfiguren-Arrangements zu bestaunen, die das Höhlenleben der Steinzeitmenschen veranschaulichen sollen. Anschließend sollte man sich das benachbarte, sehr liebevoll gestaltete Museum anschauen. Naive Wandmalereien illustrieren dort die Entwicklungsgeschichte des Menschen und der Tierwelt. Man sieht die Knochen von Tieren, die vor etwa 9 bis 12 Mio. Jahren lebten und eine Kopie des in der Höhle gefundenen Menschenschädels. (Tgl. 9 Uhr bis Sonnenuntergang, jedoch höchstens bis 19 Uhr, Eintritt für Höhle und Museum zusammen 5 €.)

Linienbusverbindung: mit Thessaloníki 2 x tgl. (13 und 16 Uhr, zurück nur morgens) – also eigentlich nur mit dem eigenen Fahrzeug zu erreichen.

WEGE NACH ARNÉA UND POLÍGIROS

Die Chalkidikí hat dem Reisenden auch abseits ihrer drei Finger einiges zu bieten: dichte Wälder, urige Tavernen und einige romantische Hotels in alten Gemäuern. Hier wohnt man unter Griechen. Wer auf den Strand vor der Tür nicht verzichten will, sollte zumindest einen Ausflug in die Berge unternehmen. Die vier Hauptwege dorthin werden nachfolgend beschrieben.

Von Thessaloníki nach Polígiros

Loutrá Thérmis

Reiseatlas: S. 232, B 2
25 km hinter Thessaloníki durchquert die gut ausgebaute Landstraße zur Chalkidikí **Loutrá Thérmis.** Menschen im Bademantel gehören hier von Ende Juni bis Ende Oktober zum gewohnten Straßenbild: Die Siedlung ist ein zur Stadtgemeinde Thessaloníki gehöriger Thermalbadeort mit vier warmen Thermalquellen, die Temperaturen von 28 bis 37,5 °C erreichen. Und da zumindest ältere Griechen sehr praktisch denken, ziehen sie für den Weg von ihrer Unterkunft ins schlichte Kurzentrum eben gleich den Bademantel an.

Kloster Agía Anastasía

Reiseatlas: S. 232/233, C/D 3
Hinter Vassiliká ist dann der Regierungsbezirk Chalkidikí erreicht. Kurz hinter der Grenze zweigt eine Stich-straße zum 4 km entfernten Kloster **Agía Anastasía** ab, das sowohl seiner Größe und Architektur als auch seiner Lage wegen den Abstecher lohnt. Die lange, dreigeschossige Südfront des 1522 gegründeten Konvents ist besonders fotogen. Über einer unverputzten Natursteinmauer mit kleinen und großen Bögen kragen zahlreiche Erker auf geschwungenen Stützbalken hervor. Dazwischen sind offene Balkone eingestreut, auf denen Hunderte von Blumentöpfen stehen. Zum Innenhof hin ist dieser südliche Klostertrakt durch eine zweigeschossige Arkade gegliedert. Nur ein schmaler, gepflasterter Weg trennt sie vom massiven Bau der **Klosterkirche,** die wie fast alle Gebäude hier aus dem 19. Jh. stammt. Ihr Exonarthex ist in den 1990er Jahren im traditionellen Stil ausgemalt worden, der Rest der Kirche ist weitgehend schmucklos. Schön ist der Blick vom Kloster auf die unendlichen Getreidefelder, die sich von hier über sanft gewellte Hänge bis zur anderen Seite des Tals erstrecken.

Einige Dörfer

An der Hauptstraße folgt kurz darauf das alte Dorf **Galátista** (2700 Einwohner; S. 233, D 3) mit einem noch in voller Höhe erhaltenen **Wehrturm** aus dem 14. Jh. Wenig später zweigt eine kleine Straße rechts nach **Vávdos** (800 Einwohner; S. 233, D 4) ab, mit über 930 m das höchstgelegene Dorf der Chalkidikí. Die Einheimischen leben überwiegend vom Bergbau in den nahen Magnesitminen.

Die Hauptstraße windet sich von Galátista schmal und kurvenreich bis **Ágios Pródromos** (S. 233, E 3) hinauf und teilt sich dann. Eine Route führt weiter nach Arnéa und zur Halbinsel Áthos, eine sehr gut ausgebaute Schnellstraße zweigt gen Süden nach Polígiros ab.

Von Stratóni nach Arnéa

Stágira

Reiseatlas: S. 234, B 3

Von der Küste bei Stratóni steigt die Straße an den Hängen des erzreichen Stratonikó-Gebirges empor ins Bergarbeiter- und Bauerndorf **Stágira** auf 500 m Höhe (500 Einwohner). Dort erhebt sich am Ortsausgang Richtung Arnéa in einem kleinen Park eine marmorne **Statue des Philosophen Aristoteles.** Bis zum Beginn der Ausgrabungen in Olimbiáda glaubte man, das antike Stágira und somit der Geburtsort des großen Denkers habe hier im Gebirge gelegen. Über dem Kopf der Statue flattern die griechische Flagge und der Stern von Vergína als Symbol

Unbedingt einen Abstecher wert – das Kloster Anastasía bei Vassiliká

SÓGAMBROS –
EINE GRIECHISCHE KARRIERE

Charilós, der Schelm des Cholomóndas-Gebirges, hat immer ein Späßchen im Sinn und auf den Lippen. Für die Gäste seiner Taverne Sógambros spielt er den ganzen Tag über den fröhlichen Alleinunterhalter. Er hat allen Grund, ständig gut gelaunt zu sein, denn die Taverne ist für ihn die Erfüllung eines Lebenstraums.

In den Hungerjahren nach dem Zweiten Weltkrieg hütete Charilós als Kind in den Wäldern des Cholomóndas für fremde Bauern das Vieh und verdingte sich als Hilfsarbeiter in der Mönchsrepublik Áthos. Eines Tages kam er an die Stelle, wo heute seine Taverne steht, und beschloss, hier müsse er später einmal ein kleines Kaffeehaus bauen. Als er heiratete, bekam er den Spitznamen Sógambros, was für einen Bräutigam steht, der entgegen der Gewohnheiten mit seiner jungen Frau ins Haus der Schwiegereltern einzieht. Mit seinen Ersparnissen baute er eine einfache Hütte, servierte Mokka für andere Bauern, Forstarbeiter und zufällige Passanten. Aus dem Kafenío wurde eine einfache Taverne: Ab und zu schlachtete er ein Lamm oder Zicklein aus seiner kleinen Herde und servierte ihr Fleisch. Dann kamen die Asphaltstraße, die touristische Entwicklung der Chalkidikí und die ersten Ausflügler. Nun entdeckte Charilós sein Talent als Alleinunterhalter. Eines Tages wurde er von einem Reiseführer-Autor entdeckt, seine Taverne wurde zum bewusst gewählten Ziel der Urlauber. Charilós stellte von Schaf- und Ziegenzucht auf die Haltung von Wildschweinen um. Seitdem sind Koteletts und Steaks vom Wildschwein seine Spezialität. Sein Unterhaltungswert sprach sich auch in Griechenland herum, Reporter kamen aus Athen, Fernsehteams aus Thessaloníki.

Diese Popularität war ihm im Jahr 2001 eine große Hilfe. Eine Behörde stellte damals fest, dass er nie eine Lizenz für den Betrieb seines Lokals beantragt und erhalten hatte. Die Schließung der Taverne oder zumindest eine hohe Strafe drohte. Aber Sógambros wäre nicht Sógambros, hätte er keine Lösung gefunden. Er knallte den Behördenvertretern alle Bücher, Zeitungen, Zeitschriften und Videos auf den Tisch, die über ihn berichteten – und fragte sie, ob sie ihn wirklich belangen wollten. Sógambros erhielt seine Lizenz nachträglich und ohne jede Strafe.

Wie so viele andere Männer auf der Chalkidikí ist Charilós nebenbei auch Imker. Seinen Honig verkauft er ausschließlich in der Taverne – aber nicht etwa als Honig, sondern als Viagra der Chalkidikí. Er brennt und verkauft seinen eigenen Tresterschnaps – und ist stolz darauf, dass er dank seiner alten Beziehungen zu den Áthos-Klöstern auch Klosterwein in seiner Taverne anbieten kann.

Sógambros gibt sich freilich mit dem Erreichten nicht zufrieden. Noch im Jahr 2006 soll in der Nähe der Taverne sein Hotel fertiggestellt sein, das ihm ein befreundeter Architekt nach seinen eigenen Vorstellungen entwarf. Es soll das freundlichste Waldhotel ganz Griechenlands werden.

des griechischen Makedonien in der Luft – der Philosoph ist als Argument für das Griechentum Philipps II. und seines Sohnes Alexander (s. Thema, S. 28) in letzter Zeit politisiert worden. Im Rücken des Philosophen blinkt das Gemäuer einer **Burg** aus dem 16. Jh. durch die Bäume. Hier wachte der *Madem Ağa,* der Oberaufseher des Sultans, über den Bergbau in der Region.

Paleochóri

Reiseatlas: S. 234, A 3
Durch ein bewaldetes Hochtal geht die Reise weiter nach **Paleochóri** (1500 Einwohner). Von hier aus kann man einen Abstecher nach **Megáli Panagía** (1500 Einwohner) unternehmen. Dieses Dorf mit vielen Häusern aus dem 19. Jh. liegt an der Straße, die von Pirgadíkia aus nach Paleochóri hinaufführt. Der zuvor Reveníkia genannte Ort wurde im frühen 20. Jh. in Megáli Panagía, »Große Allheilige«, umbenannt, denn seit dem späten 19. Jh. hat sich der Ort zum bedeutendsten Marienwallfahrtsort der Chalkidikí entwickelt. Die Jungfrau Maria war einer Bäuerin aus Reveníkia im Traum erschienen und hatte ihr einen Ort gezeigt, wo eine alte Marienikone zu finden sei. Am Fundort baute man der Gottesmutter daraufhin eine **Panagía-Kirche** (1863), und die hier verwahrte Ikone erwies sich bald als äußerst wundertätig. Für Kunstinteressierte lohnt sie wegen ihrer einzigartigen, von bulgarischen Künstlern geschaffenen **Holzschnitzereien** einen Besuch. (Man folgt im Ort dem Wegweiser »ΙΕΡΟ ΠΡΟ–ΚΥΝΗΜΑ ΜΕΓΑΛΗ ΠΑΝΑΓΙΑ«, die Kirche liegt etwa 2 km außerhalb).

Panagía-Kirche

Der **Bischofsthron** ist reich mit kleinen und größeren Fabeltieren verziert; seine Füße bilden zwei furchterregende Löwen mit prächtigen Mähnen. Wie diese erfüllen auch die nur aus einem Kopf mit vier Flügeln bestehenden Cherubine eine Wächterfunktion, die nach Darstellungen im Alten Testament im Himmel den Thron Gottes umstehen und das Paradies bewachen. Ein Meisterwerk sind auch die Schnitzereien am Bogen über der **Königspforte,** der mittleren Tür in der Ikonostase: Zwei vergoldete Engel tragen den Bogen, der wie ein Tisch wirkt, an dem die ebenfalls vergoldeten zwölf Apostel sitzen. Der Rahmen der Königspforte ist wiederum mit geschnitzten Tierdarstellungen verziert.

Nach Paleochóri zurückgekehrt, sind es dann noch 5 km bis Arnéa.

Park Hotel Tássos: an der Hauptstraße Richtung Arnéa, etwa 1 km westlich von Paleochóri, Tel. 23 72 04 17 22, Fax 23 72 04 18 58, http://users.in.gr/parkhoteltasos. Einsam gelegenes, modernes Hotel, gut für eine Zwischenübernachtung geeignet. DZ/ÜF ab 40 €.

Von Arnéa nach Polígiros

Cholomón

Reiseatlas: S. 233, F 3
Das größte Erlebnis am Weg von Arnéa nach Polígiros ist sicherlich die Begegnung mit dem Wirt Charilós Sógam-

Vrástama: hübsches Bergdorf und Heimat des Schnapses *koúmaro*

bros, einem wahren Original in den Wäldern des Cholomóndas-Gebirges. Die schmale Straße, die kurz hinter dem Ortsende von Arnéa von der Hauptroute nach Thessaloníki abzweigt, windet sich kurvenreich bergan; mit etwas Glück sieht man Wiesel und große Landschildkröten. Erst nach 17 km stößt man wieder auf einen winzigen Weiler, dicht unterhalb des 909 m hohen Gipfel des Cholomóndas. **Cholomón** besteht nur aus zwei Tavernen und einer Kirche. Beide Tavernen sind gleich gut, doch Charilós, Wirt der Taverne Sógambros, ist aktiver um Kundschaft bemüht (s. Thema, S. 154).

Vor der kleinen **Kapelle Profítis Ilías** erinnert ein Verkehrsschild daran, dass es hier oben auf 800 m Höhe im Winter tief verschneit sein kann: Es zeigt Schneekettenpflicht an. Bis auf fünf Ikonen des Propheten Elias ist die Kapelle künstlerisch belanglos: Im Vergleich wird der Unterschied zwischen Sakralmalereien im westlichen und im byzantinischen Stil besonders augenfällig. Die westlichen sind pathetisch bis kitschig, die byzantinischen streng und würdevoll.

Im Zweiten Weltkrieg waren in den Wäldern hier oben bulgarische Truppen stationiert, denen Partisanen unentwegt Widerstand leisteten. Dies wurde mit Hinrichtungen Unschuldiger vergolten. Die einheimische Bevölkerung weiß über die Bulgaren nichts Besseres zu berichten als über die deutschen Besetzer anderswo im Lande.

Seit Anfang dieses Jahrtausends entwickelt sich die Waldregion am Cholomóndas zusehends zu einer Ferienhausregion der Großstädter aus Thessaloníki. Immer mehr neue Villen und Restaurants entstehen.

 Sógambros: Cholomón, an der Straße, tgl. ab 9 Uhr. Preiswert. S. Thema, S. 154.

Taxiárchis

Reiseatlas: S. 233, F 4
Der Weiler Cholomón gehört zum Dorf **Taxiárchis,** zu dem eine Asphaltstraße hinunterführt. Die meisten der 350 Familien des Ortes leben vom Anbau und der Vermarktung von Weihnachtsbäu-

men. Über 700 000 Nadelbäume werden hier gezogen. Taxiárchis gehört zu den ca. 150 griechischen Dörfern, für die der Anbau von Christbäumen eine immer wichtigere Einnahmequelle ist: Während 1985 in Hellas erst 50 000 Wohnungen, Häuser und Geschäfte damit geschmückt waren, waren es 20 Jahre später bereits über 200 000.

Jimmy's: an der Straße von Taxiárchis nach Paleókastro, Tel. 23 71 09 42 20, Fax 23 71 09 40 33. Kleines Hotel mitten im Wald, 13 Zimmer, die meisten mit eigenem Kamin und Blick auf die drei Finger der Chalkidikí. Preiswert.
Vagiónas: an der durchs Dorf führenden Hauptstraße im unteren Dorfbereich in Richtung Vrástama, Tel. 23 71 09 43 83. Vier traditionell eingerichtete Studios in einem alten Haus. Preiswert.

Vrástama

Reiseatlas: S. 233, F 4
Von Cholomón kann man auf einer kurvenreichen Asphaltstraße ins 23 km entfernte Polígiros oder auch nach Thessaloníki weiterfahren. Eine gute Asphaltstraße führt auch von Taxiárchis durch einsame Landschaft ins 11 km entfernte Dorf Vrástama und von dort der Küste entgegen nach Ormília.

Von der Kassándra und Sithonía über Ormília nach Polígiros

Zwischen Metamórfossi und Gerakiní liegt abseits der Nationalstraße das kleine Dorf **Vatopédi**. Von diesem Dorf aus kann man zunächst zum schönsten Nonnenkloster der Chalkidikí weiterfahren, dem **Moní Evangelismoú.**

Moní Evangelismoú

Reiseatlas: S. 237, E 1

Auf den ersten Blick wirkt das Kloster wie eine kleine, von Mauern umgebene Stadt. Ziegeldächer, Natursteinfassaden und dezenter Verputz passen es harmonisch in die grüne, sanft-hügelige Umgebung ein. Ein im Stil alter Maultierpfade gepflasterter Weg führt den Besucher am Haus der Pförtnerin vorbei auf einen ersten, weiten Innenhof. Priester, Mönche und Nonnen stehen in kleinen Gruppen mit einheimischen Pilgern oder Verwandten herum, Kinder spielen, von Hektik fehlt jede Spur. An diesen Innenhof grenzen das

Gästehaus und ein modern gestalteter Verkaufsraum des Klosters. Hier bieten Nonnen überwiegend das an, was im Kloster hergestellt wird: Ikonen und Holzschnitzereien, Marmelade, Honig, eingelegte Früchte, Oliven und manches mehr aus ökologischem Anbau.

Nähert man sich den Hauptgebäuden des Klosters am zweiten Innenhof, wird man zumeist von einer Nonne empfangen, die dem Besucher auf dem weiteren Weg durchs Kloster dann nicht mehr von der Seite weichen wird. Manche der Schwestern sprechen Englisch, die meisten aber nur Griechisch. Mehr als die **Klosterkirche** bekommt man von innen meist nicht zu sehen – aber insgesamt kann man hier ein wenig die Atmosphäre der Áthos-Klöster nachempfinden, nach deren Bauidee auch dieser Komplex ent-

Harte Arbeit – ein Köhler bei Taxiárchis

WIEDERGEBURT EINES KLOSTERS

Mit über 120 Schwestern ist das Kloster Evangelismoú bei Ormília einer der größten Nonnenkonvente Griechenlands. Heutige Besucher können sich nicht mehr vorstellen, dass 1974 hier nur ein paar fensterlose Ruinen aufragten. Das Kloster war bereits im frühen 14. Jh. als *metóchi* – also als Dependance – des Áthos-Klosters Vatopedíou gegründet worden. Während des griechischen Aufstands gegen die Türken wurde es 1821 weitgehend zerstört, später teilweise wieder aufgebaut. 1923 fanden im Kloster Tausende griechischer Flüchtlinge aus Kappadokien Unterschlupf. 1930 wurden die Ländereien bis auf 2 ha enteignet, um sie unter den Flüchtlingen zu verteilen, die im neuen Dorf Vatopédi in der Nähe des Klosters angesiedelt wurden. Die letzten Mönche verließen die Gegend, die Bauten verfielen.

Ende der 1960er Jahre erlebte ganz Griechenland eine Wiederbelebung des monastischen Gedankens. Evangelismoú wurde nun durch Nonnen von den Metéora-Klöstern wieder zum Leben erweckt. Im Juli 1974 machten sich Mönche und Nonnen gemeinsam an die Arbeit und richteten sich zunächst notdürftig in den Ruinen ein. Als immer mehr Frauen Aufnahme in die klösterliche Gemeinschaft suchten, wurden Neubauten fällig, deren Finanzierung zahlreiche Spenden ermöglichten.

Die Schwestern schufen eine wohlhabende Klostergemeinschaft. In den Klosterwerkstätten malen sie Ikonen, fügen Mosaike zusammen, sticken und weben liturgische Gewänder, bemalen Vasen oder schnitzen Kirchengestühl und Ikonostasen. Sie kultivieren das umliegende Land, arbeiten in Arztpraxen oder leisten soziale Dienste.

stand. (April–Sept. Di, Do, Sa 10 bis 16 Uhr, So 10–19 Uhr, Okt.–März Di, Do, Sa 10–14 Uhr, So 10–16 Uhr, kein Zutritt für Frauen in Hosen.)

Ormília

Reiseatlas: S. 237, E 1
Vom Kloster führt die Straße weiter zwischen Feldern und Olivenhainen hindurch ins große Ormília. Seine 3250 Bewohner sind überwiegend Bauern, die vom Obst-, Gemüse- und Olivenanbau leben. Hier wird alljährlich in den letzten Junitagen eines der größten Kirchweihfeste der Chalkidikí gefeiert. In der übrigen Jahreszeit lohnt nur ein kurzer Stopp, um von einem der Kafenía aus das ländliche Leben zu beobachten oder durch den historischen Ortskern mit seiner **Georgskirche** von 1818 und dem **klassizistischen Schulgebäude** von 1915 zu spazieren. Das Schulgebäude dient heute auch als Rathaus; das genaue Programm des großen Kirchweihfestes im Juni hängt hier auf Griechisch am Schwarzen Brett aus.

Thessaloníki

Pause an der Platía Aristotélous

THESSALONÍKI

Thessaloníki ist eine Stadt am Wasser. Von den mittelalterlichen Bastionen des Kástro reicht der Blick über das Häusermeer und den Thermäischen Golf bis zum Götterberg Olymp. Innerhalb ihrer byzantinischen Mauern künden Kirchen, Moscheen und türkische Bäder von einer wechselvollen Geschichte. Auf bunten Märkten, in zahllosen Tavernen und engagierten Kulturzentren ist das Heute lebendig.

Reiseatlas: S. 232, A/B 1/2
Die Hauptstadt der Provinz Makedonien und größte Stadt Nordgriechenlands zählt innerhalb ihrer Verwaltungsgrenzen nur 364 000 Einwohner. Sie ist jedoch nahtlos mit zahllosen Vororten zusammengewachsen. Insgesamt leben im Großraum von Thessaloníki somit fast 1 Mio. Menschen – etwa ein Zehntel aller Griechen.

Orientierung
leicht gemacht

Thessaloníki ist eine übersichtliche, klar gegliederte Stadt. Das historische Zentrum umgrenzt eine auf weiten Strecken gut erhaltene byzantinische Stadtmauer. Nur am Ufer des Thermäischen Golfs hat man sie im 19. Jh. völlig niederreißen lassen. Von der alten Befestigung zeugt dort allein noch der Weiße Turm, heute Wahrzeichen der makedonischen Hauptstadt. Von hier aus führt eine vielbefahrene Uferstraße mit breitem Bürgersteig bis zum Hafen,

an der vor allem an Wochenenden Angler auf Petri Heil hoffen. Zweimal öffnen sich an ihr landseitig ganz unterschiedliche Plätze. Die Platía Eleftherías ist eine der beiden innerstädtischen Endstationen der Stadtbuslinien; von hier aus kann man mit dem Bus Nr. 23 auch in die Altstadt und zur Akrópolis hinauffahren. Die autofreie Platía Aristotélous ist mit ihrer einheitlichen Umbauung, schattigen Arkaden, mehreren guten Cafés und Restaurants der Prachtplatz und der gesellige Mittelpunkt der Stadt.

Blickt man über diesen Platz hinweg landeinwärts, ist die Topographie Thessaloníkis besonders deutlich zu erkennen: Die Unterstadt mit ihrem auf dem Reißbrett geplanten Straßennetz und ihren vielgeschossigen Wohn- und Geschäftsbauten steigt zunächst ganz sacht hangwärts bis zur Odós Olimpiádos und Odós Athínas an. Dahinter wird der Hang steiler. Hier klettern die kleineren, oft im traditionellen makedonischen Stil erbauten Wohnhäuser der Altstadt

Kurze Stadtgeschichte

Áno Póli entlang schmaler, gewundener Gassen zur Akrópolis (auch Kástro genannt) hinauf. Die darf man sich nicht wie die Athener Akrópolis vorstellen: Die Akrópolis von Thessaloníki ist vielmehr ein noch einmal eigens ummauerter Wohnbezirk im höchstgelegenen Teil der Stadt mit recht dörflichem Charakter. Ihn überragt am allerhöchsten Punkt die **Eptapírgio** genannte Zitadelle.

Dort oben genießt man einen prächtigen Panoramablick. Man erkennt deutlich den Verlauf der Stadtmauern, die von der Zitadelle zum Weißen Turm und zum Hafen hinunterreichen. Im Westen grenzen an die historische Unterstadt der Bahnhof sowie alte Fabrikgebäude, im Osten das Messegelände und das weitläufige Areal der Aristoteles-Universität. In der Ferne ist sogar der Flughafen zu erkennen.

Kurze Stadtgeschichte

Das bunte Gemisch der Bauten aus verschiedensten Epochen macht einen Reiz der makedonischen Hauptstadt aus. Überreste aus der ältesten griechischen Geschichte fehlen allerdings. Thessaloníki wurde erst im Jahr 315 v. Chr. durch den makedonischen Herrscher Kassándros gegründet. Er benannte die Siedlung nach seiner Gattin Thessalonike, einer Halbschwester Alexanders des Großen. 146 v. Chr. machten die 22 Jahre zuvor einmarschierten Römer Thessaloníki zur Hauptstadt ihrer Provinz Macedonia. In der Folgezeit profitierte die Stadt von ihrer Lage an einer der wichtigsten Handelsstraßen des Reichs, der von den Römern befestigten **Vía Egnatía.** Sie führte von Byzanz (heute: Istanbul) über Thessaloníki bis an die Adria. Zweimal, 49/50 und 59, besuchte der Apostel Paulus die Stadt; die Thessalonicher-Briefe an die von ihm gegründete Gemeinde zeugen als Teil des Neuen Testaments noch heute davon.

Römische Kaiserstadt

Einen ersten Höhepunkt erlebte die Stadtentwicklung unter dem römischen Kaiser Galerius (305–311), der Thessaloníki zur Hauptstadt des Römischen Reichs erhob. Vom einstigen Kaiser-Palast sind eindrucksvolle Mauerreste erhalten, die als Mausoleum des Galerius errichtete Rotónda ist noch weitgehend intakt. Kaiser Konstantin (306–337) verlegte die Hauptstadt zwar kurz darauf in das von ihm als Konstantinoúpolis neu gegründete Byzantion, Thessaloníki blieb aber weiterhin eine bedeutende Wirtschaftsmetropole. Unter Kaiser Justinian (527 bis 565) wuchs Thessaloníki zur zweitgrößten Stadt des Byzantinischen Reiches heran, während Athen zum Dorf verkümmerte. Viele neue Kirchen entstanden und wurden mit prächtigen Mosaiken ausgeschmückt; die Stadtmauern wurden immer wieder erneuert und verstärkt. Derart bewehrt konnte Thessaloníki in den folgenden Jahrhunderten Überfälle von Goten, Slawen und Awaren immer wieder erfolgreich abwehren; nur den Sarazenen gelang 904 die Einnahme und Plünderung der Stadt (s. Thema, S. 26).

163

Beute der Venezianer

Der Hochrüstung des katholischen Europas im Zeitalter der Kreuzzüge war das Byzantinische Reich gegen Ende des 12. Jh. nicht mehr gewachsen. Schon 1185 gelang Guillaume II., normannischer König von Sizilien, die Einnahme Thessaloníkis; 1204 eroberten Venezianer und Kreuzritter schließlich sogar die Reichshauptstadt Konstantinoúpolis. Bis 1261 wechselte die Stadt mehrmals Besatzer und Besitzer, dann kehrte sie für kurze Zeit an Byzanz zurück. Genueser und Venezianer nutzten sie in der Folgezeit als Handelsstützpunkt. Kulturell erlebte Thessaloníki im 14. Jh. ein Goldenes Zeitalter, zahlreiche neue Kirchen entstanden. 1430 eroberten die Türken die Stadt und gliederten sie dem Osmanischen Reich ein. An Bedeutung verlor sie dennoch nicht: Auch in 482 Jahren türkischer Fremdherrschaft blieb Thessaloníki die größte und wichtigste Stadt auf griechischem Boden.

Griechen als Minderheit

Die zweitgrößte Bevölkerungsgruppe – nach den Juden (s. Thema S. 165) – stellten bis 1913 die Türken. Fast alle Minarette und die meisten Moscheen in Thessaloníki wurden nach 1913 niedergerissen oder wieder in Kirchen verwandelt, viele türkische Profanbauten aber blieben erhalten und wurden in den letzten Jahren sogar restauriert. Ein weiteres Element im historischen Stadtbild Thessaloníkis sind mondäne Villen aus dem 19. und frühen 20. Jh., von denen noch mehrere verloren zwi-

schen gesichtslosen Neubauten entlang der Odós Vassilíssis Olgás erhalten geblieben sind. Hier wohnten zum Teil europäische Kaufleute, die seit dem 18. Jh. erheblich zur ethnischen Vielfalt der Stadt beitrugen.

Um 1900 zählte Thessaloníki etwa 160 000 Einwohner. Die Hälfte waren Juden, weitere 35 000 Türken und 30 000 Griechen. Als die griechischen Truppen 1912 in der Stadt einmarschierten, empfand das naturgemäß nur eine Minderheit tatsächlich als Befreiung. Die meisten Türken und manche Juden verließen in den nächsten zehn Jahren ihre Heimat; eine Gräzisierung setzte aber erst nach der Kleinasiatischen Katastrophe von 1922/23 ein (s. Thema, S. 102f.).

Die geplante Stadt

Am 18. August 1917 brach in der Mittagszeit in der Unterstadt ein Feuer aus, das innerhalb von drei Tagen fast 10 000 Gebäude in der Unterstadt und den unteren Teilen der Áno Póli in Schutt und Asche legte. 80 000 Menschen wurden obdachlos. Thessaloníki musste neu erbaut werden. Mit der Planung wurde der französische Architekt Ernest Hebrard beauftragt. Er überzog die Stadt mit einem doppelten Raster. Die Hauptachsen des gitterförmigen Straßennetzes wurden die Odós Aristotélous und die Vía Egnatía. Hinzu kamen diagonal verlaufende Straßen, die die wichtigsten Plätze und historischen Bauten miteinander verbinden sollten. Dieses Grundmuster wurde dann auch verwirklicht. Die vielen ur-

THESSALONÍKI – DIE »MUTTER ISRAELS«

Juden gab es in Thessaloníki schon, als der Apostel Paulus um 50 n. Chr. die Stadt besuchte. Wie die »Apostelgeschichte« berichtet, predigte er dort in deren Synagoge. Ob die Juden nach der Erhebung des Christentums zur Staatsreligion auswanderten oder sich taufen ließen, wissen wir nicht.

Nachdem die Türken die Stadt 1430 erobert hatten, waren viele Griechen entweder geflohen, getötet oder versklavt worden. Thessaloníki war nahezu menschenleer. Der Sultan siedelte zunächst Türken an. Die eigentliche Wiedergeburt Thessaloníkis allerdings begann erst nach 1492 mit dem Zuzug von über 20 000 sephardischen, aus dem spanischen Königreich vertriebenen Juden, denen das Osmanische Reich Asyl gewährte. Sie erhoben die Stadt zu einer blühenden Wirtschafts- und Kulturmetropole, die in der ganzen jüdischen Welt bald nur noch als »Mutter Israels« bezeichnet wurde.

Das Große Feuer von 1917 machte über 53 000 Juden obdachlos. Tausende wanderten daraufhin nach Palästina aus. Doch als die deutsche Wehrmacht am 9. April 1941 einmarschierte, lebten noch 50 000 Juden in der Stadt. Einige waren wohlhabende Bankiers, Fabrikanten und Kaufleute; die Mehrheit aber fristete als Kleinhändler, Arbeiter und Tagelöhner ihr Dasein. Viele jüdische Häuser wurden schon in den ersten Tagen der Besatzung konfisziert, Juden wurde der Besuch von Kaffeehäusern und Kinos verboten. Am 11. Juli 1942 mussten sich alle Juden auf dem Freiheitsplatz (Platía Eleftherías) versammeln. Sie wurden schikaniert, registriert und in Arbeitslager gebracht. Zwar wurden sie kurze Zeit später wieder entlassen, denn die jüdische Gemeinde hatte eine hohe Auslösesumme gezahlt, doch gegen Ende des Jahres kündigten neue Sanktionen und Frevel Schlimmes an. Alle jüdischen Betriebe wurden konfisziert, und der 2000 Jahre alte jüdische Friedhof wurde verwüstet. (An seiner Stelle stehen heute die Gebäude der Aristoteles-Universität.) Ab Februar 1943 mussten alle Juden Thessaloníkis den gelben Stern tragen und in den beiden neu eingerichteten jüdischen Ghettos leben. Im Februar 1943 verließ ein erster Zug mit in Viehwagen gepressten Juden den Bahnhof von Thessaloníki in Richtung Auschwitz. Bis zum August des gleichen Jahres folgten noch 18 weitere Transporte. 45 560 Juden wurden ins Vernichtungslager von Birkenau, weitere 441 in das von Bergen-Belsen deportiert. Nur 10 000 Juden aus Thessaloníki überlebten den Holocaust, nur 2000 kehrten nach Thessaloníki zurück. Heute leben in Thessaloníki noch etwa 1000 jüdische Mitbürger. Die jüdische Gemeinde unterhält drei Synagogen, ein Altersheim, einen Kindergarten und eine Grundschule.

Vom alten jüdischen Thessaloníki ist heute nichts mehr direkt sichtbar. Die traditionelle Volksmusik der sephardischen Juden mit 16 Liedern in ihrem spanischen Dialekt kann man aber noch hören: auf einer von Savína Giannátou besungenen CD mit dem Titel »Primavera en Salonico, Ánixi sti Saloníki« (Lyra-CD 4765).

sprünglich geplanten Parks und klassizistischen Gebäude fielen jedoch größtenteils der Flüchtlingskatastrophe zum Opfer. Vielgeschossige Mietshäuser mussten das Wohnungsproblem lösen. Sie säumen heute vor allem die Hauptstraßen Vía Egnatía und Odós Tsimiskí, während die Bebauung von Platía und Odós Aristotélous noch den klassizistischen Plänen Hebrards entspricht.

Die Stadt der Märkte

Vláli-Markt und Modiano-Markthalle

Von seiner buntesten und lebhaftesten Seite zeigt sich Thessaloníki auf den Märkten, die ganz zentral in der Nähe der Platía Aristotélous liegen. Im Rechteck zwischen Odós Aristotélous, Odós Ermoú, Odós El. Venizélou und Vía Egnatía werden auf dem **Vláli-Markt** 1 und in der **Modiano-Markthalle** 2 vor allem Obst und Gemüse, Gewürze und Kräuter, Fleisch, Fisch, Käse, Nüsse und Haushaltswaren im diffusen Licht nackter Glühbirnen und heller Strahler angeboten. Alle Waren sind fein säuberlich ausgestellt. Die Salate werden immer wieder mit Wasser besprenkelt, Äpfel und Orangen jeden Morgen blank geputzt. Hammelhoden liegen wie in militärischer Marschformation ausgerichtet; Rinder-, Schweine- und Lammhälften hängen an Haken. Die Kaninchen tragen einen letzten Fellrest, damit niemand sie für Katzen hält. Für nahezu alle Lebensmittel – ob Obst, Gemüse oder Fleisch – wird auf kleinen Kreidetafeln neben

dem Preis auch der Herkunftsort angegeben; Griechen wissen schließlich, was in welcher Region am besten gedeiht und wächst. Dazwischen bieten fliegende Händler Servietten und Socken, Jeans und Einkaufstüten, geschmuggelte Zigaretten oder auch nur Kräuter aus dem Hausgarten an, werben Losverkäufer um Kunden. In der Modiano-Markthalle können sich die Marktbesucher in mehreren kleinen Kneipen mit *souvláki, gíros* und der Kuttelsuppe *patsá* stärken; auf dem Vláli-Markt steht man an einer Imbissbude mit einem Glas Bier vom Fass mitten auf der meistfrequentierten Wegekreuzung.

Marktviertel Vatikióti

Im gegenüberliegenden Marktviertel **Vatikióti** 3 zwischen Odós Aristotélous, Odós Ermoú, Odós Agías Sophías und Vía Egnatía geht es ruhiger zu. Hier bieten Tischler ihre Kleinmöbel wie Tische und Stühle feil, finden Sammler alte Münzen, Briefmarken und historische Stiche. Die kleinen Tavernen und Ouzerien des Viertels sind vor allem in der Mittagszeit gut besucht.

Yachoudi Hamam und Bezesténi

Ganz in der Nähe des Vláli-Markts stehen die Blumenhändler vor dem **Yachoudi Hamam** 4 (Odós Vass. Iraklíou), einem türkischen Bad aus dem 16. Jh. Ein paar Schritte davon entfernt dient der von sechs Kuppeln überkrönte **Bezesténi** 5 (Odós El. Venizélou) bereits seit dem Ende des 15. Jh. als Markthalle für Textilhändler und Juweliere.

Rundgang durch die Unterstadt

Der **Bezesténi** 5 eignet sich gut als Startpunkt für einen etwa drei- bis vierstündigen Rundgang durch die Unterstadt, der zu den bedeutendsten Sehenswürdigkeiten aus Antike, byzantinischer und türkischer Zeit führt und darüber hinaus noch Anregungen für die Abendgestaltung gibt.

Hamza Bey-Moschee

Die **Hamza Bey-Moschee** 6 (Vía Egnatía) aus dem frühen 17. Jh. mit ihren vier Kuppeln hat 1978 stark unter einem Erdbeben gelitten. An ihre Außenmauern schmiegen sich noch einige kleine Uhrmacher- und billige Schuhgeschäfte, eine Innenbesichtigung ist nicht möglich.

Platía Dikastírion

In östlicher Richtung folgt an der Vía Egnatía nach wenigen Metern ein weiter Platz. Offiziell heißt er **Platía Archéas Agorás,** wird aber von jedem weiterhin mit seinem alten Namen **Platía Dikastírion** genannt. Auch der Busbahnhof der innerstädtischen Linien nennt sich weiterhin so. Mit seinen kleinen Parkanlagen, Bänken und Basketballkörben ist der Platz ein viel besuchter Treff von Jugendlichen, Rentnern und vor allem von vom

Siehe Cityplan S. 168/169

Sehenswürdigkeiten

1   Vláli-Markt
2   Modiano-Markthalle
3   Marktviertel Vatikióti
4   Yachoudi Hamam
5   Bezesténi
6   Hamza Bey-Moschee
7   Panagía Chalkéon
8   Bey Hamam
9   Römisches Forum
10   Ágios Dimítrios
11   Yeni Hamam
12   Alaza Imaret
13   Rotónda
14   Ágios Geórgios
15   Galerius-Bogen
16   Römischer Kaiserpalast
17   Basilika Achiropítos
18   Agía Sophía
19   Weißer Turm
20   Archäologisches Museum
21   Byzantinisches Museum
22   Hafenviertel Ladadiká
23   Eptapírgio
24   Ánna Paleológina-Tor
25   Trigónios-(Aliséos-)Turm
26   Andrónikos Paleológos-Tor
27   Moní Vlatadón
28   Ósios Davíd
29   Ágios Nikólaos Orphanós
30   Profítis Ilías
31   Agía Ekateríni
32   Ágii Apóstoli
33   Atatürk-Museum
34   Design-Museum
35   Ethnologisches Museum von Makedonien und Thrakien

THESSALONÍKI

0   500 m

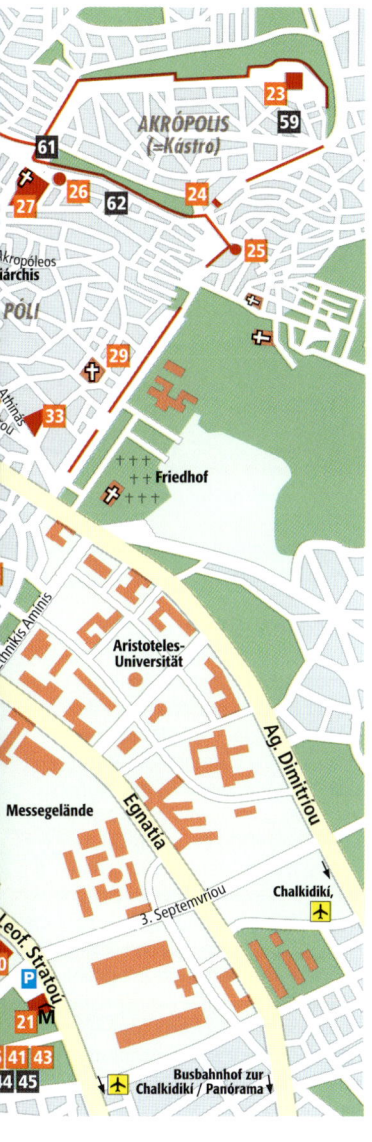

36	Filmmuseum
37	Geschichtszentrum von Thessaloníki
38	Kunstgalerie der Gesellschaft für Makedonische Studien
39	Museum der Musikinstrumente
40	Museum jüdischen Lebens in Thessaloníki
41	Museum der Prähistorischen Altertümer
42	Museum des Makedonischen Kampfes
43	Nordgriechisches Kulturzentrum
44	Städtische Pinakothek

Übernachten

45	Macedonia Palace
46	Mediterranean Palace
47	Capsís Bristol
48	Electra Palace
49	Esperia
50	Park
51	Galaxy
52	Oréstias Kastoriá

Essen und Trinken

53	Agorá
54	Aristotélous
55	Ta Ladadiká
56	Zíthos
57	Miróvolos Smírni
58	Pit Bazar
59	To Genti
60	Hotpot
61	Makedonikó
62	O Tzótzos
63	Ta Spáta

Ihre bunteste Seite zeigt die Stadt auf den Märkten – hier die Modiano-Markthalle

Schwarzen Meer eingewanderten Póntos-Griechen, die hier von der Polizei völlig unbehelligt unversteuerte Zigaretten anbieten.

Panagía Chalkéon und Bey Hamam

Zwei historische Bauten im unteren Teil des Platzes lohnen einen kurzen Besuch. Stufen führen hinunter zur Kirche **Panagía Chalkéon** 7, der Marienkirche der Kupferschmiede. Sie ist von einem kleinen, gepflegten Rosengarten umgeben. Im Innern sind verbleichende Fresken aus der Erbauungszeit, dem frühen 11. Jh., zu sehen. (Odós Chalkéon, tgl. 7–12 und 18–20 Uhr.)

Der gegenüberliegende Bau des **Bey Hamam** 8 aus dem Jahr 1444 war einst das größte türkische Bad auf griechischem Boden; seit 1999 kann es wieder besichtigt werden. (Vía Egnatía, Mo–Fr 8–19, Sa/So 8.30–15 Uhr.)

Römisches Forum

Am oberen Rand stößt die Platía Dikastírion auf das ca. 2 ha große Ausgrabungsgelände des **Römischen Forums** 9. Bis zum großen Stadtbrand von 1917 war es völlig mit Wohnhäusern überbaut. Beim Abriss der Brandruine entdeckte man die Spuren der Antike. Als in den 1960er Jahren an dieser Stelle ein neues Gerichtsgebäude errichtet werden sollte, wurden die Archäologen aktiv. Sieben Jahre lang kämpften sie gegen die Baupläne und waren letztendlich erfolgreich. Der gegen Ende des 2. Jh. erbaute Marktplatz bestand aus einem gepflasterten Hof, der auf drei Seiten von Säulenhallen umgeben war. In die Nordost-Stoá eingefügt waren eine Münzprägestätte und ein kleines Theater, das **Odéon.** Unter der Südwest-Stoá verlief eine heute ans Tageslicht gebrachte, einst unterirdische Passage (Kryptoporticus), die auf beiden Seiten von Läden, Lagerhallen oder Schenken gesäumt war – ein Vorläufer moderner Einkaufspassagen also. Nach dem Willen der Archäologen soll das Römische Forum wieder zu einem Lebensmittelpunkt der Stadt werden. Im Odéon finden bereits wieder Vorträge, Theateraufführungen und Konzerte statt, der Marktplatz selbst soll für öffentliche Großveranstaltungen genutzt werden. Der **Kryptoporticus** wird bereits für Ausstellungen genutzt (tgl. 8–17 Uhr).

Ágios Dimítrios

Die nahe Kirche **Ágios Dimítrios** 10 ist dem Schutzpatron der Stadt geweiht. In der Ostkirche ist der hl. Dimítrios neben dem hl. Georg der am meisten dargestellte Soldatenheilige. Der Legende nach predigte der in Thessaloníki geborene römische Offizier heimlich das Evangelium, wurde deswegen festgenommen und um 303 in den Thermen der Stadt durch Lanzenstiche hingerichtet. Schon gleich nach dem Erlass des Toleranzedikts von Mailand im Jahr 313 durch Kaiser Konstantin setzte seine Verehrung ein. In der zweiten Hälfte des 5. Jh. entstand dann über seinem Grab in den Thermen eine über 43 m lange und 33 m breite fünfschiffige Basilika. Die Türken nutzten sie ab 1493 als Moschee; 1917 brannte sie bis auf ihre Grundmauern nieder und wurde weitgehend im alten Stil neu auf-

gebaut. (Odós Agíou Dimítriou, tgl. 7–22 Uhr, Krypta Di–Sa 8–20 Uhr, Mo nur 12.30–19, So 10.30–20 Uhr.)

Für orthodoxe Christen ist die **Reliquie des Heiligen** der bedeutendste Schatz der Kirche. Er ruht unter einem marmornen Baldachin im linken Seitenschiff. Für den an Kunst interessierten Reisenden sind vor allem fünf **Mosaike aus dem 7. Jh.** sowie eins aus dem 9. Jh. von Belang. Diese Mosaike haben allesamt den Brand von 1917 unversehrt überstanden. Durch ihre nuancierte Farbgebung und schlichte Eleganz zählen sie zu den Meisterwerken frühchristlicher Kunst. Drei Mosaike sind am rechten Pfeiler vor der Apsis, zwei am linken zu sehen, ein weiteres ganz im Westen des inneren rechten Seitenschiffs. Das **Mosaik der Gottesmutter mit dem hl. Theodósios** am linken Apsispfeiler (9. Jh.) unterscheidet sich von den 200 Jahre älteren vor allem dadurch, dass hier die Figuren nicht streng frontal dargestellt sind, sondern dass sich die Panagía etwas dem hl. Theodósios zuwendet. Der historisch bedeutsamste Teil der Kirche ist die **Krypta** unter dem Altarraum, der ehemalige Ostteil der römischen Thermen. Hier soll der Heilige getötet und beigesetzt worden sein.

Yeni Hamam und Alaza Imaret

Unmittelbar nordöstlich der Kirche dient der **Yeni Hamam** 11 (Odós Agíou Nikólaou) heute unter dem Namen »Aigli« im Sommer als stimmungsvolles Freiluftkino mit Barbetrieb und im Winter als Konzertsaal, in dem vor al-

171

lem griechische Sänger und Liederma-cher auftreten. Erbaut wurde das ehe-malige türkische Bad mit seinen zwei weit gespannten Kuppeln im späten 16. Jh. Nur ein paar Schritte weiter steht mit dem **Alaza Imaret** 12 (Odós Galilaiou) eine 1484 erbaute Moschee mit zahlreichen Kuppeln.

Rotónda

Eine Brücke zwischen Mittelalter und Antike schlägt die **Rotónda** 13, auch »Ágios Geórgios« genannt. Der römi-sche Kaiser Galerius ließ den mächti-gen, dreistufigen Ziegelsteinrundbau Anfang des 4. Jh. wahrscheinlich als Mausoleum für sich selbst errichten. Während der Regierungszeit des christlichen Kaisers Theodósios (379 bis 391) wurde die Rotónda dann zur Kirche umgestaltet. Im Osten entstand durch den Ausbau einer von acht großen Mauernischen eine längliche Apsis als Standort für den Altar. Im Westen setzte man eine Eingangshal-le vor den Rundbau. 1590 wurde aus der Kirche dann eine Moschee; davon

zeugt noch das hohe **Minarett** – übri-gens der einzige in Thessaloníki noch erhaltene Turm einer Moschee.

Heute dient die Rotónda als Muse-um. Viele orthodoxe Christen sind da-mit überhaupt nicht einverstanden. Ih-re Klage auf Rückgabe des Baus an die Kirche wurde aber in letzter Instanz abgewiesen. 1999 hat man sich außer-gerichtlich geeinigt: Jetzt darf das Mu-seum einmal monatlich für einen or-thodoxen Gottesdienst genutzt wer-den. Wer einmal einen Gottesdienst unter der fast 25 m weit gespannten Kuppel der Rundkirche erlebt hat, kann nur bedauern, dass sie jetzt zum Museum herabgestuft wurde. Sieht man andererseits die einzigartigen frühchristlichen Mosaike in der Kuppel und den Mauernischen, wird man ein-sehen, dass zu ihrem Schutz alles Erdenkliche getan werden muss. So haben die Denkmalpfleger sie in jahre-langer Arbeit zunächst einmal abge-nommen, um das Mauerwerk dahinter mit Zement und Titaniumnägeln stabi-lisieren zu können und sie dann ori-ginalgetreu wieder aufgebracht. Die **Mosaike in der Kuppel,** die in die Zeit um 400 datiert werden, stellen beten-de christliche Märtyrer in feierlichen Gewändern dar. Sie stehen vor einer märchenhaft anmutenden Architektur-kulisse mit Bögen und Giebeln, Balda-chinen und Balkonen, Halbkuppeln und Säulen. Edelsteine, Teppiche, Blumen und Pfauen zieren die Fassa-den. In den Gewölben der Mauerni-schen zeigen die Mosaike geometri-sche Ornamente, Blätter, Blumen, Früchte, Vasen und Tafelgeschirr. (Di–So 8–17 Uhr.)

Klassische Konzerte

Thessaloníkis hochmoderne Kon-zerthalle, das Mégaro Mousikís in der Odós 25is Martíou, präsentiert mehrmals wöchentlich klassische Konzerte, Opern, Ballet, aber auch griechische Musik vom Feinsten. Programmauskünfte erhält man unter Tel. 23 10 89 59 38, www.tch. gr (Mo–Sa 8.30–21.30 Uhr).

Ágios Geórgios und Galerius-Bogen

Gegenüber vom Eingang zur Rotónda ist die moderne Kirche **Ágios Geórgios** 14 einen kurzen Blick wert. Sie wird zur Zeit mit von der Gemeinde finanzierten Fresken ausgeschmückt, darunter einer sehr schönen **Darstellung der Stillenden Gottesmutter.**

Eine heute als Grünanlage gestaltete Achse verbindet die Rotónda mit dem nahen Überrest des **Galerius-Bogens** 15 (Vía Egnatía), der um 306 zu Ehren des gleichnamigen Kaisers errichtet wurde. Ursprünglich überspannte er als eine Art Torgebäude die Vía Egnatía und bildete zugleich das Eingangstor zum kaiserlichen Palastbezirk. Die kürzlich gereinigten **Marmorreliefs,** die das gesamte Ziegelsteinmauerwerk überziehen, zeigen Szenen aus verschiedenen Feldzügen des Imperators.

Kaiserpalast

Vom Galerius-Bogen führt die Fußgängerzone Odós Gounári in Richtung Meer und streift dabei das Ausgrabungsgelände mit den **Überresten des römischen Kaiserpalastes** 16. Eingezwängt zwischen hohe Mietshäuser stehen die Mauern des so genannten Oktogons noch in eindrucksvoller Höhe. Wahrscheinlich barg es in der Antike einen repräsentativen Bankettsaal.

Kirchen Achiropítos und Agía Sophía

Statt direkt zum Kaiserpalast zu gehen, können Kirchenfreunde einen kleinen Umweg machen und noch zwei weitere bedeutende byzantinische Kirchen an der Odós Agías Sophías besuchen. Die dreischiffige Basilika **Achiropítos** 17 musste zwar nach dem Stadtbrand von 1917 neu errichtet werden, besitzt aber noch ihre alten Säulen mit ionischen und korinthischen Kapitellen sowie Teile ihres **Mosaikschmucks** aus dem 5. Jh. mit floralen und ornamentalen Motiven sowie einigen Vogeldarstellungen. (Tgl. 7–12, 17–19 Uhr.)

Die Kuppel der im 8. Jh. erbauten **Agía Sophía** 18 trägt das vielleicht schönste Mosaik der Stadt. Das **Kuppelmosaik** entstand kurz nach dem Ende des Bilderstreits in der Mitte des 9. Jh. Vor einem goldenen Hintergrund bilden die zwölf Apostel sowie die von zwei Engeln flankierte Gottesmutter einen Kreis. Die Figuren sind durch stilisierte Olivenbäume voneinander getrennt. In der Mitte der Kuppel tragen vier Engel den auf einem Regenbogen thronenden Christus in einer Aureole gen Himmel. (Tgl. 7–19 Uhr.)

Weißer Turm

Vom Kaiserpalast sind es zu Fuß nur noch zwei Minuten bis zum **Weißen Turm** 19 am Ufer des Thermäischen Golfes. Er wurde 1430 von venezianischen Architekten als Verstärkung der Hafenbefestigungen geplant. Im Turm führt ein breiter, spiralförmiger Aufgang mit nur wenigen Stufen vom Erdgeschoss bis hinauf auf das Dach. Von dort genießt man einen weiten Blick über das Meer bis zum Olymp und über die ganze Altstadt bis hinauf zur Akrópolis. (Leofóros Níkis, Di–So 8.30–

Wandeln am Thermäischen Golf – im Hintergrund der Weiße Turm

15 Uhr; die Öffnungszeiten ändern sich sehr häufig, Tel. 23 10 26 78 32.)

Die zwei Top-Museen

Archäologisches Museum

Durch eine kleine Grünanlage mit großem Kinderspielplatz und mehreren guten Cafés gelangt man vom Weißen Turm in etwa fünf Minuten zum **Archäologischen Museum** [20], 1962 erbaut und 1980 erweitert, das Funde aus ganz Makedonien ausstellt. Von besonderem Interesse ist die Ausstellung über die Verwendung und Herstellung von Modeschmuck in der Antike. Kunsthistorisch am wertvollsten sind die Funde aus Dervéni, 11 km nordöstlich von Thessaloníki, wo die Archäologen 1962 Gräber aus dem 4. Jh. v. Chr. aufdeckten. Einzigartig ist der dort ans Tageslicht gekommene bronzene Prunkkrater: ein 91 cm hoher Krug, in dem Wein und Wasser gemischt wurden. Reliefdarstellungen zeigen vier kleine bärtige Köpfe und vielerlei Tiere wie Panther, Löwe, Greif und Hirsch. Große, äußerst erotisch anmutende Reliefs zeigen zwei verliebte Paare. Auf den Schultern des Kraters sitzen zudem vier vollplastische Figuren.

Älter sind die Grabfunde aus Síndos, einem 25 km westlich von Thessaloníki gelegenen Dorf. In 121 Gräbern der Zeit zwischen 560 und 440 v. Chr. fanden die Archäologen 1980 viel Schmuck aus Gold, Bernstein und Glasfluss, Terrakottafiguren und Keramik, Helme mit Goldbesatz sowie mehrere Schwerter und Dolche aus Eisen.

Zahlreiche Skulpturen, Grabreliefs und Architekturfragmente aus hellenistischer und römischer Zeit sowie eine sehr große Sammlung antiker Sarkophage im Museumsgarten runden die Sammlung ab. (Odós Manóli Andrónikou 6; tgl. 8–19.30, Winter 8.30–15 Uhr)

Byzantinisches Museum

Nur wenige Schritte vom Archäologischen Museum entfernt steht das zweite und modernste der Top-Museen Thessalonikis, das **Museum der byzantinischen Kultur** 21. Es wurde 2005 mit dem Museumspreis des Europarats ausgezeichnet und gibt in neun sehr großzügig konzipierten Sälen einen faszinierenden Einblick in Architektur, Sakralkunst und Alltagsleben im byzantinischen Kulturkreis zwischen 5. und 15. Jh. Einen besonderen Schwerpunkt bildet die frühchristliche Kunst in den ersten drei Museumssälen.

Anhand zahlreicher Architekturfragmente und Rekonstruktionen wird gezeigt und erklärt, wie frühchristliche Basiliken aussahen. Man erfährt, welche Werkzeuge die Menschen jener Zeit besaßen, wie sie sich kleideten und welche Kosmetika sie benutzten. Auch Wandmalereien und Bodenmosaiken aus einem privaten Wohnhaus jener Ära sind zu sehen. Ganz besonders interessant ist der dritte Saal. Er ist den Begräbnissitten des 4. bis 7. Jh. gewidmet. Zahlreiche Gräber verschiedener Bevölkerungsschichten und die darin gefundenen Grabbeigaben sind ausgestellt; dabei erfährt man, wie heidnische Sitten sich im Christentum fortsetzten und wie manche Elemente

abgewandelt wurden. (Leofóros Strátou 2, Mai–Okt. Mo 13–19.30, Di–So 8–19.30 Uhr, Nov.–April Mo 10.30–17, Di–So 8.30–17 Uhr, Tel. 23 10 86 85 70, www.mbp.gr.)

Von der Eingangshalle des Museums aus erreicht man auch den kleinen Museums-Shop mit guten Souvenirs und das große Museums-Bistro mit einer ausgezeichneten Küche.

Fortsetzung des Stadtrundgangs

Vom Byzantinischen Museum kann man nun zum Weißen Turm und von dort immer am Ufer entlang zur Platía Aristotélous zurückgehen. Wer nun lieber in Schaufenster schaut, wählt für den Rückweg dorthin besser die Odós Tsimíski.

Geht man dann von der Platía Aristotélous am Wasser entlang in Richtung Hafen, kommt man zur Platía Eleftherías. Von dort besteht die Möglichkeit, mit dem Stadtbus Nr. 23 in die Oberstadt und zur Akrópolis hinaufzufahren.

Ladadiká

Einen Blick lohnt zuvor aber auch noch das aufwändig restaurierte Hafenviertel **Ladadiká** 22. Alte Lagerhallen, Werkstätten, Läden und Wohnhäuser wurden instand gesetzt und farbenfroh angestrichen, die schmalen Straßen und kleinen Plätze neu gepflastert und für den Autoverkehr gesperrt. In den Gebäuden haben sich mehrere Dutzend

175

geführt, von dem aus man einen Blick in den Gefängnishof werfen kann; in einigen der Zellentrakte werden Fotos und Objekte gezeigt, die vor allem über die Haftbedingungen während der Zeit der Militärdiktatur informieren (Di–So 8–19, Winter 8.30–15 Uhr.)

Tore und Türme, Moní Vlatadón

Vom Eptapírgio gelangt man an der byzantinischen Stadtmauer entlang abwärts zu einem kleinen Platz mit Tavernen und dem **Ánna Paleológina-Tor** 24, einem der beiden Tore, die die Akrópolis mit der Áno Póli verbanden. Verlässt man die Akrópolis durch dieses Tor und wendet sich nach links, steht man sogleich vor einem der mächtigsten Türme der byzantinischen Stadtmauer, dem **Trigónios-** oder **Aliséos-Turm** 25. Von hier aus ist der Blick auf Thessaloníki besonders schön. Folgt man dann dem Verlauf der Stadtmauer weiter gen Westen, trifft man bald auf das **Andrónikos Paleológos-Tor** 26, das zweite Tor der Akrópolis. Schräg gegenüber liegt das schon im 14. Jh. gegründete, heute vollständig modernisierte Mönchskloster **Moní Vlatadón** 27 130 m über dem Meeresspiegel.

Ósios Davíd

Um die etwas unterhalb des Klosters sehr versteckt gelegene Kirche **Ósios Davíd** 28 (tgl. 8–12 und 17–19 Uhr) zu finden, wird man etwas suchen oder nach dem Weg fragen müssen. Von allen Kirchen der Stadt ist diese sicher-

Deutsch-Griechisches

Länger in Thessaloníki? Dann lohnt der Kontakt zum Goethe-Institut mit seinem interessanten Veranstaltungsprogramm. Einfach mal hingehen in die Odós Vass. Ólgas 66 (Nähe Hotel Macedonia), Tel. 23 10 88 96 10.

teure Restaurants, Musik-Bars und Cafés angesiedelt; Ladadiká hat sich zu einem nächtlichen, ausgesprochen lauten Vergnügungsviertel der *Jeunesse dorée* Thessaloníkis gewandelt.

Kástro und Altstadt (Áno Póli)

Eptapírgio

Eine Besichtigung der Oberstadt von Thessaloníki beginnt man am besten an der Zitadelle, dem **Eptapírgio** 23 am höchsten Punkt der auch Kástro genannten Akrópolis. Man kann sich dort vom Taxi absetzen lassen oder mit dem Linienbus Nr. 23 von der Platía Eleftherías aus hinauffahren. Der Name der Zitadelle bedeutet zwar »Siebenturm«, in Wahrheit aber besitzt sie zehn Türme. Wann sie erbaut wurde, ist unbekannt. Vom Ende des 19. Jh. bis 1989 wurde sie als Gefängnis benutzt, für das Jahr der Kulturhauptstadt Europas wurde sie restauriert und dient jetzt als einzigartiges Gefängnis-Museum. Man wird in den ehemaligen Besucherraum

lich die stimmungsvollste. Der kleine, eher wie ein simples Wohnhaus wirkende Bau steht am Rande einer kleinen Gartenterrasse mit schönem Blick über die Stadt. Die Küsterin hat Sitzgelegenheiten und Tische improvisiert, die zur Rast einladen. Als die Kirche im 5. oder 6. Jh. erbaut wurde, war sie noch doppelt so groß und besaß einen kreuzförmigen Grundriss mit einer einfachen Vierungskuppel. Die Türken rissen Kuppel und Westteil der Kirche später ab, deckten das Dach mit Ziegeln, fügten auch die winzige Kolonnade mit hölzernen Pfosten an und verlegten den Eingang in die Südwand (sonst ist er bei Kirchen ja immer im Westen). Das frühchristliche **Apsismosaik** wurde übertüncht und blieb deshalb erhalten. Erst als der Putz durch ein Erdbeben abbröckelte, entdeckte man es wieder. Das Werk aus der Zeit um 500 zeigt ein ungewöhnliches Motiv. Christus thront jugendlich und bartlos in einer Aureole auf einem Regenbogen. Die Aureole wird von den Symbolen der vier Evangelisten – Löwe, Stier, Adler und Mann – gehalten. Unter der Aureole entspringen die vier Paradiesflüsse aus einem Hügel. In den beiden unteren Ecken sitzen die Propheten Ezechiel und Habakuk. Tiere, Pflanzen und Häuser ergänzen die sehr gut erhaltene Komposition.

Vier Kirchen

Für den weiteren Weg in die Unterstadt eröffnen sich nun zwei Alternativen. Die eine führt noch zur Kirche **Ágios Nikólaos Orphanós** 29 und anschließend vorbei am **Atatürk-Museum** 33 zur Rotónda und zum Galerius-Bogen. Die andere führt zur Kirche **Profítis Ilías** 30 und folgt dann zunächst der Hauptverkehrsstraße Odós Olympiádos nach Westen und schließlich dem Verlauf der Stadtmauer zu den Kirchen **Agía Ekateríni** 31 und **Ágii Apóstoli** 32 und dann weiter zum westlichen Ende der Vía Egnatía.

Ágios Nikólaos Orphanós 29 liegt idyllisch in einem verwilderten Garten zwischen alten Wohnhäusern. Der **Freskenschmuck aus dem 14. Jh.** ist außergewöhnlich gut und vollständig erhalten, sodass sich der Besuch dieser kleinen Kirche ganz besonders lohnt (tgl. 8–12, 18–19 Uhr).

Profítis Ilías 30 aus dem 14. Jh. wirkt mit ihren vielen Kuppeln und der viereckigen Vorhalle einzigartig. Vorbild des Architekten waren die Klosterkirchen auf dem Berg Áthos (tgl. 6–12, 18–21.30 Uhr).

Agía Ekateríni 31 aus dem 13. Jh. besitzt ein besonders schönes Mauerwerk und Fresken aus der Erbauungszeit (tgl. 7–12, 18–20 Uhr).

Ágii Apóstoli 32 ist eine 1315 geweihte Kreuzkuppelkirche. Die Ziegel in ihrem Mauerwerk sind zu zahlreichen dekorativen Bändern und Symbolen zusammengefügt. Mosaike und Fresken stammen aus dem 14. Jh. Einige Ruinen in unmittelbarer Nähe stammen ebenso wie die große Zisterne vom Kloster, zu dem die Kirche einst gehörte (tgl. 7.30–12, 18–19 Uhr).

Tourist-Information: Odós Tsimiski 136 (nahe dem Archäologischen Museum), Tel. 23 10 22 11 00, Fax 23 10 22 13 80, tour-the@otenet.gr. Weitere (aber

MUSEEN FÜR SPEZIALISTEN

Die Ernennung Thessaloníkis zur Kulturhauptstadt Europas 1997 und die damit verbundenen Finanzspritzen aus Brüssel und Athen haben zu einem wahren Museums-Boom geführt. Der offizielle Museumsführer nennt über 25 Museen, von denen viele sich bei speziellem Fachinteresse lohnen. Ob und wann sie geöffnet sind, erfragt man am besten vor Ort telefonisch direkt bei den Museen; die Angaben auf den folgenden Seiten sind nur vorläufig und können sich ändern. Infos über viele der Museen im Internet unter www.museumsofmacedonia.gr.

Atatürk-Museum 33: In dem Haus auf dem Gelände des heutigen Türkischen Generalkonsulats wurde Mustafa Kemal, der Begründer der modernen Türkei, 1881 im Kaminraum im zweiten Stock geboren. 1888 musste seine mittlerweile verwitwete Mutter mit ihm aus Kostengründen ausziehen; 1908 kaufte der inzwischen Offizier gewordene Mustafa Kemal das Haus. Nach der Übernahme Thessaloníkis durch die Griechen verkaufte die Stadt das Haus an eine griechische Familie; 1937 wurde es jedoch dem zum »Vater der Türkei« avancierten Mustafa Kemal, genannt Atatürk, zurückgegeben und der Verwaltung des Generalkonsulats unterstellt. Die Einrichtungsgegenstände sind zwar zeitgenössisch, aber nicht authentisch. (Odós Apóstolou Pávlou 75, Mo–Fr 10–17 Uhr, Tel. 23 10 24 84 52.)

Design-Museum 34: 1200 Beispiele klassischen Designs des 20. Jh., darunter Möbel und Lampen, Büroartikel, Haushaltsgeräte, Spielzeug und Verpackungen. (Odós Al. Michailidi 11, bis auf weiteres nur nach Vereinbarung, aber gerne, man spricht Englisch, Tel. 23 10 84 66 44, Fax 23 10 83 95 37.)

Ethnologisches Museum von Makedonien und Thrakien 35: Sehr umfangreiche und interessante Ausstellung in einem von Eli Modiano geplanten und 1995/96 restaurierten Stadthaus von 1906. Zu sehen sind u. a. Trachten und Schmuck, Schattenspielfiguren und Holzschnitzereien, Musikinstrumente, Keramik, Möbel und Werkzeuge aller Art. Eine neue Sonderausstellung soll über die Methoden der Energiegewinnung in traditionellen Gesellschaften informieren. (Folk-life and Ethnological Museum of Macedonia and Thrace, Odós Vass. Ólgas 68, Fr–Mi 9–14 Uhr, Tel. 23 10 83 05 91.)

Filmmuseum 36: Alles rund um das griechische Kino, inklusive der Filmmusik. Großes Archiv, viele interessante Standfotos und Filmplakate. (Cinema Museum, Hafen, Lagerhalle A', Mo–Fr 10–15 Uhr, im Winter Mo, Fr, Sa 10–15 und Di, Mi, Do 10–22 Uhr, Tel. 23 10 50 83 98.)

Geschichtszentrum von Thessaloníki 37: Schriftliche Dokumente, Zeichnungen, Fotos und AV-Material zur Stadtgeschichte. (Thessaloníki History Centre, Platía Ippodromíou, Mo–Fr 9–14 Uhr sowie 18–21 Uhr, im Winter 17–20 Uhr, Tel. 23 10 26 46 68.)

Kunstgalerie der Gesellschaft für Makedonische Studien 38: 300 Werke der griechischen Malerei seit 1850 sowie historische Ansichten von Thessaloníki, ausgestellt im nüchternen Obergeschoss des Nationaltheaters von Nordgriechenland (Fahrstuhl). (Art Gallery of the Society of Macedonian Studies, Odós Nikólaou Germanoú 1, So–Fr 9–14 Uhr, Tel. 23 10 23 86 01.)

Museum antiker, byzantinischer und postbyzantinischer Musikinstrumente 39: Das Museum zeigt über 200 Musikinstrumente, die die griechische Musikgeschichte der letzten 4000 Jahre illustrieren. Da die meisten Instrumente aus Holz gefertigt waren, sind außer einigen metallenen Objekten keine Originale zu sehen. Es handelt sich vielmehr um Instrumente, die nach historischen Bild- und Textquellen rekonstruiert wurden. Meist sind diese historischen Quellen auf den Erklärungstafeln im Museum reproduziert, so dass man selbst Original und Nachbau miteinander vergleichen kann. Dank elektronischer Medien kann man auch Klangbeispiele vieler Instrumente hören; bei besonderem Interesse ist es auch möglich, den Zugang zu einem großen elektronischen Musikarchiv zu beantragen. (Museum of Ancient Greek, Byzantine and Post Byzantine Instruments, Odós Katoúni 12–14, Ladadiká-Viertel, Mi–Mo 10–14, 17–19 Uhr, Eintritt frei, Tel. 23 10 55 52 65.)

Museum jüdischen Lebens in Thessaloníki 40: Das Museum in einem historischen Stadthaus aus dem Jahr 1906 soll an die jüdischen Bewohner der Stadt und an ihre Geschichte zwischen 1492 und 1944 erinnern. (Museum of Jewish Presence in Thessaloníki, Odós Agíou Miná 13, Di–Fr und So 11–14 Uhr, Mi und Do auch 17–20 Uhr, Eintritt frei, Tel. 23 10 25 04 06.)

Museum der Prähistorischen Altertümer 41: Auf dem Gelände der prähistorischen und klassisch-griechischen Siedlung sollen Funde aus der Stein- und Bronzezeit ausgestellt werden, die im Großraum von Thessaloníki gefunden wurden. (Prehistoric Antiquities Museum, Stratópedio Kódraalso [Kódra-Kaserne], Kalamariá, Tel. 23 10 83 05 38.)

Museum des Makedonischen Kampfes 42: Das neoklassizistische Gebäude, vom deutschen Architekten Ernst Ziller 1893 fertiggestellt, beherbergte bis 1912 das griechische Konsulat im türkischen Thessaloníki. Die Ausstellung illustriert die Balkankriege von 1912/13 mit Fotos, Waffen, Kostümen und Uniformen, Zeitungsausschnitten und Dioramen. (Museum of the Macedonian Struggle, Odós Próxenou Koromíla 23, Di–Fr 9–14 Uhr, Mi auch 18–20 Uhr, Sa/So 11–14.30 Uhr, Tel. 23 10 22 97 78.)

Nordgriechisches Kulturzentrum der Nationalbank von Griechenland 43: Allein schon das Gebäude, eine romantisch verspielte, aufwendig restaurierte Villa aus dem Jahr 1898, ist den Besuch wert. Präsentiert werden moderne griechische Kunst und Wechselausstellungen zur Geschichte Nordgriechenlands. (Cultural Centre of Northern Greece, Odós Vass. Ólgas 108, Di–So 10–14, 18–21 Uhr, Tel. 23 10 83 44 04.)

Städtische Pinakothek 44: In einer großen Villa aus dem Jahr 1905 werden über 600 Objekte moderner griechischer Kunst sowie byzantinische Ikonen gezeigt. (Municipal Art Gallery of Thessaloníki, Odós Vass. Ólgas 162, Di–Fr 9–13, 17–21 Uhr, Sa 17–21, So 9–13 Uhr, Eintritt frei, Tel. 23 10 42 55 31.)

nur sporadisch geöffnete) Büros befinden sich auf der Ankunftsebene des Flughafens und im Passagier-Terminal am Hafen.

Generalkonsulat der Bundesrepublik Deutschland: Karólou Diehl 4 a, Tel. 23 10 25 11 20.

Honorargeneralkonsulat Österreichs: Odós Egnatías 81/5, Tel. 23 10 36 43 18.

Konsularagentur der Schweiz: Leofóros Níkis 55, Tel. 23 10 28 22 14.

Deutschsprachige Ärzte

Praktischer Arzt: Dr. Panajótis Mavarídis, Odós Agías Sofías 24, Tel. 23 01 27 83 49;

Chirurg: Prof. Dr. Athanasios Papageorgiou, Psaron 26, Tel. 23 10 94 44 15;

Internistin: Dr. Sabine Meyer-Papageorgiou, Psaron 26, Tel. 23 10 94 44 15;

Kinderarzt: Eftérpi Mavrojánni-Doumáni, Odós Aléxandrou Svólou 2, Tel. 23 10 28 53 83;

Zahnarzt: Pános Gerásimou, Odós Karólou Diehl 6, Tel. 23 10 26 06 04.

🛏 Anders als auf der Chalkidikí sind die Übernachtungspreise in Thessaloníki im Juli und August am niedrigsten.

Macedonia Palace 45: Leofóros Megálou Aléxandrou 2, Tel. 23 10 89 71 97, Fax 23 10 89 72 11, www.grecotel.gr. Weithin sichtbar, direkt am Meer, etwa zehn Gehminuten vom Stadzentrum. Pool und Fitnesscenter. Die meerseitigen Zimmer sind sehr ruhig. 288 Zimmer, DZ Ü/F ab 256 €.

Mediterranean Palace 46: Odós Salamínos 3, Tel. 23 10 55 25 54, Fax 23 10 55 26 22, www.mediterranean-palace.gr. Stilvolles Luxushotel in einem restaurierten Haus direkt gegenüber dem Passagierterminal des Hafens. 118 Zimmer, DZ Ü/F ab 200 €.

Capsís Bristol 47: Odós Oplopioú 2/Odós Katoúni, Tel. 23 10 50 65 00, Fax

23 10 51 57 77, www.capsisbristol.gr und www.yadeshotels.gr. Stilvolles Luxushotel mit 16 Zimmern und 4 Suiten im historischen Ladadiká-Viertel. Das Haus war bis 1917 die Hauptpost der Stadt. DZ je nach Belegsituation 175–275 €.

Electra Palace 48: Platía Aristotélous 5 a, Tel. 23 10 23 22 21, Fax 23 10 23 59 47, www.goldentulip.com. Erstklassiges Traditionshotel im Stadtzentrum. Rückwärtige Zimmer ruhig, die an der Frontseite mit Meerblick. 138 Zimmer, DZ Ü/F ab 166 €.

Esperia 49: Odós Ólympou 58, Tel. 23 10 26 93 21, Fax 23 10 26 94 57. Zentral gelegenes Hotel der Mittelklasse, etwa zehn Gehminuten vom Stadzentrum. 70 Zimmer, DZ Ü/F ab 90 €.

Park 50: Odós Iónos Dragoúmi 81, Tel. 23 10 52 41 21, Fax 23 10 52 41 93. Am gleichen Platz wie das Esperia. 56 Zimmer, DZ Ü/F ab 71 €.

Galaxy 51: im Vorort Oreókastro, Odós Gávra 2, Tel. 23 10 69 61 42, Fax 23 10 69 61 42. Ruhig gelegen, ausreichend Parkmöglichkeiten. Der Linienbus 56 braucht 20 Minuten bis in die Innenstadt. 33 Zimmer, DZ ab 50 €.

Orestías Kastoriá 52: Odós Agnostoú Stratiótou 14, Tel. 23 10 27 65 17. Einfaches, preiswertes Hotel nahe der Kirche Ágios Dimítrios. 43 Zimmer, DZ ab 45 €.

🍴 **Agorá** 53: Odós Kapadistríou 5 (Nähe Vláli-Markt), Mo–Sa ab 13 Uhr, im August drei Wochen lang geschlossen. Ouzeri auf zwei Etagen an einer versteckt gelegenen, kleinen Gasse, im Sommer auch Plätze im Freien. Bekannt vor allem für Meeresfrüchte und frischen Fisch. Teuer.

Aristotélous 54: Odós Aristotélous 8. Die renommierteste Ouzeri der Stadt liegt versteckt in einem Hinterhof ganz nahe an der Platía Aristotélous. Die meisten Gäste sitzen drinnen, nur sechs Tische haben auf dem kleinen Hof Platz. Die Auswahl an *mezédes* ist riesengroß. Tipp: Mittags um 12 Uhr gibt es am ehesten freie Tische! Teuer.

Ta Ladadiká 55 : Odós Likoúrgou 4/Odós Píndou, Ladadiká-Viertel. Musiktaverne, in der von 14–19 Uhr und wieder ab 22 Uhr Rembétiko-Musik live zu hören ist. Teuer.

Zíthos 56 : Odós Katoúni 5, Ladadiká-Viertel, tgl. 9–2 Uhr. Der Schickeria-Treff in der Innenstadt. Viele originelle kleine Speisen, 41 verschiedene Biersorten, Bistro-Atmosphäre. Teuer.

Miróvolos Smírni 57 : in der Modiano-Markthalle, tgl. 7–3 Uhr. Die Taverne ist seit 50 Jahren in Familienbesitz. Vater Thanássis Tsítsis ist der Chef, Mutter Polixéni kocht, die Söhne Adónis und Thomás servieren das preisgünstige und dabei außergewöhnlich vielfältige und originelle griechische Essen. Die zahlreichen Prominentenfotos und Zeitungsausschnitte an den Wänden beweisen, dass diese Taverne viele begeisterte Besucher hat. Moderat.

Pit Bazar 58 : versteckt in einem Hinterhof im Dreieck zwischen den Straßen Totsítsa, Ólympou und El. Venizélou nahe der Dimítrios-Kirche und des Hotels *Esperia*. Große Auswahl auch an ausgefallenen *mezédes*, darunter Tintenfisch in Rotweinsauce *(soupjés krassáto)*. Moderat.

To Genti 59 : Odós Paparéska 13, Akrópolis. Kafeníon und Ouzerí unterhalb der Zitadelle Eptapírgio mit Panoramablick über die Stadtmauer, die Stadt und den Thermäischen Golf. Reiche Auswahl an kalten und warmen *mezédes*, Wein vom Fass. Moderat.

Hotpot 60 : Odós Komnínon 15, 24 Std. geöffnet. Schnellrestaurant mit Selbstbedienung und Plätzen im Freien direkt neben dem Yachoudi Hamam. Pizza, Omelettes, Nudeln und Salate, preiswertes

Bier vom Fass. Besonders mittags empfehlenswert. Preiswert.

Makedonikó 61 : Odós Sikiés 23, Akrópolis, ganzj., So geschl. Bei Einheimischen sehr beliebte Taverne am Stadttor, an dem der Linienbus 23 auf dem Weg zur Zitadelle Eptapírgio wendet. Große Auswahl auch an frischem Fisch. Preiswert.

O Tzótzos 62 : Odós Eptapirgíou 56, Akrópolis. Sehr einfache Grillstube mit schönem Blick auf Thessaloníki, nur abends geöffnet. Buslinie 23 hält fast direkt vor der Tür. Preiswert.

Ta Spáta 63 : Odós Aristotélous 28. Ideal für ein schnelles und typisch griechisches Mittagessen. Große Auswahl an gekochten und gegrillten Gerichten, auch viele Gemüse und gelegentlich Suppen im Angebot. Preiswert.

🔒 **Haupteinkaufsstraßen** sind die Via Egnatía und die Odós Tsimiskí. Gute **Buchhandlungen** und **Musikgeschäfte** in der Odós Aristotélous.

💡 **Aigli:** Odós Agíou Nikólaou 3/Odós Kassándrou, Tel. 23 10 27 01 16. Ehemaliges türkisches Bad. Der Innenhof dient im Sommer als Freiluftkino mit Barbetrieb auf mehreren Terrassen, im Winter als Musiklokal, in dem bekannte griechische Orchester und Liedermacher auftreten.

Ksyládiko: Platía Morihóvou, Ladadiká. Diskothek, die an Freitagabenden nur griechische, sonst auch internationale Rock-Musik spielt.

Mílos: Odós Andréou Georgíou 56, Tel. 23 10 55 18 36, www.mylos.gr, tgl. 23 bis 3 Uhr. Kulturzentrum in einer großen, ehemaligen Getreidemühle in einem alten Industrieviertel südwestlich vom Bahnhof. Kunst- und Fotoausstellungen. Jazz live, häufig Konzertveranstaltungen in zwei Sälen. Gute Tavernen, Disco. S. auch Thema, S. 183.

To Perivóli t'Ouranoú: Odós Lachaná 33, Tel. 23 10 83 77 70, nur Fr–So ab 23 Uhr. Taverne, in die man geht, um Rembétiko-Musik zu hören. Reservierung (auf Griechisch) empfehlenswert.

 Kammermusiktage: Ende März/ Anfang April, auf dem Messegelände.

Griechisches Theaterfestival: Juli/Aug., im Freilufttheater zwischen Weißem Turm und Archäologischem Museum.

Griechisches Volkstanzfestival: Aug./ Sept., im Freilufttheater zwischen Weißem Turm und Archäologischem Museum.

Weinfest: Sept., im Park Néa Elvetía im Stadtteil Chariláou (Stadtbus 10 ab Vía Egnatía), Eintritt frei. Man kauft eine leere Karaffe und kann dann so viel Wein trinken, wie man mag. Speisen gibt es gegen Bezahlung, griechische Musik wird live dazu geliefert.

Große Prozession zu Ehren des hl. Dimítrios: am Abend des 25. Okt. durch die Umgebung seiner Kirche

Patronatstag des hl. Dimítrios: 26. Okt., mit großem Festgottesdienst in seiner Basilika. Den ganzen Tag über bringen ihm die Menschen Blumen dar.

Flugverbindungen: Mehrmals täglich mit Athen (Olympic Airlines, www.olympicairlines.com; Aegean Airlines, www.ageanair.com), Irákli o/Kreta, Rhodos und Lesbos; mehrmals wöchentlich zu vielen Ägäis-Inseln sowie nach Ioánnina und Alexandroúpoli.

Stadtbusse: Zwischen etwa 6 und 24 Uhr verkehren die verschiedenen Stadtbuslinien alle 15 bis 30 Min. Bus Nr. 39 fährt von der Vía Egnatía zum Bahnhof der Fernbusse in Richtung Chalkidikí. Bus Nr. 23 verbindet die Platía Eleftherías mit der Akrópolis. Bus Nr. 31 fährt von der Vía Egnatía zur Kulturfabrik Mílos. Bus Nr. 78 pendelt etwa zwischen 6.30 und 23.30 Uhr 20× tgl. zwischen Hauptbahnhof, Platía Aristotélous (Haltestelle an der Odós Tsimiskí) und dem Flughafen.

Fernbusse zur Chalkidikí: Mit Ausnahme der Busse nach Olimbiáda fahren alle Busse zur Chalkidikí am Busbahnhof nahe der Autobahn – weit außerhalb der Innenstadt – ab. Zwischen diesem Busbahnhof und der Vía Egnatía verkehrt der Stadtbus Nr. 39. Für Einzelverbindungen s. praktische Infos der einzelnen Orte. Die Busse nach Olimbiáda verkehren je nach Saison unterschiedlich häufig bis zu 18× tgl. Der Busbahnhof liegt unmittelbar an der westlichen Stadtmauer in der Odós Polizoïdi/Odós Irínis, Tel. 23 10 51 46 24.

Andere Fernbusse: Alle Fernbusse außer denen zur Chalkidikí und nach Olimbiáda fahren vom modernen Busbahnhof westlich des Zentrums ab. Man erreicht ihn mit den Linienbussen 78 (ab Flughafen und Odós Tsimíski) und 1 (ab Hauptbahnhof). Es fahren von dort Fernbusse nach Kaválla von 6–20 Uhr mindestens stündlich, nach Pélla zwischen 6.30 und 12.30 ca. alle 45 Minuten, nach Vergína von 6.50–18 Uhr ca. 8x tgl. Fahrplaninformation unter www.ktel.org.

Mietwagenverleih: Die internationalen Verleihfirmen wie Hertz, Avis, Budget und Europcar-Interrent unterhalten Büros am Flughafen von Thessaloníki. In der Stadt selbst gibt es eine Reihe weiterer, kleiner Verleihfirmen, die ihre Büros zumeist an der Odós Angeláki am Messegelände haben. Dort kann man um den Preis feilschen, am Flughafen nicht. Wer telefonisch vorreserviert oder sein Auto im Hotel bucht, muss ohnehin den vollen Preis zahlen.

DAS MÍLOS – KULTUR UND VERGNÜGEN IN EINER ALTEN FABRIK

Eine 1924 erbaute Getreidemühle im alten Industrieviertel der Stadt ist seit 1990 ein Zentrum zeitgenössischen Kulturlebens inThessaloníki. Dass es Erfolg hat, liegt nicht nur am umfangreichen Veranstaltungsprogramm. Es locken ein nostalgisch-stimmungsvolles Ambiente und gepflegte Lokale. So ist das von zwei jungen Thessalonikern ohne jede staatliche Hilfe umgebaute, rein privat betriebene Mílos ein Treffpunkt für alle Altersstufen und sozialen Schichten geworden.

Im fünfgeschossigen Hauptgebäude waren bis zum Sommer 2004 noch viele technische Installationen der alten Industriemühle erhalten. Dann brannte das Hauptgebäude weitgehend aus. Ob es wieder hergerichtet und wie vor dem Brand für große Ausstellungen genutzt werden wird, steht noch in den Sternen. Der übrige Bereich des Kulturzentrums arbeitet auf jeden Fall weiter. Im Jazz-Café gleich links vom Eingang zum Mühlengelände treten fast jede Nacht Musiker live auf. In der gegenüberliegenden Ouzerí Kípos ton Príngipon (Prinzengarten) werden kulinarische Traditionen gepflegt. Zu Oúzo und dem Tresterschnaps Tsípouro, Wein und Bier werden allerlei *mezédes* serviert; manchmal spielen auch hier Musikgruppen. In dem großen Bau gegenüber dem Hauptgebäude finden in zwei Sälen Gastkonzerte in- und ausländischer Sänger und Musiker statt. Popgrößen treten hier ebenso auf wie die Stars der traditionellen griechischen Musik. Im Sommer dient eine modern gestaltete Platía als Veranstaltungsort.

Das Mílos ist täglich ab mittags geöffnet; am ehesten lohnt aber ein Besuch abends ab 20 Uhr. Alle Veranstaltungen werden im monatlich erscheinenden Heft »Mílos« angekündigt, das in vielen Cafés und Bars der Stadt kostenlos ausliegt.

Ausflugsziele in Makedonien und Thessalien

Metéora-Kloster Agía
Triáda in Thessalien

Karten S. 186, 199

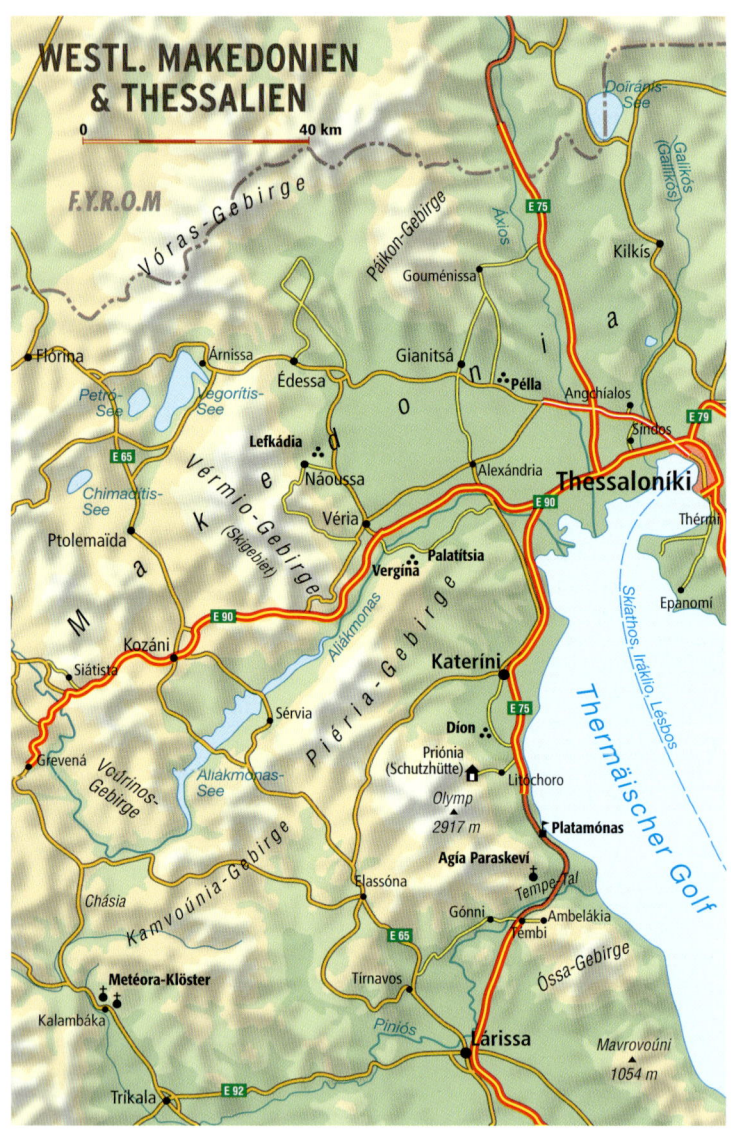

DIE KÖNIGSSTÄDTE

Die makedonischen Könige der Antike hielten ähnlich wie die frühmittelalterlichen Herrscher Mitteleuropas in mehreren Residenzen ihres Reiches Hof. Archäologen legten die drei bedeutendsten Königsstädte des antiken Makedonien im vergangenen Jahrhundert frei und machten dabei immer wieder sensationelle Funde. Ein Teil davon ist in den drei Orten zu bestaunen.

Pélla

Karte: S. 186

Pélla gilt als Geburtsort Alexanders des Großen (356–323 v. Chr.). Der Philosoph Aristoteles wirkte hier als sein Lehrer, der Dramatiker Euripides (480 bis 408 v. Chr.) ist hier gestorben. Pélla wurde 410 v. Chr. von König Archelaos I. gegründet. Das Raster der sich rechtwinklig schneidenden Straßen übernahm man vom damals in Griechenland modernen Muster hippodamischer Stadtplanung. Da Makedonien aber ein aristokratischer und kein demokratischer Staat war, standen an den Straßen keine einfachen Bürgerhäuser, sondern Villen der Adligen auf bis zu 5000 m² großen Einzelgrundstücken. Der Königspalast erhob sich am Rand der Stadt auf einem von der Agorá her flach ansteigenden Hügel und betonte so das hierarchische Prinzip.

Grabungsgelände

Nur ein kleiner Teil des riesigen Stadtareals ist bisher frei gelegt. Nördlich der vielbefahrenen Straße nach Édessa, die das Grabungsgelände durchschneidet, sind die Grundmauern mehrerer großer Villen zu erkennen. In einigen beließ man die **Bodenmosaike** aus weißen, schwarzen, roten und gelben Kieselsteinen. Man erkennt die schöne Helena, eine Gruppe kämpfender Amazonen und eine Hirschjagd. Nördlich von diesem Bezirk ist die weite Fläche der einst 250 mal 200 m großen **Agorá** zu erkennen. Der auf dem Hügel gelegene **Palast** ist noch nicht für Besucher geöffnet. Das **Archäologische Museum** südlich der Straße gleich gegenüber vom Eingang zu den Ausgrabungen zeigt eine anschauliche Rekonstruktion einer der Villen. Außerdem sind hier sechs besonders schöne Mosaike vom Ende des 4. Jh. v. Chr. ausgestellt. Äußerst lebendig wirkt die Darstellung eines Greifen, der gerade einen Hirsch schlägt. Ein in hellenistischer und römischer Zeit sehr beliebtes Motiv ist der auf einem Panther reitende Gott des Weins und des Theaters, Dionysos. Als Meisterwerk gilt die »Löwenjagdszene«:

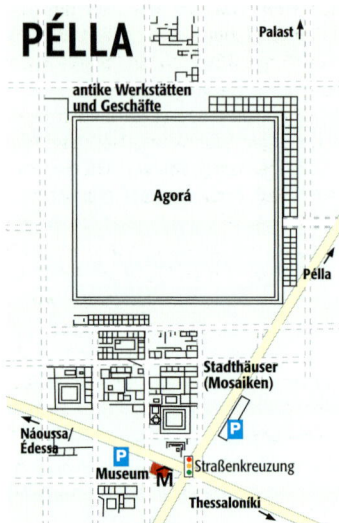

PÉLLA

Palast ↑

antike Werkstätten und Geschäfte

Agorá

Pélla →

Stadthäuser (Mosaiken)

Náoussa/ Édessa

P

P

Museum M · Straßenkreuzung

Thessaloníki

Zwei Männer kämpfen mit Lanze und Schwert mit einem Löwen. Ein schönes Beispiel für antike Luxusmöbel ist der Steintisch mit kunstvoller Intarsienarbeit. (Mai–Okt. Mo 12–19, Di–So 8.30–19, Nov.–April Di–So 8.30–15 Uhr.)

Véria ↑

PALATÍTSIA

Véria ← Pension Vergina

Thessaloníki, Athen →

VERGÍNA

Hügelgräber

Tumulus mit den drei Königsgräbern

P

Nicht zugängliche Gräber

Kammergrab

Theater

P

Palast von Vergina

VERGÍNA

Istron: in Néa Pélla links der Hauptstraße von Pélla nach Giánnitsa, Tel. 23 82 03 30 70, Fax 23 82 03 30 72, www. istronhotel.gr. 43 moderne, große Zimmer, z. T. mit Blick auf den Olymp, sehr ruhig zwischen Baumwoll- und Weinfeldern gelegen. Inhaberin Ánna spricht perfekt Deutsch. DZ ganzjährig ab 50 €.

Linienbusverbindung: mit Thessaloníki, s. S. 182.

Vergína

Karte: S. 186

Nach Vergína locken weniger die Zeugnisse antiken Lebens als die Gräber der Toten. Die ältesten bisher untersuchten Gräber stammen aus dem 10. Jh. v. Chr. Eine wahre Sensation war die Entdeckung eines nicht geplünderten Königsgrabes im Jahr 1977, in dem wahrscheinlich König Philipp II. beigesetzt war. Der 9,5 m lange und jeweils etwa 6,50 m breite und hohe Bau lag unter einem damals bewachsenen, 12 m hohen Erdhügel mitten im Dorf. In den folgenden Jahren wurde er vollständig abgetragen; unter diesem Tumulus fand man noch vier weitere Grabmonumente.

Museum

Heute ist der Grabhügel in veränderter Form und niedriger als ursprünglich wiedererstanden. Er birgt Griechenlands eigenartigstes **Museum**. Zwei Rampen führen ins Innere hinein, das aus vier mit Marmor ausgekleideten, sechseckigen Räumen besteht. Sie werden von flachen, sechseckigen und aus vielen vorgefertigten Einzelteilen zusammengesetzten Dachpyramiden überspannt, auf denen 40 t Erde lasten. In den klimatisierten Räumen werden die freigelegten Gräber effektvoll angestrahlt und durch Texttafeln erklärt. Die Malereien am **Philipp-Grab** können so ungefährdet an Ort und Stelle bleiben. Am schönsten ist die über 5 m hohe und über 1 m lange **Jagdszene** an der Fassade, auf der wahrscheinlich auch Philipp II. und sein Sohn Alexander dargestellt sind. Im Museumsteil stehen die grandiosen Funde aus dem Philipps-Grab effektvoll ausgeleuchtet: die beiden Schreine aus purem Gold; die unterschiedlich langen Beinschienen, die Teil seiner Paradeausrüstung aus Gold, Elfenbein, Leder und feinen Textilien waren; hauchzarte goldene Eichenlaubdiademe als Zeichen seiner Königswürde.

Das nur 3 mal 2 m große **Persephone-Grab** besitzt keine Tür. Der oder die Verstorbene wurde von oben beigesetzt, das Grab dann mit einer flachen Decke geschlossen. Der Innenraum war bemalt; noch gut zu erkennen sind die Darstellungen des Raubs der Persephone.

Schon etwas größer ist das mit 6,35 mal 5 m vermessene **Prinzengrab** mit zwei Kammern. Hier fanden die Ausgräber zahlreiche Beigaben wie vergoldete Bronzeschalen und Silbergefäße, Hausrat, Waffen und Kleidungsreste. Die Asche des Toten stand in einer silbernen Urne auf einem Tisch und war mit einem goldenen Kreuz geschmückt.

Palast

Auf einem Hügel außerhalb des heutigen Dorfes können die **Überreste ei**nes Palastes aus der Zeit um 290 v. Chr. besichtigt werden. Er besaß einen 45 mal 45 m großen Innenhof, der von vier Säulenhallen mit jeweils 16 Säulen und je zwei ein- und zweigeschossigen Wohn- und Repräsentationstrakten umgeben war. Unter anderem stieß man hier auf Spuren von 13 Bankettsälen mit über 200 Klinen (Liegen), auf denen sich die Festgäste beim Essen lagern konnten. Unterhalb des Palastes sind die **Reste eines Theaters** aus etwa der gleichen Zeit und eines kleinen Tempels zu sehen. An der Straße zwischen Dorf und Palast kann außerdem ein weiteres **makedonisches Grab** besucht werden. (Palast, Museum und Grab tgl. 8–17 Uhr, im Sommer tgl. 8–19 Uhr, Tel. 23 31 09 23 47.)

 Vergína: im Ortszentrum, Tel. 23 31 09 25 10, Fax 23 31 09 25 11. Einfache Pension mit freundlicher Wirtin. 12 Zimmer. DZ/ÜF ab 40 €.

 Linienbusverbindung: mit Thessaloníki, s. S. 182.

Díon

Karte: S. 186

Díon liegt landschaftlich besonders eindrucksvoll vor der Kulisse des Olymp. In der makedonischen Antike war es wohl der kultisch bedeutendste Ort des Reiches, da sich hier ein dem Zeus geweihtes Heiligtum befand. Im parkähnlich gestalteten Grabungsgelände sind gleich links an der antiken, schnurgeraden Hauptstraße die Reste einer Latrine zu erkennen. Dahinter liegen auf

DÍON

0   200 m

Museum

Sehenswürdigkeiten

1 Römisches Bad und Odeon (um 200 n. Chr.)
2 Häuser (200–300 n. Chr.)
3 Frühchristliche Basilika
4 Villa des Dionysos
5 Hellenistische Zisterne
6 Demeter-Heiligtum
7 Isis-Heiligtum
8 Hellenistisches Theater (300 n. Chr.)
9 Römisches Theater
10 Asklepios-Tempel
11 Kassengebäude/Café

höherem Niveau die Ruinen eines römischen **Odeons,** römischer **Thermen** und einer frühchristlichen **Basilika**. Geht man die antike Hauptstraße weiter entlang, passiert man links eine **Mauer mit Marmorreliefs** von Schilden und Rüstungen, die wohl Teile eines hellenistischen Heldendenkmals waren. Rechts der Straße liegen die Überreste einer Villa aus der römischen Kaiserzeit, der **Villa des Dionysos.**

Isis-Heiligtum

Auf der anderen Seite der modernen Asphaltstraße gelangt man auf einem Pfad – an den Überresten eines **Demeter-Heiligtums** vorbei – zu den Resten eines **Isis-Heiligtums**, das von Bäumen beschattet und dessen Boden oft vom Wasser eines nahen Baches überflutet wird. Auf einem Sockel steht die kopflose Statue der auch in Griechenland verehrten ägyptischen Göttin Isis.

Orgel

Das **Archäologische Museum** von Díon birgt eine gut erhaltene **hydraulische Orgel** aus dem 2. Jh. n. Chr. Gespielt wurde sie mit 24 Tasten, die Pfeifen sind aus Bronze. Eine Sitzecke im Museum wird dekorativ von vier Philosophen-Statuen umrahmt; im Souterrain sind Modelle von antiken Häusern und Möbeln zu sehen. Hier wird auch erklärt, wie Mosaike gefertigt wurden und wie der Badebetrieb in einer römischen Therme aussah. (Mai–Okt. tgl. 8–19.30, Nov.–April 8.30–17 Uhr.)

Díon: an der Hauptstraße, Tel. 23 51 05 36 82, Fax 23 51 05 32 22. Einziges Hotel im Ort. 20 Zimmer, DZ ab 50 €.

Olímbou-Festival: Ende Juni bis Anfang Sept., mit Aufführungen im antiken Theater von Díon.

Linienbusverbindung: mit Thessaloníki, s. S. 182.

FELSEN DER GÖTTER

Berggipfel haben Menschen schon immer mit dem Himmel in Verbindung gebracht. Auf den Metéora-Felsen haben darum wagemutige Mönche Klöster erbaut. Den Gipfel des 2918 m hohen Olymp hielten schon die Griechen der Antike für den Wohnsitz ihrer Götter. Wer von der Chalkidikí zu den Metéora-Klöstern fährt, kann zu seinen Füßen einen Zwischenstopp einlegen.

Olymp

Karte: S. 186

Der Hauptort am 40 km langen und 30 km breiten Olymp-Massiv, das aus mehr als zehn Gipfeln mit über 2700 m Höhe besteht, ist **Litóchoro**. Wer den Olymp besteigen will, sollte sich unbedingt hier nach den Wetterverhältnissen erkundigen und eventuell auch eine Zwischenübernachtung in einer der Berghütten reservieren. Mit dem Auto kann man von Litóchoro aus noch 16 km weiter bergan bis zur **Jausenstation Prióna** auf 1100 m Höhe fahren und dort kleinere Spaziergänge unternehmen. So führt z. B. ein ausgeschilderter Wanderweg durch Mischwald in etwa drei Stunden hinauf zur von einer deutsch-griechischen Familie bewirtschafteten Schutzhütte A in 2100 m Höhe (und von dort in weiteren vier Stunden auf den Gipfel des Olymp). Sehr viel einfacher und sogar im Rahmen eines zweitägigen Ausflugs von der Chalkidikí her möglich ist der etwa einstündige Spaziergang von der Jausenstation Prióna zum Kloster **Ági-**

os Dionísios. Es wurde bereits um 1500 gegründet, 1828 aber von den Türken nahezu vollständig zerstört. Den in den nächsten drei Jahrzehnten entstandenen Neubau beschädigten deutsche Truppen 1943 schwer, weil die meisten Mönche des Klosters sich den Partisanen angeschlossen hatten. Heute lebt im Kloster nur noch im Sommer ein einziger Mönch.

Zu den Metéora-Klöstern

Die Hauptstraße zu den Metéora-Klöstern führt an der **Festung Platamónas** (Karte: S. 186) aus dem 13. Jh. vorbei, die an der Grenze zwischen Makedonien und Thessalien liegt. Ein landschaftlicher Höhepunkt ist dann die Fahrt durch das dicht bewaldete **Tempe-Tal** (Karte: S. 186). Es ist 8 km lang, an seiner engsten Stelle nur 40 m breit und wird vom Fluss Piniós durchflossen. Im Tal parkt man am besten an der mit »Agía Paraskeví« bezeichneten Stelle. Von hier aus kann man im Sommer auch kurze Bootsfahrten auf dem Fluss unternehmen. Eine morsche

Hängebrücke führt über den Fluss zur **Höhlenkapelle der hl. Paraskeví** – in Griechenland ein bedeutendes Pilgerziel für Heilung suchende Augenkranke.

Durch die am Piniós gelegene Großstadt Lárissa (125 000 Einwohner, Karte: S. 186) geht es landeinwärts. Kurz hinter Tríkala kommen die Felsen von Metéora in Sicht. Zu ihren Füßen liegen das Städtchen **Kalambáka** und das Dorf **Kastráki**, von dem aus die Klöster dann auch erstmals zu sehen sind.

Die Metéora-Klöster

Karte: S. 186

Die Felslandschaft von Metéora hat auf der Welt nicht ihresgleichen. Glattgeschliffene, senkrechte Felswände ragen bis zu 300 m hoch auf. Je nach Lichteinfall färben sie sich hell- oder dunkelgrau, hell- oder dunkelrot ein. Manche erinnern an erhobene Zeigefinger, andere an Hörner und Pyramiden, Knorpel oder Türme. Man kommt sich vor wie in einem Felslabyrinth, das ein Surrealist gestaltet hat. Eine Straße führt in die Felslandschaft hinein. Beim Blick zurück erkennt man deutlich das breite Tal des Piniós, in dem auch Kalambáka liegt, und auf dessen anderer Seite das langgestreckte, über 2000 m hohe **Píndos-Gebirge** aufragt.

Entstehung einer bizarren Landschaft

Vor über 20 Mio. Jahren war das gesamte Gebiet von einem Urmeer bedeckt. Flüsse und Bäche trugen Sand und Geröll in dieses Meer, die sich hier als Sedimente ablagerten. Diese Sedimente verwandelten sich unter dem Druck der sie ständig neu überlagernden Sande und Steine in Sedimentgestein. Immer wenn Erdbewegungen dieses Gestein anhoben, entstanden darin Bruchlinien. Durch die Auffaltung neuer Gebirge an der Ägäis-Küste wurde aus dem Urmeer ein See, der schließlich durch das nach einem Erdbeben entstandene Tempe-Tal abfließen konnte. Jetzt entfaltete der Ur-Piniós seine ganze Kraft. Er wusch sein Urstrombett bei Kalambáka aus. Am Ostufer stieß er auf das brüchige Sedimentgestein, das ganz unterschiedliche Härtegrade aufwies. Im Laufe von Jahrtausenden wurde das weichere Gestein weggespült, härtere Teile blieben als Felsklötze und -nadeln stehen.

Die Erosion durch Wind, Frost und Regen trug dann ein Übriges zur Entstehung dieser bizarren Landschaft bei.

Im 11. Jh. ließen sich erstmals Einsiedler in Höhlen und Grotten der Metéora-Felsen nieder. In der Mitte des 14. Jh. gründete ein Mönch vom Berg Áthos dann das erste Metéora-Kloster. In den folgenden zwei Jahrhunderten wurden noch 19 weitere Klöster gestiftet. Im 19. Jh. wurden die meisten von ihnen aufgegeben; heute sind noch sechs Klöster bewohnt. Im Gegensatz zu den Áthos-Klöstern dürfen sie auch von Frauen betreten werden. Einige werden von Nonnen, andere von Mönchen bewohnt.

Besichtigung der Klöster

Im Rahmen eines Ein- oder Zweitagesausflugs von der Chalkidikí her wird die Zeit nicht ausreichen, alle Klöster zu besichtigen, zumal ja auch die Landschaft mehr als einen Blick wert ist. Welche Klöster man besichtigen sollte, hängt vom Wochentag ab (die meisten Klöster sind mindestens an einem Tag pro Woche geschlossen), von den Hauptinteressen – und auch von der persönlichen Kondition.

Am bequemsten zugänglich ist das **Nonnenkloster Ágios Stéfanos** aus dem 14. Jh., am abgelegensten liegt das **Mönchskloster Agía Triáda**. Am sehenswertesten sind das um 1370 als erstes gegründete **Mönchskloster Megálo Metéoro** und das **Mönchskloster Várlaam** aus dem 16. Jh. Der Besuch der kleinen Klöster **Roussa-**

Ein Wunder der Natur –
die Felstürme von Metéora

noú aus dem Jahr 1525 und **Agios Ni-kólaos Anapafsás** aus dem 14. Jh. kann die Eindrücke abrunden, wenn man für die Metéora-Klöster mehr als einen Tag Zeit hat.

Kloster Ágios Nikólaos Anapafsás

Hinter Kastráki erreicht man zuerst den Parkplatz des Klosters Ágios Nikólaos Anapafsás. Der Weg hinauf nimmt etwa zehn Minuten in Anspruch. Der unverputzte Natursteinbau schmiegt sich an die obere Hälfte eines Felsens, dessen höchste Kuppe das mehrgeschossige Gebäude überragt. Balkone schweben über dem Abgrund, ein kleines Felsplateau dient als Klosterhof. Vorbei an der kleinen **Kapelle des hl. António** mit Freskenresten aus dem 14. Jh. geht man hinauf zur **Hauptkirche,** die wie ein Zimmer in den Klosterbau integriert ist. Diese dem hl. Nikolaus geweihte Kirche ist vollständig mit Fresken ausgemalt, die der Kretor Theophánis Strelítzas 1527 schuf. Neben der Darstellung der Thronenden Gottesmutter ist der Stifter des Klosters abgebildet. Einen ausführlich ausgeführten Themenkreis bilden die Wunder Christi wie z. B. die Hochzeit von Kanaan, die Heilung des Blinden, des Gelähmten, der Besessenen und des Wassersüchtigen. Adam wird im Paradies gezeigt, wie er Landtieren und Vögeln ihre Namen zuteilt. Alle Darstellungen sind prägnante Beispiele für den Malstil der Kretischen Schule. Sie verbindet den klassischen, theologisch unabdingbaren Bildinhalt mit einem von der abendländischen Renaissance stark beeinflussten Malstil voller Lebendigkeit, Plastizität und Farbigkeit.

In der Etage über der Klosterkirche befinden sich noch das Refektorium und das Ossuarium des Klosters, also der Speisesaal der Mönche und der Aufbewahrungsraum für die Gebeine verstorbener Brüder, sowie eine kleine, Johannes dem Täufer geweihte Kapelle.

Kloster Roussanoú

1700 m weiter ist das Nonnenkloster Roussanoú erreicht, das in dieser Form um 1525 auf dem Gipfel einer kleinen Felsnadel erbaut wurde, die von einem benachbarten Fels um ein Vielfaches überragt wird. Früher gelangte man nur über eine Strickleiter hinauf, seit 1930 ist der Aufstieg über Zementstufen und zwei kurze Brücken möglich. Im untersten der drei Geschosse befindet sich die Klosterkirche, die der Ver-

klärung Christi geweiht ist. Ihre Fresken entstanden 1560; besonders schön ist die figurenreiche Darstellung des Jüngsten Gerichts.

Kloster Várlaam

Hält man sich an der nächsten Straßengabelung zuerst links, gelangt man nach weiteren 1700 m zum großen Kloster Varlaám aus dem 16. Jh. Bis 1923 konnte man nur hinaufgelangen, wenn man sich in einem Korb aus Tauen hinaufziehen ließ. Jetzt kommt man weitaus ungefährlicher über 200 Stufen in die sehr verschachtelte Anlage. Die Hauptkirche ist mit Fresken im Stil der Kretischen Schule ausgemalt; im Klostermuseum im alten Refektorium sind zahlreiche alte Ikonen und Handschriften ausgestellt.

Kloster Megálo Metéoro

Das 700 m von Várlaam entfernte Kloster Megálo Metéoro wurde bereits um 1370 gegründet. Es ist damit das älteste und steht in der Hierarchie der Klöster ganz oben. Hier leben noch zahlreiche Mönche, die den Besucher auf Wunsch gern durch die Kirche führen.

Im Klosterkeller ist eine alte Böttcherei als Museum hergerichtet, auf einem Eckturm kann man noch die Winde sehen, mit deren Hilfe Besucher früher in einem Netz senkrecht ins Kloster gehievt wurden. Auch die alte Klosterküche und die -gärten sind zur Besichtigung freigegeben. Das Klostermuseum birgt liturgisches Gerät und wertvolle Ikonen, die Bibliothek verwahrt über 1200 Handschriften aus dem 9. bis 17. Jh. Die Fresken im Narthex der Klosterkirche zeigen sehr drastisch, wie die verschiedensten Märtyrer zu Tode kamen.

Kloster Agía Triáda

Das abgelegene und deswegen von den organisierten Touristenströmen gemiedene Kloster erreicht man nur nach einem etwa 15-minütigen Fußmarsch. Das 1438 auf einem zahnähnlichen Fels erbaute Kloster der hl. Dreifaltigkeit bietet den schönsten Blick auf Kalambáka, das Piniós-Tal und das mächtige Píndos-Gebirge. Die Fresken in der Klosterkirche sind noch recht jung, sie stammen aus der Zeit zwischen 1692 und 1741.

Kloster Ágios Stéfanos

Die Nonnen dieses 4,3 km vom Megálo Metéoro entfernten Klosters sind besonders aktiv. Sie unterhalten eine Mädchenschule für Waisenkinder und betreiben einen sehr guten Souvenirladen mit einer großen Auswahl an Ikonen und von den Nonnen selbst zubereitetem Weihrauch. Als einziges Kloster ist es vom Parkplatz in wenigen Schritten ohne jeden Anstieg zu erreichen und wird deswegen besonders stark von Busgruppen besucht.

Außer den Wandmalereien aus dem 16. Jh. in der Stéfanos-Kapelle und den neuen Fresken in der Hauptkirche ist das Museum besonders sehenswert. Hier sind auch Manuskripte aus dem 18. Jh. mit byzantinischer Notenschrift zu sehen: Die Notenzeichnung erinnert unweigerlich an arabische Schriftzüge.

Trotz der vielen Touristen gibt es in Kalambáka keinerlei Touristen-Information. Die meisten Hoteliers können aber gute Tipps geben.

Öffnungszeiten der Klöster
Agía Triáda: Fr–Mi 9–12.30, 15–17 Uhr.
Ágios Nikólaos: Sa–Do 9–13 Uhr, im Winter geschlossen.
Ágios Stéfanos: Di–So 9–13, 15.20–18 Uhr, im Winter 9.30–13, 15–17 Uhr.

Megálo Metéoro: Mi–Mo 10–17 Uhr, im Winter Do–Mo 9–16 Uhr.

Roussanoú: im Sommer Do–Di 9–17 Uhr, im Winter Do–Di 9–14 Uhr.

Várlaam: Fr–Mi 9–14, 15.15–17 Uhr, im Winter Sa–Mi 9–15 Uhr.

Die **Öffnungszeiten und -tage** ändern sich häufig; am besten bei den Hoteliers in Kalambáka aktuell erfragen!

In Kalambáka

Álsos: am obersten Dorfende, in der Odós Kanári 5 (vom Platz mit dem Springbrunnen der Odós Vlacháva bis zum Ende folgen, dort ausgeschildert), Tel. 24 32 02 40 97, Handy 69 72 54 48 25, www.alsoshouse.gr. Pension unmittelbar unterhalb der Klosterfelsen, sehr ruhig. Gute Parkmöglichkeiten. Wirt Yánnis Karakántas spricht Deutsch, kann viele Wandertipps geben. Gemeinschaftsküche, Gemeinschaftswaschmaschine für Gäste, Internet-Zugang, schöne Frühstücksterrasse unter einem Kirschbaum. 9 Zimmer, DZ Ü/F ab 40 €.

In Kastráki

Kastráki: an der Straße zu den Klöstern am oberen Ortsende, Tel./Fax 24 32 07 53 35. Modernes, den Klöstern am nächsten gelegenes Hotel. 27 Zimmer, DZ Ü/F ab 90 €.

Dupiáni: links oberhalb der Straße zu den Klöstern, Wegweiser an der Hauptstraße, Tel. 24 32 02 40 78, Fax 24 32 07 53 26, doupiani-house@kmp.forthnet.gr. Ruhig am äußersten Ortsrand gelegene Pension mit gut eingerichteten, klimatisierten Zimmern, von denen man einen herrlichen Panorama-Blick auf die Klosterfelsen und das Píndos-Gebirge genießt. Meist nette Wirtsleute, die auch Wandermöglichkeiten erklären; ausgezeichnetes Frühstück mit regionalen Spezialitäten. 12 Zimmer, DZ Ü/F ab 50 €.

Außerhalb der Ortschaften

Arsénis House: Eastern Metéora Road, Tel. 24 32 02 41 50, Fax 24 32 02 35 00, www.arsenis-meteora.gr. An der Straße, die nahe dem Kloster Ágios Stéfanos beginnt und östlich hinter den Felsen nach Kalambáka zurückführt (auch ausgeschildert: an der Hauptstraße von Tríkala nach Kalambáka kurz vor dem Ortsanfang von Kalambáka). Sehr familiär geführte Pension mit Taverne in schöner Natur, absolut ruhig. Schöner Píndos-Blick, aber kein Blick auf die Klosterfelsen. Kostenlose Stellplätze für Wohnmobile. 10 Zimmer, DZ Ü/F ab 40 €.

In Kalambáka

Panellínio: im Zentrum am Platz mit dem Springbrunnen. Alteingesessenes Restaurant mit hervorragender griechischer Küche, sehr gutes Preis-Leistungs-Verhältnis. Moderat.

Nerómilos: 4,5 km außerhalb von Kalambáka in freier Natur (zunächst der Straße in Richtung Ioánnina folgen, dann dem Wegweiser nach Siáva, dann dem Wegweiser zur Taverne), tgl. ab 20.30 Uhr geöffnet, So auch 13–16 Uhr. Große Taverne, die fast nie von Ausländern besucht wird. Forellen aus den eigenen, neben der Taverne gelegenen Zuchtbecken. Fr und Sa abends griechische Live-Musik. Preiswert.

In Kastráki

Ziógas: im Zentrum. Kleine Taverne mit nur zehn Tischen, die als bestes Grillrestaurant der Region gilt. Hier kommt nur Fleisch aus der Region auf den Tisch, die Würste werden von der Wirtsfamilie selbst hergestellt. Preiswert.

Linienbusverbindungen: Tagesausflüge per Linienbus sind nicht möglich. Von Thessaloníki aus müsste man zunächst nach Tríkala fahren und dort nach Kalambáka umsteigen. Allein für die An- und Abreise benötigt man so zwei Tage.

ÖSTLICHES MAKEDONIEN

Kaválla ist ein ebenso empfehlenswertes Ausflugsziel wie Thessaloníki. Verbinden lässt sich diese Tour mit dem Besuch der archäologischen Ausgrabungen von Amfípoli und Phílippi. Wer Kurioses mag, suhlt sich in einem Heilschlammbad. Es lohnt sich, diesen Ausflug auf zwei Tage auszudehnen und in Kaválla oder Phílippi Quartier zu beziehen.

Amfípoli

Karte: S. 199

Amfípoli ist heute ein Dorf über der letzten Schleife des Strimónas. In Antike und frühchristlicher Zeit war es eine große Stadt.

Von der Autobahn fährt man an der Ampel-Kreuzung zunächst 1,7 km nach links zur **monumentalen Löwenskulptur,** rekonstruiert aus hier gefundenen Fragmenten. Sie gilt als Denkmal für einen einheimischen Seehelden aus der Zeit Alexanders des Großen. Zurück an der Ampelkreuzung, fährt man links hinauf und dann zum **Archäologischen Museum** (Mai–Okt. tgl. 8–19.30 Uhr, Nov.–April tgl. 8.30–17 Uhr). Von dort führt ein Wegweiser zum Ausgrabungsgelände auf einem Hügel mit Grundmauern frühchristlicher **Basiliken** (Mai–Okt. tgl. 8–19.30 Uhr). Zu Füßen des Dorfhügels liegt, über die Straße in Richtung Sérres erreichbar, der **Archeologikó Párko** mit schön in die Flusslandschaft eingestreuten, frei zugänglichen Resten der Stadtmauern und -türme.

Kaválla

Karte: S. 199

Kaválla ist mit 58 600 Einwohnern die größte Stadt Ost-Makedoniens. Zumeist sechs- bis achtgeschossige Wohnhäuser klettern von der langen Uferfront der Hafenstadt aus die bis dicht ans Wasser reichenden Hänge des Símvolo-Gebirges hinauf. Das historische Stadtzentrum liegt auf einer noch größtenteils von mittelalterlichen Mauern umgürteten, felsigen Halbinsel, an deren höchstem Punkt ein mächtiges **Fort** [1] aus türkischer Zeit die Stadt überragt (tgl. 10–19 Uhr, im Winter nur bis 15 Uhr).

Altstadtspaziergang

Die Odós Theod. Poulídou führt in die Altstadt hinein. An ihr fällt gegenüber einer Reihe guter Tavernen der lang gestreckte türkische Bau des **Imaret** [2] mit seinen vielen Kuppeln und mehreren Innenhöfen auf. Er wurde 1817 als Koranschule erbaut, diente später als Armenhaus und wird heute als eins der stimmungsvollsten (und teuersten) Hotels Griechenlands genutzt. Die wenig befahrene Straße endet an einem großen Platz vor der modernen **Panagía-Kirche** ③, die innen vollständig mit neuen Wandmalereien im traditionellen byzantinischen Stil ausgestattet ist.

Den gleichen Platz überblickt das bronzene **Reiterdenkmal des Muhammed Ali**. Er wurde 1769 in Kaválla geboren, stieg später bis zum Vizekönig von Ägypten auf und begrün-

dete damit die letzte ägyptische Herrscherdynastie. Deren letzter Vertreter, König Faruk, wurde erst 1952 durch einen Militärputsch entmachtet. Das **Geburtshaus des Muhammed Ali** ④, gleich neben der Statue, gehört noch immer dem ägyptischen Staat und wird vom Hotel Imaret als erstklassiges Restaurant betrieben.

Von hier kann man zum **Fort** ① aufsteigen, das 1425 angelegt und später mehrfach umgebaut wurde. Es erhebt sich an der Stelle der antiken Akrópolis

von Neápolis. So hieß die Stadt, die Kolonisten von der Insel Thássos an der Stelle des heutigen Kaválla gründeten. Imposant sind der 18 m hohe Bergfried als Kern der Burg und der große Magazinraum, schön ist der Blick über die Stadt bis hinüber nach Thássos. Von hier aus sieht man auch gut den bis zu 60 m hohen **Aquädukt** 5, der seit 1550 mit 60 doppelstöckigen Bögen ein Tal überspannt.

Prächtige Villen, große Lagerhäuser

In Kavállas Neustadt mit der **Platía 28is Oktovríou** als Zentrum stehen viele, zum Teil schön restaurierte Prachtbauten aus der Zeit um 1900. Dominierendes Gebäude an jenem Hauptplatz ist die 1910 erbaute **Dimotikí Kapnothíki** 6, ein einstiges Fabrikgebäude zur Trocknung, Lagerung und Verarbeitung von Tabak. Vom Wohlstand der Tabakhändler und der Bedeutung Kavállas als Tabakmetropole zeugen schöne Villen und weitere große Lagerhäuser insbesondere in den Straßen Odós Kíprou und Odós Philíppou.

Besonders auffällig ist hier das heutige **Rathaus,** das sich der ungarische Tabakhändler Baron Pierre Herzog kurz vor 1900 als privates Wohnhaus erbauen ließ. Links davon steht die **Megáli Léschi** (Hausnr. 12), 1910 als Clubhaus der in Kaválla ansässigen wohlhaben-

deren Griechen erbaut. Rechts vom Rathaus sieht man eine 1906 für einen deutschen Baron erbaute Villa und wiederum rechts davon das um 1890 errichtete **Kloster Lazaristón,** zunächst Sitz eines römisch-katholischen Ordens und dann französisches Konsulat.

An der Odós Philíppou steht neben einem weiteren großen Tabak-Lagerhaus auch das **Städtische Museum** 7, untergebracht in einer Villa aus dem späten 19. Jh. Außer einigen Dokumenten und historischen Fotos zur Stadtgeschichte findet man hier auch eine kleine Galerie moderner Kunst, eine volkskundliche Sammlung und eine Reihe von Werken des Malers und Bildhauers Polygnótos Vágis (1894 bis 1965), der von der Insel Thássos stammte und in den USA Karriere machte. (Di–So 8–14 Uhr.)

Sehenswürdigkeiten

1	Fort
2	Imaret
3	Panagía-Kirche
4	Geburtshaus des Muhammed Ali
5	Aquädukt
6	Dimotikí Kapnothíki
7	Städtisches Museum
8	Archäologisches Museum

Übernachten

9	Imaret
10	Egnatía
11	Galaxy

Essen und Trinken

12	Pános-Zafíra

Archäologisches Museum

Im **Archäologischen Museum** 8 an der Uferstraße werden auf zwei Etagen Funde aus der Region gezeigt. Besonders eindrucksvoll sind die zwei Terrakotta-Statuen einer Göttin aus dem 4. Jh. v. Chr., denen rote Lippen, Hals- und Armschmuck aufgemalt sind, sowie ein Kalksteinsarkophag aus der gleichen Zeit. Auf die Innenseite seines Deckels sind zwei klagende Frauen in einem Haus jener Zeit gemalt. Schön sind auch die goldenen Ohrringe mit geflügelter Siegesgöttin aus dem 3./2. Jh. v. Chr. im Erdgeschoss. (Di–So 8.30–15 Uhr.)

City of Kavála Tourist Information Centre: Pl. Eleftherías/Ecke Odós El. Venizélou, Tel./Fax 25 10 23 10 11, Mai–Sept. Mo–Sa 8–21 (im Winter bis 20) Uhr.

Imaret 9: Odoós Polídou, Tel. 25 10 62 01 51, Fax 25 10 62 01 56, www.imaret.gr und www.yadeshotels.gr. Romantischer kann man in Hellas nicht wohnen – einen Blick auf die Website sollte man sich nicht entgehen lassen! DZ Ü/F ab 220 €.

Egnatía 10: Odós 7is Merarchías 139, Tel. 25 10 24 49 91, Fax 25 10 24 53 96, www.egnatiahotel.gr. Modernes Hotel hoch über der Stadt an der Straße nach Philíppi, Linienbusse ins Zentrum, Privatparkplatz. 45 Zimmer, DZ ab 100 €.

Galaxy 11: Leofóros Venizélou 27. Sehr lautes, aber zentrales Hotel am Hafen, Tel. 25 10 22 45 21, Fax 25 10 22 67 54, www.hotelgalaxy.gr. 149 Zimmer, DZ ab 66 €.

Pános-Zafíra 12: Platía Karaóli-Dimitríou 20. Traditionelle Fischtaverne am Hafen, in der es aber auch viele klassische Gerichte der griechischen Küche gibt. Moderat.

Fähren zur Insel Thássos: nach Órmos Prínou tgl. 8–21 Uhr 7 x (Fahrzeit 1 Std. 15 Min.), nach Liménas tgl. 2–4 x (Fahrzeit 40 Min.).

Phílippi

Karte: S. 199

Beiderseits der Straße in Richtung Dráma liegen, 16 km von Kaválla entfernt, die Ausgrabungen von Phílippi. Der makedonische König Philipp II. gründete die Stadt in der Nähe der Goldminen des nahen Pangéon-Gebirges. 42 v. Chr. fand in der Nähe die Entscheidungsschlacht zwischen dem Heer der Caesar-Mörder Cassius und Brutus sowie dem der Caesar-Anhänger Octavian und Antonius statt; Cassius und Brutus fanden den Tod. Fast ein Jahrhundert später gründete der Apostel Paulus in Phílippi die erste christliche Gemeinschaft auf europäischem Boden.

Ausgrabungen

Die Ausgrabungen liegen am Fuß eines Hügels, an dem sich die 3,5 km lange frühbyzantinische **Stadtmauer** bis zu einer byzantinischen **Burgruine** an der Stelle der antiken **Akrópolis** hinaufzieht. Schon die Zufahrt von der Hauptstraße zum großen Parkplatz führt an Resten dieser Mauer vorbei. Vom Eingang aus gelangt man zunächst zum gut erhaltenen **Theater** aus dem 4. bis 2. Jh. v. Chr., das etwa 4000 Zuschauern Platz bot. Weiter westlich schließen sich die Überreste zweier frühchristli-

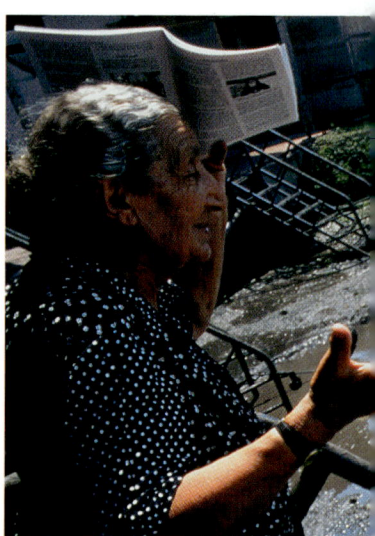

cher **Basiliken** an. Über der östlichen erkennt man an der Hangböschung einige künstlich in den Fels gehauene Nischen mit heidnischen Götterreliefs.

Anschließend überquert man die Straße und betritt das tiefer gelegene Gelände des 70 mal 148 m großen **römischen Forums**. An selnem Ostrand sind Reste des Pflasters der antiken Vía Egnatía zu erkennen. Im Süden dieses Marktplatzes ragen Pfeiler und Mauerteile einer über 1400 Jahre alten **Basilika** noch über 10 m hoch empor. (Ausgrabungen April–Okt. tgl. 8–19.30 Uhr, Nov.–März tgl. 8.30–17 Uhr, Museum Di–So 8.30–15 Uhr).

Zum Schlammloch

Das **Schlammbad** erreicht man, wenn man auf der Straße in Richtung Dráma

am Archäologischen Museum vorbei bis zum kleinen Hotel-Restaurant Lídia fährt. Kurz vor dem Hotel zweigt eine mit »Laspóloutra« beschilderte Straße nach links ab. Hier steht auf der Rückseite des Hotels eine **moderne Kapelle** mit schönen Glasfenstern, in der Griechen gern ihre Kinder taufen lassen: In dem an der Kapelle vorbeifließenden Bach soll der Apostel Paulus die reiche jüdische Purpurhändlerin Lydia als erste Europäerin getauft haben.

Der ›Kurort‹ **Laspóloutra** liegt noch 2300 m von der Abzweigung entfernt. Er besteht nur aus einem kleinen Hotel, vielen Zelten, einem sehr einfachen Flachbau mit Kasse, Duschen und Umkleidekabinen sowie einem großen Schlammloch. Darin sitzen verkrustete Gestalten, die an die Heilkraft des mineralhaltigen Schlammes glauben.

Ein wahrhaft kurioses Vergnügen ist solch ein Schlammbad auf jeden Fall (Badebetrieb Juni bis Mitte Okt., Auskunft über Öffnungszeiten: Tel. 25 10 51 64 50).

Lídia: bei Phílippi in Krinídes an der Straße von Phílippi nach Dráma 2 km von den Ausgrabungen, Tel. 25 10 51 62 03, Fax 25 10 51 69 61, www.hotel-lydia.gr, ganzj. Modernes Hotel, deutschsprachiger Inhaber, Privatparkplatz. 26 Zimmer. DZ Ü/F ab 50 €.

Antike Dramen: Aufführungen Mitte Juli–Ende Aug. im Amphitheater von Phílippi.

Linienbusverbindung: zwischen Kaválla und Phílippi 2–3 x stdl., zwischen Kaválla und Laspóloutra 4–5 x tgl.

REISEINFOS VON A BIS Z

Alle wichtigen Informationen rund ums
Reisen auf einen Blick
– von A wie Anreise bis
Z wie Zeitungen

Extra: Ein Sprachführer
mit Hinweisen zur
Aussprache, wichtigen
Redewendungen, einem
kleinen Speiselexikon
und Zahlen

Am Hafen von Kaválla,
im Hintergrund der Burgberg

REISEINFOS VON A BIS Z

Anreise

... mit dem Flugzeug

Linienfluggesellschaften und Low Cost-Carrier verbinden Deutschland ganzjährig täglich mit **Thessaloníki;** aus Österreich und der Schweiz kommt man mehrmals wöchentlich dorthin. Im Sommer gibt es außerdem Charterflüge in die nordgriechische Metropole.

Ankunft und Weiterreise: Der **Flughafen Makedonía** in Thessaloníki ist sehr übersichtlich. Die Ankunftsebene liegt im Erd-, die Abflugebene im Obergeschoss. Mietwagenfirmen und Banken unterhalten Büros auf der Ankunftsebene, außerdem gibt es dort auch einen Auskunfts- und Buchungsschalter der Hoteliersvereinigung der Chalkidikí. Auf der Abflugebene findet man Post und Telefonamt sowie am Durchgang zum Inlands-Gate einen Bargeldautomaten.

In ausreichender Zahl stehen **Taxis** vor der Ankunftsebene bereit. Dort fährt auch ein **Linienbus** (Linie 78) in die Innenstadt ab, der an der Platía Aristotélous und an der Platía Eleftherías hält, nicht aber am Busbahnhof für die Verbindungen zur Chalkidikí (Tickets am Automaten im Bus, 50- und 10-Cent-Stücke bereithalten). Wer zum **Chalkidikí-Busbahnhof** möchte, fährt besser mit dem Taxi (einfache Fahrt ca. 8 €). Eine funktionierende **Gepäckaufbewahrung** gibt es am Airport nur sporadisch. Die Zeit vor dem Abflug verbringt man am besten im (sehr teuren) Restaurant über der Abflugebene. Es ist nonstop geöffnet und bietet drinnen und draußen einen hervorragenden Blick auf Flugfeld und Landebahnen.

... mit Auto und Fähre

Bei Redaktionsschluss (Herbst 2005) war der Autoput von Österreich über Slowenien, Kroatien, Serbien und die F.Y.R.O.M. nach Thessaloníki zwar wieder für den Durchgangsverkehr freigegeben, die Visagebühren waren jedoch noch unverhältnismäßig hoch, die Sicherheitsbedenken der Automobilclubs groß. Für aktuelle Informationen wendet man sich am besten an einen Automobilclub.

Sicherer und – wenn's denn unbedingt der eigene Wagen sein muss – auch bequemer ist auf jeden Fall die **Anreise über Italien.** Von Venedig und Triest, Ancona, Bari und Brindisi aus verkehren Fähren nach Igouménitsa. Von Igouménitsa aus kann man dann auf kurvenreichen 450 km nach Makedonien weiterfahren. Auskunft über Fährverbindungen geben alle guten Reisebüros. **Auskünfte im Internet:**
www.faehren.info
www.euronautic.de
www.anek.gr
www.minoan.gr
www.superfast.com
www.ventouris.de

... mit der Bahn

Eine Bahnanreise nach Thessaloníki lohnt sich auf keinen Fall des Preises wegen, sondern nur bei viel Übergepäck oder wegen des Bahnerlebnisses. Die Reise dauert ab München ca. 40 Stunden. Man fährt kurz vor Mitternacht über Ljubljana und Zagreb mit dem EN 269 nach Belgrad (ca. 16 Std.)

und steigt dort nachmittags in den Nachtzug nach Thessaloníki um, wo man am nächsten Morgen gegen 9 Uhr eintrifft.

Von Mitte Juni bis Mitte September verkehrt zwischen Villach in Kärnten und Thessaloníki ein komfortabler Autoreisezug mit geschlossenen Fahrzeugwaggons, der ohne Zwischenstopp fährt und hohe Sicherheit garantiert. Die Reisedauer beträgt ca. 25 Stunden. **Auskunft:**
Poseidon Reisen
Mehringdamm 73, 10965 Berlin
Tel. 0 30/6 93 10 96
www.optima-express.de

... mit dem Bus
Europabusse verbinden viele Städte in Deutschland und Österreich ganzjährig mit Thessaloníki. **Preis-** und **Fahrplanauskünfte** gibt:
Deutsche Touring GmbH
Am Römerhof 17
60486 Frankfurt/Main
Tel. 0 69/79 03 50, Fax 7 90 32 19
www.deutsche-touring.com

Ärztliche Versorgung

Das Bezirkskrankenhaus der Chalkidikí steht in Polígiros. Außerdem gibt es staatliche Gesundheitszentren (ESY, National Health Centre) in Ágios Nikólaos, Kassándria, Néa Moudianá und Paleochóri. Dort sind Notfallbehandlungen kostenlos.

Außerdem gibt es auf der Chalkidikí einen sehr effizienten Zusammenschluss privater Ärzte, den **Halkidiki Health Service.** Er unterhält Stationen in vielen Urlaubsorten, benennt Fach-

ärzte, vermittelt Rollstühle wie auch Krücken und hilft auch bei Problemen mit Zahnprothesen, Brillen und Hörgeräten. Seine Notrufzentrale in Kallithéa auf der Kassándra ist rund um die Uhr besetzt: Tel. 23 74 02 51 66. Mit vielen privaten Reisekrankenversicherungen außerhalb Deutschlands rechnet der Halkidiki Health Service bereits direkt ab, ohne dass der Patient etwas vor Ort bezahlen muss – lediglich die deutschen Reiseversicherer »sehen sich dazu noch nicht in der Lage«.

Autofahren

Autofahren in Griechenland ist problemlos. Tankstellen sind zahlreich; bleifreies Benzin *(amólivdi)* ist überall erhältlich. Kreditkarten werden von Tankstellen aber nur selten akzeptiert. Kleine Werkstätten auch außerhalb der Großstädte vollbringen bei Pannen und nach Unfällen oft mit sehr einfachen Mitteln Unglaubliches; Reparaturen sind günstiger als bei uns. Abschleppwagen des **Automobilclubs ELPA** sind landesweit unter Telefon 104 00 erreichbar. Auch wenn ein Auslandsschutzbrief vorliegt, müssen die Abschleppkosten zunächst bar bezahlt werden; der eigene Automobilclub erstattet sie nach Einreichen der Rechnung.

Verkehrsvorschriften: In Griechenland herrscht Rechtsverkehr; es gelten die international üblichen Verkehrsschilder. Die Höchstgeschwindigkeit für Pkw, Wohnmobile und Caravan-Gespanne beträgt innerorts 50 km/h, auf Landstraßen 90 km/h, auf Schnellstraßen 110 km/h und auf Autobahnen 120 km/h. Auf Schnellstraßen werden die Standspuren als Fahrspuren benutzt. Die Promillegrenze beträgt 0,5. Verkehrs- und Radarkontrollen finden selten statt. Wird man aber erwischt, sind die Bußgelder hoch. Fürs Parken im Halteverbot zahlt man z. B. ca. 50 €.

Behinderte

Es gibt nur wenige behindertengerechte Hotels und Restaurants, auch Busse und Museen sind kaum auf Rollstuhlfahrer eingestellt. Ohne Begleiter kommen Rollstuhlfahrer in Griechenland nicht zurecht.

Diebstahl

Die Kriminalitätsrate in Griechenland ist eine der niedrigsten in Europa. Trotzdem empfiehlt es sich, bei größeren Menschenansammlungen sowie in Linienbussen und auf Fähren vor Taschendieben auf der Hut zu sein.

Diplomatische Vertretungen

in Thessaloniki:
Deutsches Generalkonsulat
Odós Karólou Diehl 4
Tel. 23 10 25 11 20, Fax 23 10 24 03 93
Österreichisches Honorarkonsulat
Odós Miaouli 7
Tel. 23 10 43 69 75, Fax 23 10 44 11 96
Schweizer Honorarkonsulat
Odós Leofóros Níkis 47
Tel. 23 10 28 22 14, Fax 23 10 25 27 89

Drogen

Drogenbesitz (auch Haschisch) wird in Griechenland schwer bestraft. In grie-

chischen Gefängnissen herrschen oft noch mittelalterliche Verhältnisse.

Einreisebestimmungen

Zur Einreise nach Griechenland genügt für Deutsche, Österreicher und Schweizer ein gültiger Personalausweis bzw. eine nationale Identitätskarte oder ein Reisepass. Kinder unter 16 Jahren müssen im Pass der Eltern eingetragen sein oder benötigen einen Kinderausweis (ab zehn Jahren mit Lichtbild).

Bei Einreise mit dem eigenen Fahrzeug müssen der nationale Führerschein und der Kraftfahrzeugschein mitgeführt werden. Die Internationale Grüne Versicherungskarte ist nicht zwingend vorgeschrieben, aber ebenso wie der Auslandsschutzbrief empfehlenswert. Für Hunde nötig: der EU-Heimtierausweis. Darin müssen die Kennzeichnung des Hundes durch Mikrochip oder Tätowierung und eine Tollwutimpfung (mindestens 30 Tage, höchstens 12 Monate vor Einreise) eingetragen sein. Bei Einreise über Nicht-EU-Länder gelten Sondervorschriften!

Eintrittspreise

Auf der Chalkidikí gibt es nur wenige Museen und Ausgrabungsgelände, für die Eintritt erhoben wird. In Thessaloníki und in anderen Teilen Makedoniens wird man hingegen häufig zur Kasse gebeten. Tickets kosten meist 3–6 €. Jugendliche bis 18 Jahren sowie Schüler aus EU-Ländern und Studenten mit internationalem Studentenausweis haben freien Eintritt, Senioren aus EU-Ländern über 65 Jahren erhalten eine Ermäßigung. Zwischen November und März ist der Eintritt sonntags für alle Besucher frei. Der Besuch von Kirchen und Klöstern ist meist kostenlos; es wird jedoch eine Spende erwartet (Minimum: 1 €/Person). Die Metéora-Klöster verlangen Eintritt (1,50–3 €).

Elektrizität

Die Netzspannung beträgt 220 Volt. Deutsche Stecker passen fast immer.

Erdbeben

Erdbeben sind selten, können aber vorkommen. In einem solchen Fall gilt: Zuflucht unter einem Türsturz oder zumindest einem Bett oder Tisch suchen, beim Verlassen des Gebäudes keinesfalls den Fahrstuhl benutzen.

Feiertage

An den nationalen Feiertagen sind Behörden und Geschäfte geschlossen, zum Teil auch die Museen. Reisebüros, Autovermietungen und Souvenirgeschäfte sind geöffnet.

1. Januar: Neujahr *(Protokronjá)*.

6. Januar: Dreikönigsfest *(Epifanía)*.

25. März: Nationalfeiertag, Beginn des Befreiungskampfes gegen die Türken im Jahr 1821; mit Paraden, an denen auch viele Schüler in Nationaltrachten teilnehmen.

Rosenmontag *(Kathará Deftéra):* Kinder tragen Kostüme, Picknicks im Freien, mancherorts Karnevalsumzüge (6. März 2006, 22. Feb. 2007).

Karfreitag *(Megáli Paraskewí):* mit Prozessionen am Abend (meist 21 Uhr).

Ostern *(Páska):* liegt oft anders als bei uns, da die orthodoxe Kirche den Termin – wie Pfingsten – nicht nach dem Gregorianischen, sondern nach dem Julianischen Kalender berechnet (Ostersonntag am 23. April 2006, 8. April 2007).

1. Mai: Tag der Arbeit *(Protomajá)*.

Pfingstmontag *(Déftera tis Pendikósti):* 12. Juni 2006, 28. Mai 2007.

15. August: Mariä Entschlafung *(Kímisis tu Theotóku)* – nicht Mariä Himmelfahrt genannt, weil Maria nach Vorstellung der orthodoxen Kirche nicht leibhaftig gen Himmel gefahren ist.

28. Oktober: Nationalfeiertag *(I Méra tu óchi)*; gedacht wird des »Historischen Nein«, das der griechische Diktator Metaxas gegenüber einem Ultimatum Mussolinis, sich kampflos zu ergeben, aussprach. Damit wurde Griechenland auf Seiten der Alliierten in den Zweiten Weltkrieg hineingezogen.

24. Dezember: Heiligabend *(Paramoní Christójennon)*; halbtägiger Feiertag.

25. Dezember: Weihnachten *(Christújenna)*.

31. Dezember: Silvester *(To Wrádi tis Protokronjás);* halbtags.

Festspiele

Festspiele und Kulturfestivals finden im Sommer in mehreren Orten auf der Chalkidikí statt. Auch von überregionaler Bedeutung sind die Festspiele von Sáni und Síviri auf der Kassándra sowie die von Olimbiáda. In Thessaloníki finden das ganze Jahr über unterschiedliche Festivals statt (s. S. 182).

FKK/oben ohne

Das Nacktbaden ist offiziell noch immer verboten. Es wird aber nur geahndet, wenn jemand Anzeige erstattet. An abgelegenen Stränden ist es daher üblich. Das Ablegen des Bikini-Oberteils gilt nur noch dort als anstößig, wo überwiegend ältere Griechen baden.

Foto- und Videoaufnahmen

Das Fotografieren und Filmen in der Nähe von Militäranlagen sowie auf dem Flughafen von Thessaloníki ist strikt verboten und kann zur Beschlagnahmung von Film und Kamera führen. In manchen Kirchen sowie in allen Klöstern auf dem Berg Áthos herrscht generelles Foto- und Filmverbot; das Fotografieren von Ikonen wird nirgends gern gesehen. Aufnahmen mit Stativ und Blitzlicht bedürfen in den meisten Museen einer besonderen Genehmigung; Videoaufnahmen sind in vielen archäologischen Stätten gebührenpflichtig.

Filme und Fotobatterien sind in Griechenland teuer; die Qualität ist nicht immer gesichert. Anspruchsvollere Filme sind kaum erhältlich, man bringt sie besser von zu Hause mit.

In vielen Orten kann man von seinen Farbfilmen binnen weniger Stunden Abzüge machen lassen. Viele Fotogeschäfte und Internet-Cafes überspielen den vollen Speicher-Chip von Digitalkameras auf CD.

Geld

S. auch Umschlaginnenklappe vorn. Kreditkarten werden von vielen Reisebüros, Souvenirgeschäften, Autovermietungen, Hotels und einigen Restaurants akzeptiert.

Gesundheitsvorsorge

Besondere Schutzimpfungen müssen bei der Einreise nach Griechenland nicht nachgewiesen werden; die Tetanus-Impfung sollte jedoch aufgefrischt werden. Griechische Apotheken sind in der Regel gut bestückt, führen jedoch nicht alle bei uns bekannten Medikamente. Wer auf ein bestimmtes Mittel angewiesen ist, bringt es besser mit.

Griechische Ärzte verschreiben auch schon bei leichten Infektionen gern harte Antibiotika. Homöopathische Medikamente sind in Griechenland kaum erhältlich. Wer also lieber seinen Hausmitteln bei Wehwehchen vertraut, muss sie mitnehmen.

Krankenschein: Zwischen Deutschland und Griechenland besteht ein Sozialversicherungsabkommen; deutsche Urlauber können sich also auch in Griechenland unter Vorlage der European Health Card, die den alten Auslandskrankenschein E 111 ersetzt hat, kostenlos behandeln lassen. In der Praxis ist das kaum ratsam: Die Zahl der Kassenärzte ist klein, ihre Praxen sind meist überfüllt. Darum schließt man besser für die Urlaubsdauer eine Auslandskrankenversicherung ab, zahlt Arzt- und Arzneikosten selbst und lässt sie sich später zurückerstatten. Wer allerdings auch in Deutschland privat krankenversichert ist, braucht diese zusätzliche Versicherung nicht, da private Krankenversicherungen europaweit gültig sind.

Informationsstellen

Griechische Zentrale für Fremden-verkehr (GFZ)
... in Deutschland
10789 Berlin
Wittenbergplatz 3 a
Tel. 030/217 62 62-63
Fax 217 79 65

60311 Frankfurt/M.
Neue Mainzer Str. 22
Tel. 0 69/2 57 82 70
Fax 25 78 27 29

20354 Hamburg
Neuer Wall 18
Tel. 040/45 44 98
Fax 45 44 04

80333 München
Pacellistraße 5
Tel. 089/22 20 35
Fax 29 70 58

... in Österreich
1010 Wien, Opernring 8
Tel. 01/512 53 17-18
Fax 513 91 89

... in der Schweiz
8001 Zürich, Löwenstraße 25
Tel. 0 12 21 01 05
Fax 0 12 12 05 16

Auf der Chalkidikí
Offizielle Tourist-Informationen gibt es nur in Thessaloníki (s. S. 177f.) und Kaválla (s. S. 201). In den Küstenorten der Chalkidikí können Informationssuchende ihr Glück in den örtlichen Reisebüros versuchen.

**Botschaften der
Republik Griechenland
... in Deutschland**
10119 Berlin
Jägerstr. 54–55
Tel. 030/20 62 60
Fax 20 62 64 44

... in Österreich
1040 Wien
Argentinier Straße 14
Tel. 01/505 57 91
Fax 505 62 17

... in der Schweiz
Laubeggstr. 18
3006 Bern
Tel. 03 13 56 11 11
Fax 03 13 68 12 72

Infos im Internet

www.gnto.gr: Das englischsprachige Portal der GZF ist zwar umfangreich, aber wenig ergiebig. Es wird nur selten aktualisiert.
http://halkidiki.com: Gute Informationen über alle Aspekte der Chalkidikí auf Deutsch.
www.halkidiki-hotels.gr: Offizielle Website der Hoteliersvereinigung der Chalkidikí. Klickt man »Mitglieder« an, bekommt man eine Liste aller Hotels und Pensionen mit Kurzbeschreibung; Links verbinden mit den Websites der einzelnen Unterkünfte.
www.ekathimerini.com: Elektronische Ausgabe einer großen griechischen Tageszeitung. Englischsprachig. Täglich viele aktuelle Meldungen und Features zu Politik, Wirtschaft und Kultur ganz Griechenlands.

www.robby.gr: Gute Suchmaschine für griechische Websites.

www.griechische-botschaft.de: Nachrichten aus Politik und Wirtschaft in deutscher Sprache, einige Links.

www.culture.gr: Das englischsprachige Portal des griechischen Ministeriums für Kultur enthält eine umfangreiche Liste griechischer Museen und archäologischer Stätten mit vielen schönen Fotos, aber leider selten aktualisierten praktischen Angaben zu Öffnungszeiten und Eintrittspreisen.

www.gogreece.com: Interessante Links zu ganz Griechenland.

www.in-greece.de: Deutschsprachiges Chat-Forum für alle Griechenland-Fans.

Karten und Pläne

Was Schreibweisen und Genauigkeit anbelangt, sind die Karten des griechischen Verlags Road Editions zu empfehlen (Nr. 2: Macedonia, Nr. 3: Epiros/Thessaly, beide 1 : 250 000). Leider sind hier die Straßen nicht auf dem neuesten Stand. Für Autofahrer eignet sich deshalb die Griechenlandkarte Nr. 980 (2001) von Michelin. Stadtpläne von Thessaloníki erhält man in der dortigen Touristen-Information kostenlos.

Kioske

Griechische Kioske sind vom Boden bis unter die Decke mit Waren vollgestopft. Hier findet man, was man an Kleinigkeiten so braucht. Zigaretten, Streichhölzer und Feuerzeuge gehören ebenso zum Sortiment wie Aspirin-Tabletten, Zahnpasta, Kondome und Kaffee in Portionsbeuteln. Die meisten Kioske sind bis in die späte Nacht geöffnet.

Kirchen- und Klosterbesuche

Beim Besuch von Kirchen und Klöstern sollten die Knie und Schultern bedeckt sein. Zu einigen Klöstern haben Frauen in Hosen keinen Zutritt; am Eingang werden aber meist Wickelröcke gereicht. In Kirchen verschränkt man die Arme nicht und hält sie auch nicht auf dem Rücken, die Beine sollten nicht übereinandergeschlagen werden. Wenn man direkt vor einer Ikone steht, dreht man ihr möglichst nicht den Rücken zu und zeigt nicht mit dem Finger auf sie. Mönche und Nonnen legen großen Wert auf ihre Mittagsruhe; zwischen 13 und 17 Uhr sollte man sie nicht stören.

Literaturtipps

Baumann, Hellmut: Die griechische Pflanzenwelt in Mythos, Kunst und Literatur, München 1999 (Hirmer). Ein Pflanzenbuch, das den botanischen Rahmen sprengt.

Eckhardt, Klaus: So singt Griechenland, Köln 1999 (Romiosini). Mehr als 160 Liedertexte in griechischer Original- und Lautumschrift mit deutscher Übersetzung, Noten und Akkorden.

Eideneier, Hans und Niki (Hrsg.): Thessaloníki. Bilder einer Stadt, Gutach 1992 (Baden). Darstellung der Geschichte und Kunstschätze, aber auch des kulturellen Lebens der Gegenwart sowie Übersetzungen von Lyrik und Prosa von Autoren aus Thessaloníki und Umgebung.

Fromer, Rebecca: Das Haus am Meer. Die Geschichte des Elia Aelion. Hamburg 2001 (Europäische Verlags-Anstalt). Eine Geschichte, die während der deutschen Besetzung Griechenlands spielt. Der Jude Elia Aelion schildert, wie er vor den Nazis aus Thessaloníki floh und sich den Partisanen anschloss, berichtet aber auch, wie Freunde und Verwandte von den Deutschen ermordert wurden.

Herodot: Geschichten und Geschichte. Stuttgart 1971 (Kröner). Dank der guten Übersetzung gut zu lesen.

Kästner, Erhart: Die Stundentrommel vom heiligen Berg Áthos, Frankfurt 1956 (Insel). Einfühlsamer Erlebnisbericht über eine mehrwöchige Reise in den frühen Nachkriegsjahren.

Kaminiates, Johannes: Die Einnahme Thessaloníkes durch die Araber im Jahre 904, Graz 1975 (Styria, Byzantinische Geschichtsschreiber Bd. 12). Anschaulicher Bericht eines Mannes, der dabei war und von den Sarazenen in die Sklaverei verschleppt, dann aber freigekauft wurde. Leider nicht mehr im Handel erhältlich.

Milona, Marianthi: Culinaria Griechenland, Königswinter 2004 (Tandem). Das beste und schönste Kochbuch, reich bebildert und mit vielen über bloße Rezepte hinausgehenden Informationen.

Schneider, Lambert/Höcker, Christoph: Griechisches Festland. Kunst-Reiseführer, Köln 2003 (DuMont Reiseverlag). Ein verständlicher Spezialführer zu den Kunstschätzen, archäologischen Stätten, Klöstern und Museen Thessaliens und Makedoniens.

Weithmann, Michael W.: Griechenland. Regensburg 1995 (Pustet). Kenntnisreiche und vorurteilsfreie Darstellung der Geschichte Griechenlands vom Frühmittelalter bis zur Gegenwart.

Mietwagen

Pkws, Jeeps, Mopeds und Motorräder werden in allen Urlaubsorten vermietet. Pkws und Jeeps können auch schon am Flughafen von Thessaloníki übernommen werden. Die Preise sind ungefähr so hoch wie bei uns. Das Mindestalter des Mieters beträgt 21 Jahre, für größere Typen häufig auch 23 Jahre. Der nationale Führerschein genügt. Mopeds und Motorräder (ab 125 ccm) Motorradführerschein erforderlich) sollten bei der Übernahme gründlich auf den Zustand der Bremsen, Autos vor allem auf den Zustand der Reifen und des Reservereifens untersucht werden.

Vollkaskoversicherungen werden angeboten, decken jedoch keine Schäden an den Reifen und an der Wagenunterseite ab. Bei Unfällen ist immer die Polizei zu rufen, da die Versicherung sonst nicht zahlt.

Notruf

S. vordere Umschlaginnenklappe.

Öffentliche Verkehrsmittel

Bahn

Das Schienennetz in Griechenland ist weitmaschig, die Häufigkeit der Verbindungen lässt zu wünschen übrig. Dafür ist die Bahn aber auch immer noch preiswerter als der Linienbus. Die Griechischen Staatsbahnen OSE wollen Gleise und Züge in den nächsten Jahren mit hohem Kostenaufwand modernisieren.

Auf der Chalkidikí verkehren keine Bahnen. Für die in diesem Buch vorgestellte Region sind daher nur folgende Verbindungen von Interesse: Von Thessaloníki nach Édessa (8× tgl., Fahrzeit ca. 1 Std. 40 Min.) und von Thessaloníki nach Litóchoro am Olymp (4× tgl., Fahrzeit ca. 50 Min., der Zug hält weit außerhalb von Litóchoro).

Fahrplanauskünfte im Internet:
www.ose.gr

Bus

Linienbusse verbinden Thessaloníki entweder direkt oder via Néa Moudianá oder Polígiros mit allen Orten auf der Chalkidikí und allen bedeutenden Orten Makedoniens. Die Fahrpreise sind niedrig. So zahlt man für die Fahrt vom Flughafen von Thessaloníki in die Innenstadt nur ca. 0,50 €. An den Busbahnhöfen der Großstädte sowie in Néa Moudianá und Polígiros kauft man die Tickets vor der Abfahrt am Schalter, ansonsten im Bus. Umsteigetickets sowie Tages- oder Wochenkarten gibt es nicht.

Fahrplanauskünfte im Internet:
www.ktel.org

Schiff

Für die Passagierboote, die von Pefkochóri und Kallithéa auf der Halbinsel Kassándra nach Néos Marmarás auf der Halbinsel Sithonía verkehren, kauft

man die Tickets direkt am Anleger. Tickets für die Schiffe von Ouranoúpoli nach Dáfni/Áthos erhält man in Reisebüros an der Uferpromenade gleich neben dem Anleger. An Bord gibt es nur eine Klasse. Tickets für die Ausflugsboote, die vor der Küste des Berges Áthos kreuzen, kauft man vorher bei der Reiseleitung oder in einem Reisebüro am Abfahrtshafen.

Für die Flying Dolphins, die von Néa Moudianá die Nördlichen Sporaden Skiáthos und Skópelos ansteuern, sollte man die Tickets zumindest einige Stunden im Voraus bei der örtlichen Agentur kaufen. Die Agenturen liegen in der Nähe des Anlegers und sind deutlich gekennzeichnet. Auch hier gibt es an Bord nur eine Klasse.

Fahrplanauskünfte im Internet:
www.gtpnet.com

Taxis

Taxis sind zahlreich und äußerst preiswert. So zahlt man in Thessaloníki für die etwa halbstündige Fahrt vom Flughafen in die Innenstadt nur ca. 10–12 €. In Großstädten kann man Taxis telefonisch rufen, sie am Halteplatz besteigen oder am Straßenrand heranwinken. Dabei ist es in Thessaloníki durchaus üblich, dass Taxifahrer einander unbekannte Fahrgäste mit annähernd gleichem Ziel mitnehmen und von jedem einzeln den vollen Fahrpreis kassieren. Alle Taxis sind mit einem Taxameter ausgerüstet.

Auf dem Land heißen die Taxis *agoraíon*. Sie verfügen über keinen Taxameter; der Fahrpreis berechnet sich hier nach der Entfernung. Eine Fahrpreistabelle muss der Fahrer auf

Wunsch vorzeigen können. In den kleinen Urlaubsorten der Chalkidikí empfiehlt es sich, Taxis im Voraus über die Hotelrezeption oder den Tavernenwirt zu bestellen. Für längere Rundfahrten kann man versuchen, mit dem Fahrer einen Festpreis auszuhandeln. Eine Taxirundfahrt zu viert ist zumeist preiswerter als die Teilnahme von vier Personen an einer organisierten Bustour.

Öffnungszeiten

S. vordere Umschlaginnenklappe.

Polizei

Die griechische Polizei bleibt unauffällig, ist aber auch im Notfall nicht immer eine Hilfe. Kleinere Verkehrsunfälle werden nur äußerst ungern protokolliert, auch wenn man für seine Versicherung unbedingt ein Protokoll braucht. Die Erstellung eines Protokolls für die Reisegepäckversicherung ist langwierig und lohnt nur, wenn es um größere Schäden geht. Fremdsprachenkenntnisse sind nicht erforderlich, um Polizist zu werden: Nur Mitarbeiter der **Touristenpolizei** *(Tourist Police)*, die es in einigen wenigen Orten gibt, sprechen und verstehen Englisch.

Post

Postämter sind Mo–Fr 7.30–15 Uhr geöffnet. Briefe und Postkarten nach Mitteleuropa werden grundsätzlich per Luftpost befördert; die Laufzeit bis Deutschland beträgt zwischen zwei Tagen und einer Woche.

Presse, Radio und TV

In jeder Stadt und in fast jedem Badeort gibt es Kioske oder Geschäfte, die sich auf ausländische Zeitungen und Zeitschriften spezialisiert haben. Dort, aber auch an manch anderen Kiosken erhält man die englischsprachige Wochenzeitung »Athens News«.

Neben der staatlichen Rundfunkanstalt EP strahlen unzählige private Anbieter Fernseh- und Rundfunkprogramme aus. In größeren Hotels und manchen Lokalen kann man über Satellit auch deutsche TV-Programme empfangen. Griechische Radioprogramme sind weltweit im Internet unter www.ert.gr oder www.radiofono.gr zu empfangen.

Reisekasse

Die Lebenshaltungskosten sind in Griechenland etwa so hoch wie in Deutschland oder Österreich. Deutlich preiswerter sind nur die öffentlichen Verkehrsmittel, das Taxifahren und das Benzin. Die einfachste Art, unterwegs an Bargeld zu kommen, sind Abhebungen mit der EC-/Maestro-Karte oder einer Kreditkarte an einem Geldautomaten der Banken. Geldautomaten gibt es jedoch noch nicht in allen Orten auf der Chalkidikí.

Souvenirs

Typische Souvenirs von der Chalkidikí sind Honig, Wein und Webarbeiten. In Thessaloníki ist die Auswahl natürlich größer. Pelzmäntel sind günstig, wenn man sie denn mag. Vielfältig ist das Angebot an Schmuck und Schuhen sowie alten und neuen Kupfer- und Messingwaren (diese insbesondere in der Odós Klissoúras an der Kirche Panagía Chalkéon). Griechische Lebensmittel kauft man am besten auf dem Vláli-Markt. Griechische Musik und griechische Bildbände in großer Auswahl bieten die Plattenläden und Buchhandlungen in der Odós Aristotélous. Offizielle Kopien antiker und mittelalterlicher Kunstwerke kann man im Museumsshop des Archäologischen Museums kaufen.

Tageslicht

In Griechenland sind im Winter die Tage länger und im Sommer kürzer als bei uns. **Sonnenauf- und Sonnenuntergangszeiten**: am 21. März ca. 6.40/18.40 Uhr; am 21. Juni 5.10/20 Uhr, am 21. Sept. 6.20/18.35 Uhr, am 21. Dez. 7.50/17.20 Uhr.

Telefonieren

S. auch vordere Umschlaginnenklappe. Am preiswertesten telefoniert man von **Kartentelefonen** aus, die in Griechenland zahlreich zu finden sind. **Telefonkarten** *(tilekárta)* kauft man in den Büros der Telegrafengesellschaft O.T.E., an Kiosken und in manchen Geschäften. Es gibt Telefonkarten zu 100 und 200 Einheiten; je mehr Einheiten auf der Karte sind, desto preiswerter ist die einzelne Einheit. **Münztelefone** gibt es in Hellas nicht mehr. Man kann aber auch von vielen Kiosken aus telefonieren. Reisebüros und Hotels erheben teilweise horrende Aufschläge. Samstags und sonntags sowie werktags

zwischen 22 und 8 Uhr gilt für alle Gespräche ein ermäßigter Tarif. Die Flächenabdeckung für **Handys** ist in Griechenland gut; die aktuellen Tarife nennt Ihnen Ihre Telefongesellschaft.

Die **Vorwahlnummer** für Deutschland lautet 00 49, für Österreich 00 43, für die Schweiz 00 41 und für Griechenland 00 30. Anschließend wählt man für Griechenland die zehnstellige Teilnehmerrufnummer, für Deutschland und Österreich die Ortsvorwahl ohne Null und schließlich die Teilnehmernummer, für die Schweiz die komplette Teilnehmernummer (Ortsvorwahl inklusive).

Toiletten

In allen guten Hotels entsprechen die Toiletten westeuropäischem Standard. Anderswo sind sie zwar meist sauber, aber fast immer unvollständig: Sitzbrillen fehlen meist. Außerdem wirft man außerhalb sehr guter Hotels das benutzte Toilettenpapier grundsätzlich in einen neben der Toilette stehenden Eimer oder Papierkorb, da die Abflussrohre nur über einen geringen Durchmesser verfügen und leicht verstopfen. **Öffentliche Toiletten** sind selten und in der Regel unzumutbar.

Toilettentüren sind durch die Aufschrift ΑΝΔΡΩΝ (*Ándron*, Männer) oder ΓΥΝΑΙΚΩΝ (*Jinékon*, Frauen) oder durch die üblichen Piktogramme gekennzeichnet.

Trinkgeld

Mit Trinkgeldern geht man wie bei uns um. Allerdings werden Beträge unter 0,50 € als beleidigend empfunden.

Unterkunft

Apartments und Ferienhäuser

Außer den großen Veranstaltern, deren Programm man in jedem Reisebüro buchen kann, gibt es auch kleinere Spezialisten, die Apartments und Ferienhäuser auf der Chalkidikí anbieten:

Attika
Sonnenstr. 3, 80331 München,
Tel. 089/54 55 51 00, Fax 54 55 52 80,
www.attika.de.

domizile
Am Klostergarten 1, 81241 München,
Tel. 089/83 30 84, Fax 834 17 60,
www.domizile.de.

Enzian-Reisen
Maxburgstr. 4, 80333 München,
Tel. 089/29 51 02, Fax 22 63 51,
www.enzian-reisen.de.

Fener
Brauhausstr. 20, 22021 Hamburg,
Tel. 040/652 79 31, Fax 652 64 67,
www.Fener-reisen.de.

Jassu-Reisen
Königswinterer Str. 628, 53227 Bonn,
Tel. 02 28/92 62 60, Fax 92 62 26 63,
www.jassu.de.

Takis
Herzogspitalstr. 10, 80331 München,
Tel. 089/236 65 10, Fax 23 66 51 99,
www.takis.de.

Hotels

Gute Hotels säumen die Küsten aller drei Finger der Chalkidikí. Ihr Standard ist höher als im griechischen Durchschnitt. Die meisten von ihnen sind nur von Mai bis Ende September oder Mitte Oktober geöffnet.

Alle griechischen Hotels werden staatlicherseits klassifiziert: von »Luxus« über »A« bis »E«. Für die Hotels der Kategorien A bis C gelten festgelegte Mindestpreise. Die vom Hotelier nach dieser Richtlinie individuell gestalteten Preise müssen einmal jährlich vom Staat genehmigt und dann die ganze Saison über eingehalten werden. Die tatsächlichen Preise dürfen bis zu 25 % höher als die Mindestpreise liegen. Andererseits werden in der Vor- und Nachsaison auf die ohnehin offiziell um bis zu 40 % reduzierten Zimmerpreise auf Nachfrage häufig weitere, eigentlich unzulässige Preisnachlässe gewährt.

Hotels der Kategorien D und E sind meist nur geringfügig preiswerter als einfache Häuser der C-Kategorie. Die Hotels der Luxus-Kategorie sind oft doppelt so teuer wie A-Hotels, bieten im internationalen Vergleich aber nur den Standard von First-Class-Häusern.

Pensionen und Privatzimmer

Kleine Pensionen und Privatzimmer sind auf der Chalkidikí sehr viel seltener zu finden als beispielsweise auf den griechischen Inseln, weil es sehr viel weniger Individualtouristen gibt. Zimmervermieter kommen hier fast nie an die Bushaltestellen, um Touristen abzufangen – man muss sich schon selbst auf die Suche begeben.

Für Pensionen und Privatzimmer gibt es wie für Hotels offizielle Kategorisierungen, die von A bis C reichen.

Jugendherbergen

Auf der Chalkidikí gibt es keine Jugendherbergen. Die Jugendherberge in Thessaloníki hat Platz für 130 Gäste in Sechsbettzimmern. Ein **internationa-**

ler Jugendherbergsausweis ist erforderlich (Odós Aléxandrou Svólou 44, Tel. 23 10 22 59 46, Dez.–Feb. geschl.).

Camping

Auf der Chalkidikí gibt es etwa 30 offizielle Campingplätze. Die sanitären Anlagen lassen allerdings recht oft zu wünschen übrig. Der ADAC benotet ihren Zustand auf einer von 1 (Bestnote) bis 7 reichenden Skala mit 4 bis 5.

Je nach Standard zahlt man in der Vor- und Nachsaison für ein Zelt 3,50 bis 5 €, pro Person 4 bis 4,50 €, pro Kind (2 oder 4 bis 10 Jahre) 2,50 bis 3 €, für ein Auto 2 bis 2,50 € und für die Nutzung des Stromanschlusses 2,50 bis 3,20 €. In den Hauptsaisonmonaten Juli und August liegen die Preise bis zu 50 % höher.

Wahlsonntage

An Wahlsonntagen sind die meisten Museen und archäologischen Stätten in Griechenland geschlossen. Nach Schließung der Wahllokale um 18 Uhr dürfen für den Rest des Tages offiziell keine alkoholischen Getränke ausgeschenkt werden: Hitzige Diskussionen sollen nicht heißer als nötig werden.

Weinkellereien

Auch in Griechenland hat sich inzwischen herumgesprochen, dass **Weinstraßen** ein Touristenmagnet sein können, und so hat man nun »Wege des makedonischen Weins« eingerichtet. Sogar eine entsprechende Werbebroschüre wurde produziert – leider nur auf Griechisch. Nicht alle Kellereien an den hier verzeichneten Wegen sind bereits auf Besucher eingestellt, manche erbitten telefonische Voranmeldung. Wer trotzdem Lust hat, sich auf das ›Abenteuer‹ einer griechischen Weinstraße einzulassen, kann folgende Winzer und Kellereien besuchen:

Auf der Chalkidikí

Tsantális: Ágios Pávlos, Kilometerstein 35 an der Schnellstraße Thessaloníki–Néa Moudianá, Tel. 23 99 06 13 94, Mo–Fr 10–16 Uhr.

Im übrigen Makedonien

Babatzím: Angchíalos, 17 km nordwestlich von Thessaloníki, Tel. 23 10 72 23 09, nur nach telefonischer Absprache, man spricht Englisch.

Dalamára, Náoussa, Odós Vass. Konstantínou 30, Tel. 23 32 02 83 21, nur nach vorheriger telefonischer Absprache.

Ktímatos Chrisochórou-Strántza: Stránza, Naoússa, Tel. 23 32 02 22 86, nur nach telefonischer Absprache.

Aídarini: Gouménissa, 66 km nordwestlich von Thessaloníki, Tel. 23 43 04 12 93, tgl. 10–20 Uhr.

Boutári: Gouménissa, Tel. 23 43 04 19 89, 20. Okt.–Mai Fr–So 10–16 Uhr, in der übrigen Zeit nur nach telefonischer Absprache.

Zeit

In Griechenland ist es ganzjährig eine Stunde später als bei uns; der Wechsel zwischen Sommer- und Winterzeit erfolgt zum gleichen Termin. Wenn es in Deutschland 12 Uhr ist, ist es in Griechenland also immer 13 Uhr.

GLOSSAR

Agía/Ágios: Griechisch für Heilige/Heiliger

Agorá: Wirtschaftlicher und politischer Versammlungsplatz der antiken Stadt

Apsis: Halbrunder Raum, besonders in Kirchen, der sich zum Hauptraum hin öffnet

Archontikó: Herrenhaus wohlhabender christlicher Bürger im Osmanischen Reich

Bouzoúki: Griechisches Saiteninstrument; s. auch Tanzlokal mit griechischer Live-Musik

Cella: Hauptraum des antiken Tempels, der das Kultbild barg

Fresko: Wandmalerei, auf feuchten Putz aufgetragen

Ikone: Geweihtes Tafelbild in der orthodoxen Sakralmalerei

Ikonostase: Im Westen übliche Bezeichnung für das Templon, also die Bilderwand zwischen dem Altar- und Gemeinderaum der orthodoxen Kirche

Kapitell: Das Kopfstück eines Pfeilers oder einer Säule

Kímesis tis Theotókou: Entschlafung der Gottesmutter (12 Kirchenfeste). Die leibliche Himmelfahrt Mariens ist in der orthodoxen Kirche kein Dogma

Kirchenväter: Für die Herausbildung der christlichen Lehre bedeutende kirchliche Schriftsteller der ersten sieben nachchristlichen Jahrhunderte. In der orthodoxen Kirche sind das insbesondere Basilius der Große, Gregor der Theologe, Johannes Chrysostomos (alle aus Antiochia) sowie Athanasius und Kyrillos (beide aus Alexandria)

Leofóros: Griechisch für »Boulevard«

Moní: Griechisch für »Kloster«

Narthex: Vorhalle der orthodoxen Kirche. Besitzt die Kirche zwei solcher Vorhallen, spricht man vom Exonarthex (äußerer Narthex) und Esonarthex (innerer Narthex)

Odós: Griechisch für »Gasse«, »Straße«

Oklad: Verkleidung von Ikonen aus ziseliertem, oft auch vergoldetem Silberblech, die die Darstellung der Ikone reliefartig wiederholt und nur die unbekleideten Teile der Figuren, also Gesicht und Hände, freilässt

Panagía: Die Allheilige, also Maria

Pantókrator: Der Allesbeherrscher, also Christus. Meist als Brustbild mit Evangelienbuch und erhobener Rechten dargestellt, vor allem in der Kuppel der Kirche

Platía: Griechisch für »Platz«

Ringhalle: Um die Cella eines Tempels umlaufende Säulenstellung

Spolien: Wiederverwendete Bauteile aus älteren Gebäuden, z. B. Säulentrommeln, Quader, Statuenfragmente oder Grabplatten

Stele: Frei stehende, mit einem Relief oder einer Inschrift versehene Säule oder Platte als Votivstein oder Grabmal

Taxiarchen: Erzengel

Tonnengewölbe: Gewölbe mit halbkreisförmigem Querschnitt; einfachste Gewölbeform

SPRACHFÜHRER

Auf der Chalkidikí und in Thessaloníki kommt man auch ohne griechische Sprachkenntnisse gut zurecht. Englisch wird nahezu überall gesprochen; in Hotels und Restaurants versteht man zumindest das Nötigste auch auf Deutsch.

Fast alle Hinweisschilder sind in griechischer und in lateinischer Schrift abgefasst, sodass die Orientierung kaum Schwierigkeiten bereitet. Vor Abzweigungen und Kreuzungen folgt das Schild mit der lateinischen Umschrift allerdings oft erst ein gutes Stück nach dem griechischen Hinweisschild. Daher ist es sinnvoll, das griechische Alphabet ein wenig zu üben.

Die **Umschrift** der griechischen Buchstaben ist in der Literatur, vor allem auch im Land selbst, höchst uneinheitlich. Für die internationalen Organisationen der Vereinten Nationen und der Europäischen Union existiert zwar ein verbindliches Umschriftsystem, doch in Griechenland selbst scheint diese Regelung unbekannt zu sein. Sie hat auch den Nachteil, Besucher aus dem deutschen Sprachraum zur falschen Aussprache griechischer Wörter zu verleiten.

Diesem Buch liegt eine Umschrift zugrunde, die sowohl der Aussprache wie der Orientierung vor Ort Rechnung tragen soll. Um das Entziffern griechischer Ortsschilder und Karten zu erleichtern, werden im Routenteil Ortsangaben möglichst nah an der griechischen Schreibweise umschrieben. Die hier gegebenen Sprachhilfen hingegen orientieren sich an der möglichst korrekten Aussprache. Akzente markieren die betonte Silbe.

Bitte beachten: Im Griechischen gibt es keine geschlossenen, sondern nur offene Vokale – also z. B. nicht ›o‹ wie in ›Rot‹ gesprochen, sondern wie in ›Gott‹. Akzente markieren die zu betonende Silbe; die richtige Betonung ist sehr wichtig, um verstanden zu werden.

Das griechische Alphabet

	Aussprache	Umschrift
A/α	**a**	a
B/β	**w**	v (w)
Γ/γ	**j** vor I/E, sonst weiches **g**	g (gh)
Δ/δ	wie engl. ›**the**‹	d (dh)
E/ε	**ä**	e (ä)
Z/ζ	**s**	z (s)
H/η	**i**	i
Θ/θ	wie engl. ›**th**anks‹	th
I/ι	**i**, vor A wie **j**	i (j)
K/κ	**k**	k
Λ/λ	**l**	l
M/μ	**m**	m
N/ν	**n**	n
Ξ/ξ	**x (ks)**	x (ks)
O/o	wie in ›**o**ft‹	o
Π/π	**p**	p
P/ρ	**r** gerollt wie im Ital.	r
Σ/σ	wie in ›Ta**ss**e‹	ss (s)
T/τ	**t**	t
Y/υ	**i;** nach A/E wie **w** vor	y (i) f (v)

	stimmhaftem Konsonant, wie **f** vor stimmlosem	
Φ/φ	**f**	f
X/χ	wie in ›i**ch**‹ vor Konsonanten und dunklen Vokalen, wie in ›a**ch**‹ vor hellen Vokalen	ch
Ψ/ψ	ps	ps
Ω/ω	wie in ›**o**ft‹	o

Buchstabenkombinationen

AI/αι	**ä**	e (ä)
ΓΓ/γγ	**ng**	ng
EI/ει	**i**	i
ΜΠ/μπ	**b** im Anlaut, **mb** im Wort	mb
NT/ντ	**d** im Anlaut, **nd** im Wort	d
OI/οι	**i**	i
OY/ου	**u**	ou (u)
TZ/τζ	**ds**	tz (ds)

Begrüßungsformeln

káli méra	Guten Tag (bis etwa 17 Uhr)
káli spéra	Guten Abend (ab etwa 17 Uhr)
káli níchta	Gute Nacht (ab 22 Uhr, nur beim Abschied zu verwenden)
ónira gliká	Süße Träume
jássu	Hallo, Tschüss, Prost (einem einzelnen gegenüber, Du-Form)
jássas	Hallo, Tschüss, Prost (mehreren gegenüber, zugleich auch Sie-Form)
jámmas	Prost, auf unser Wohl
chérete	Seien Sie gegrüßt – wörtlich: »Freuet euch«
ti kánis/ ti kánete?	Wie geht es Dir/ Ihnen?
adío/adíosass	Auf Wiedersehen (gegenüber einem/mehreren)

Höflichkeitsformeln

parakaló/ efcharistó	Bitte/ Danke
nä/óchi	Ja/Nein
típpotta	Keine Ursache, macht nichts
singnómi	Entschuldigung
den pirási	Macht nichts
endáxi	Okay, in Ordnung
kaló/kalí	Gut (männlich/weiblich)
kakó/kakí	Schlecht (männlich/weiblich)
den kattálawa	Ich habe nicht verstanden

Nationalitäten

jermanós/ jermanída/ jermanía	Deutscher/ Deutsche/ Deutschland
afstriakós/ afstriakí (afstriakjá)/ afstría –	Österreicher/ Österreicherin/ Österreich
elwetós/ elwetída/ elwetía	Schweizer/ Schweizerin/ Schweiz
ápo pu ísse?	Woher kommst Du?

Reisen

limáni/ karáwi	Hafen/Schiff
stathmós/	Station/

leoforío	Bus
aerodrómio/	Flughafen/
aeropláno	Flugzeug
issitírio/	Fahrkarte/
ispráktoras	Schaffner
motosiklétta/	Motorrad/
podílato	Fahrrad
póte tha fíji?	Wann fährt er/es ab?
póte tha ftáni?	Wann kommt er/es an?
póssa kiljó-	Wieviel Kilometer
metra sto …?	bis …?
pu féwji to	Wo fährt der Bus
leoforío ja …?	nach … ab?
póte tha fíji to	Wann fährt der
(teleftéo) leo-	(letzte) Bus
forío ja …?	nach …?
aftós íne o	Ist das der Weg
drómos ja …?	nach …?
kaló taxídi	Gute Reise

Bank/Post/Arzt

trápesa/	Bank/
sinállagma	Geldwechsel
apódixi	Quittung/Beleg
tachidromío/	Post/
grammatósima	Briefmarken
jatrós/jatrío/	Arzt/Praxis/
nossokomío	Krankenhaus
farmakío/voíthia	Apotheke/Hilfe

Einkaufen/Essen

períptero/	Kiosk/
magasí	Laden
pandopolío	Gemischtwarenladen/ Bäckerei
estiatório/	Restaurant/
tawérna	Taverne
kafenío/sacha-	Kaffeehaus/
roplastío	Konditorei
kréas/psári	Fleisch/Fisch
gála/tirí/awgá	Milch/Käse/Eier

psomí/psomáki	Brot/Brötchen
frúta/lachaniká	Obst/Gemüse
ti thélete?	Was wünschen Sie?
parakaló thélo	Ich möchte bitte
pósso káni	Wieviel kostet
aftó?	das?
to logarjasmó	Die Rechnung
parakaló	bitte!

Auskünfte/Adjektive

pu íne …?	Wo ist …?
ti óra íne?	Wie spät ist es?
thélo na wro	Ich suche
énna …	eine …
pu íne i tualétta	Wo ist bitte die
parakaló?	Toilette?
thélo na tile-	ich möchte tele-
fonísso	fonieren
kalós/kakós	gut/schlecht
megálos/	groß/
mikrós	klein
aristerá/deksjá/	links/rechts/
efthían	geradeaus
néos/paljós	neu/alt
me/chorís	mit/ohne

Wochentage

deftéra	Montag
tríti	Dienstag
tetárti	Mittwoch
pémpti/	Donnerstag
paraskewí	Freitag
sáwato	Samstag
kiriakí	Sonntag
sáwatokiriakí	Wochenende

Tageszeiten

to proí	der Vormittag
to mésimeri	der Mittag
to apógewma	der Nachmittag
to wrádi	der Abend
i níchta	die Nacht

Zahlen

0	*mídenn*
1	*énna, mía*
2	*dío*
3	*tría, tris*
4	*téssera, tésseris*
5	*pénde*
6	*éksi*
7	*eftá*
8	*októ*
9	*ennéa*
10	*dékka*
11	*éndekka*
12	*dódekka*
13	*dekkatría*
14	*dekkatéssera*
15	*dekkapénde* usw.
20	*íkossi*
21	*íkossi énna* usw.
30	*triánda*
40	*saránda*
50	*penínda*
60	*eksínda*
70	*eftomínda*
80	*októnda*
90	*ennenínda*
100	*ekató*
200	*diakósja*
300	*triakósja*
400	*tetrakósja*
500	*pendekósja*
600	*eksakósja*
700	*eptakósja*
800	*oktakósja*
900	*enjakósja*
1000	*chílja*
2000	*dío chiljádes*
3000	*tris chiljádes* usw.
1 Mio.	*ekatomírio*
2 Mio.	*dío ekatormíria*
1 Mrd.	*énna disekatomírio*

Kleines Speiselexikon

Suppen

Domatósuppa	Tomatensuppe
Fassoláda	Bohnensuppe
Kakavjá	Eine Art Bouillabaisse mit Fisch nach Wahl, wird auf einem getrennten Teller zur Suppe serviert
Kreatósuppa	Eine trübe Fleischbrühe
Patsá	Deftige Kuttelsuppe mit Innereien und Fleisch von Schweinskopf und -fuß

Salate

Angúri saláta	Gurkensalat
Domáto saláta	Tomatensalat
Hórta saláta	›Unkrautsalat‹, oft auch warm gereicht, auf jeden Fall mit Zitronensaft
Koriátiki saláta	Griechischer Bauernsalat, gemischter Salat mit *fétta*-Käse
Láchano saláta	Krautsalat
Marúli saláta	Römersalat
Patsárja	Rote-Bete-Salat, zu dem auch die Pflanzenblätter gehören
Rossikí	Russischer Salat, Gemüse mit viel Mayonnaise

Fisch und Meeresfrüchte

Astakós	Languste
Bakaljáros	Kabeljau
Barbúnja	Rotbarbe (kleiner grä-

	tenreicher, aber feiner Seefisch)
Garídes	Scampi
Garídes saganáki	Zusammen mit Schafs-/Ziegenkäse im Backofen gebackene Scampi
Glóssa	Scholle, Seezunge
Kalamarákja	Tintenfisch, meist tiefgefroren fritiert oder in der Pfanne gebraten
Kólljes	Makrele, manchmal kalt nach Matjes-Art serviert
Ksifías	Schwertfisch, meist aus der Tiefkühltruhe
Lavráki	Barsch
Mídja	Muscheln, fast immer aus Zuchtstationen
Oktapódi	Krake, Polyp
Supjés	Den *kalamáres* ähnlicher Tintenfisch, wird meist im ganzen und manchmal auch gefüllt serviert
Tónnos	Thunfisch

Fleischgerichte

Arnáki, arní	Lammfleisch
Biftéki	Frikadelle
Brisóla	Kotelett (vom Rind oder vom Schwein; in Zusammenhang mit Lammfleisch wird das Wort nie benutzt)
Dolmádes	Warm in einer Ei-Zitronensauce servierte, mit Reis und Hackfleisch gefüllte Weinblätter
Falsétta	Gegrillter oder gebra-

	tener Bauchspeck
Gída	Ziege, meist als Suppe serviert. Fleischgerichte von der Ziege stammen aber meist vom Zicklein, das dann *katsíki* heißt
Glóssa	Rinderzunge (das Wort kann aber auch Seezunge bedeuten)
Gurunópulo	Spanferkel
Jemistés	Mit Reis und Hackfleisch gefüllte Tomaten und/oder Paprikaschoten
Katsíki	Zicklein
Kefaláki	Gegrillter Lammkopf
Keftédes	Hackfleischbällchen, wenig gewürzt
Kimá	Hackfleisch
Kirinó	Schweinefleisch
Kléftiko	Im Backofen gegartes Lamm- oder Zickleinfleisch
Kokorétsi	Innereien, in Darm gewickelt und am Spieß gegrillt, am besten mit Senf zu essen
Kunélli	Kaninchen
Kreatópitta	Blätterteig mit Fleischfüllung
Láchano dolmádes	Kleine, mit Reis und Hackfleisch gefüllte Kohlrouladen
Lukanikó	(gegrillte) Wurst
Muskári	Rindfleisch
Mussaká	mit Hackfleisch gefüllter Auberginenauflauf
Paidákja	Lammkoteletts

Pastítsjo	Nudelauflauf mit Hackfleisch
Sikóti	Gebratene Leber
Suvláki	Fleischspieß (vom Rind oder Schwein)
Stifádo	Rindfleisch mit Zwiebelgemüse in einer Tomatensauce, die oft mit Zimt oder auch mit Kreuzkümmel gewürzt ist

Käse

Fétta	Griechenlands berühmtester Käse aus Schafs- oder Ziegenmilch (oder beidem)
Antótiros	Aus Molke von Schafs- oder Ziegenmilch oder deren Mischung hergestellter Käse, dem manchmal die Milch selbst oder auch Sahne beigesetzt sind
Graviéra	Weißlicher, gelblicher oder bräunlicher Käse mit runden Löchern und Spalten aus Kuh-, Schafs- oder Ziegenmilch oder einer Mischung davon
Kefalótiri	Harter, salziger Käse mit Löchern, der aus Schafs- oder Ziegenmilch oder beidem hergestellt wird
Ladótiri	Salziger, würziger und sehr fettreicher Käse aus Schafsmilch, manchmal mit Ziegenmilch vermischt. Nach der Reifung wird er in hochwertigem Olivenöl aufbewahrt
Metsovóne	In Rauch mit Kräuterzusatz geräucherter Käse aus 80 % Kuh- und 20 % Schafs- und Ziegenmilch von Tieren, die in über 1400 m Höhe weiden (Spezialität aus dem Bergdorf Métsovo)
Mizíthra	Aus Molke hergestellter Frischkäse, der nur innerhalb von 15 Tagen nach seiner Herstellung verkauft werden darf
Saganáki	Gebratener oder gegrillter Schafs-/ Ziegenkäse

Gemüse

Angináres	Artischocken
Bamjés	Okraschoten
Fassólja	Grüne Bohnen
Kolokithákja	Zucchini
Kunupídi	Blumenkohl
Melindsánes	Auberginen

Obst

Achládi	Birne
Fráules	Erdbeeren
Karpúsi	Wassermelone
Mílo	Apfel
Peppóni	Honig- oder Netzmelone
Portokáli	Orange
Síka	Feige
Stafílja	Weintrauben

REGISTER

Register

Register

REISEATLAS

LEGENDE

1 : 300.000

0   10 km

Autobahn mit Nr. und Anschlussstelle	Sehenswürdigkeit
Fernstraße mit Europastraßennr.	Archäologische Stätte
Hauptstraße	Turm
Nebenstraße	Burg, Festung
Fahrweg	Kirche, Kapelle
Eisenbahn	Kloster
Fähre	Kirchen-/Kapellenruine
Regionalgrenze	Höhle
Internationaler Flughafen	Leuchtturm
Hafen	Berggipfel; Höhenpunkt
Tauchsport	Badestrand
Wasserski	Campingplatz

S. 236

THESSALONIKI
ΘΕΣΣΑΛΟΝΙΚΗ

Lofískos
Λοφίσκος

Aretí
Αρετή

Askós
Ασκός

Anixiá
Ανοιξιά

Xiropótamos
Ξηροπόταμος

Filadélfi
Φιλαδέλφι

Stefa
Στεφ

Aréti
Αρέθ

Besíkia
Μπεσίκια
659 m

Óros Vólvis
Όρος Βόλβης
654 m

Lefkoúda
Λευκούδα

Mikrokámi
Μικροκώμη

Vagiochóri
Βαϊοχώρι

Megáli Vólvi
Μεγάλη Βόλβη

Sivrí
Σιβρή
627 m

Kapsála
Καψάλα
440 m

Evangelismós
Ευαγγελισμός

Nymfópetra
Νυμφόπετρα

Profítis
Προφήτης

Límni Vólvi
Λίμνη Βόλβη

Mikrí Vólvi
Μικρή Βόλβη

Scholári
Σχολάρι

Peristerónas
Περιστερώνας

Loutrá Apollonías
Λουτρά Απολλωνίας

Apollonía
Απολλωνία

Rentina
Ρεντίνα

Langadíkia
Λαγκαδίκια

Stívos
Στίβος

Vereniótika
Βερενιώτικα
568 m

Néa Apollonía
Νέα Απολλωνία

Kokkaloú
Κοκκαλού

Néa Mádïtos
Νέα Μάδυτος

P
Πάλ
31

Nikomidinó
Νικομηδινό

Platía
Πλατεία

Mesopótamo
Μεσοπόταμο

Melissourgós
Μελισσουργός

Tranós Lákkos
Τρανός Λάκκος
420 m

rakína
ρακίνα

álampos
λαμπος

Parthénas
Παρθένας

Zanglivéri
Ζαγκλιβέρι

Parféni
Παρθένι

Parthénas
Παρθένας
492 m

Kidonías
Κιδωνιάς

Chálkoma Χάλ

Mesókomo
Μεσόκομο

Megálo Μεγάλο

Marathoússa
Μαραθούσσα

CHALKIDI
ΧΑΛΚΙΔΙ

Adám
Αδάμ

Kalamotó
Καλαμωτό

Giangonoúda
Παγκονούδα
371 m

S. 234

Kalindia
Καλίνδοια

Platanochóri
Πλατανοχώρι

Krímni
Κρήμνη

ivádi
ιβάδι

Petrokérasa
Πετροκέρασα

Doumpiá
Δουμπιά

Adrianá
Αδριανό
1009 m

Saná
Σανά

Geroplátanos
Γεροπλάτανος

Ríza
Ρίζα

Paleochóra
Παλαιοχώρα

16

A
Αρ

Agia Anastasía
Αγία Αναστασία

Galátista
Γαλάτιστα

Ágios Pródromos
Άγιος Πρόδρομος

Voúmi
Βούνι
909 m

Cholomóndas
Χολομώντας
1168 m

Paleókastra
Παλαιόκαστρα

Profítis Ilías
Προφήτης Ηλίας

Vávdos
Βάβδος

Profítis Ilías
Προφήτης Ηλίας
938 m

Taxiárchis
Ταξιάρχης

Dexameni
Δεξαμενή

Agia Triás
Αγία Τριάς

Kastrí
Καστρί
748 m

Stavroú Toúmba
Σταβρού Τούμπα
939 m

ων

Nerómilos
Νερόμιλος

POLÍGYROS
ΠΟΛΥΓΥΡΟΣ

Orianí
Ορειανή
585 m

Miliadin

edos

Ágios Panteleímonas
Άγιος Παντελεήμονας

Simantra
Σήμαντρα

Patelidás
Πατελιδάς

S. 237

Vrástama
Βράσταμα

Kelli
Κελί

Dráso
Δρά

315

Stefanína
Στεφανινά

Aréthousa
Αρέθουσα

fkoúda
υκούδα

Akrogiáli
Ακρογιάλι

Límin Amfipóleos
Λιμήν Αμφιπόλεως

K A

Asproválta
Ασπροβάλτα

Néa Vrasná
Νέα Βρασνά

Kólpos Orfanoú
Κόλπος Ορφανού

Kapsála
Καψάλα
440 m

Vrasná
Βρασνά

Vamvakía
Βαμβακιά

Mikrí Vólvi
Μικρή Βόλβη

Psilí Ráchi
Ψηλή Ράχη
341 m

Stavrós
Σταυρός

Rentína
Ρεντίνα

Áno Stavrós
Άνω Σταυρός

Agia Marína
Αγία Μαρίνα

Profítis Ilías
Προφήτης Ηλίας
668 m

Nísí Kavkanas
Νήσι Καυκανας

Néa Máditos
Νέα Μάδυτος

Kóliani
Κόλιανη
716 m

Orístes
Δρίστες
774 m

Módi
Μόδι

Ormos Olimbiádos
Όρμος Ολυμπιάδος

Trapós Lákkos
πός Λάκκος
420 m

Palióskala
Παλαιόσκαλα
314 m

Moní Evang. Theotókou
Μονή Ευαγγ. Θεοτόκου

Domoús
Δομούς

Mávrou Mávrou
Μάνρου Μάνρου

Stágira Στάγειρα

Vínia Beach Π. Βίνια

Kidoniás Κιδωνιάς
Chálkoma Χάλκωμα

Olimbiáda
Ολυμπιάδα

Zépkou Beach Π. Ζέπκου

Varvára
Βαρβάρα

Basdéki
Μπασδέκη

Zépkou
Ζέπκου
106 m

Akr. M
Ακρ. Μ

gónouda
οβούδα
71 m

Stanós
Στανός

Oros Stratonikó
Όρος Στρατωνικό
918 m

I D I K Í
Ι Δ Ι Κ Η

Toúrla
Τούρλα
832 m

Stágira
Στάγιρα

Stratoníki
Στρατονίκη

Stratóni
Στρατώνι
Akr. Tsarási
Ακρ. Τσαπάσι

Neochóri
Νεοχώρι

Arnéa
Αρναία

Paleochóri
Παλαιοχώρι

όndas
νύτας
3 m

Kólpos
Ierissoú

Megáli Panagía
Μεγάλη Παναγία

Asprólakkos
Ασπρόλακκος

Akr. Klisoúri
Ακρ. Κλεισούρη

Taxiárchis
Ταξιάρχης

16

Ierissó
Ιερισσό

Milladino Μιλλαδίνο

Profítis Ilías
Προφήτης Ηλίας

Gomáti
Γομάτι

Archea Akanthos
Αρχαία Άκανθος

Oriáni
Ορειανή
585 m

Smíxi
Σμίξη

Planá
Πλανά

Develikí
Δεβελίκι

Drósos
Δρόσος
315 m

Petsáda
Πετσάδα

Ágios Ioánnis
Άγιος Ιωάννης

Kroúni Κρούνι

Xiropótamos
Ξηροπόταμος

ama
ναμα

Kellí
Κελλί

Áno Metóchi
Άνω Μετόχι

Toúmba Pachí
Τούμπα Παχή

Ormos Próvlakas
Όρμος Προβλάκας

Metangítsi
Μετάγγιτσι

Kámbos Beach
Π. Κάμπος

S. 233

Pírgos Beach
Π. Πύργος

Nísi

Pirgadíkia
Πυργαδίκια

Arkoúda
Ακρ. Αρκούδα

D

Óros Simvolo

E

F

Orfáni
Orfáni

440 m

1

Kariáni
Καριανή

Loutrá Eleftherón

50 m

La

A

Thrakikón Pélagos

Θρακικών Πέλαγος

(Thrakisches Meer)

3

era
ερα

heranisou
λυθερανησου

Akr. Arápis Akp. Αράπης

Órmos Pertsiás Όρμος Περτσιάς

Petrovoúni
Πετροβούνι
212 m

Órmos Ágios Andréos Όρμος Άγιος Ανδρέος

Akr. Ágios Andréos Akp. Άγιος Ανδρέος

Órmos Chliadoús Όρμος Χλιαδούς

*Órmos Amigdália
Ó. Αμυγδάλια*

Akr. Karaoúli Akp. Καραούλι

Akr. Simeón Akp. Σιμεών

Órmos Ágios Vasílios Όρμος Άγιος Βασίλειος

Akr. Samária Akp. Σαμάρια

Órmos Esfigménou Όρμος Εσφιγμένου

Akr. Krítis
Akp. Κρητής

4

Akr. Theódori Akp. Θεόδωροι

Pírgos
Πύργος
193 m

Mégas Zigós
Μέγας Ζυγός
510 m

Moní Esfigménou
Μονή Εσφιγμένου

Moní Chiliandaríou
Μονή Χιλιανδαρίου

S. 239

Amateró
Αματερό
409 m

Akr. Thimoniá
Akp. Θημωνιά

Ouranoúpoli
Ουρανούπολη

ÁΘΩΣ

Áthos
Άθως

235

Órmos Vatopedíou Όρμος Βατοπ...

Néa Iráklia
Néa Ηράκλεια

A

Ágios Pávlos
Άγιος Παύλος

S. 232

B

Eleochória
Ελαιοχώρια

Néa Sílata
Νέα Σίλατα

Néa Ténedos
Νέα Τένεδος

C

Símantra
Σήμαντρα

Ágios Panteleímonas
Άγιος Παντελεήμονας

Néa Kallikrátia
Νέα Καλλικράτεια

Néa Tríglia
Νέα Τρίγλια

Ólynthos
Όλυνθος

1

Portariá
Πορταριά

50 m

Sozópoli
Σωζόπολη

67

Zográfou
Ζωγράφου

Néa Ólinthos
Νέα Όλυνθος

Néa Plagia
Νέα Πλάγια

Díonisíou
Διονυσίου

Agios Athanásios
Άγιος Αθανάσιος

Thermaikós Kólpos

Flogitá
Φλόγητά

Ágios Mámas
Άγιος Μάμας

Ágio
Άγιο

Paralía Dionisíou
Παραλία Διονυσίου

Θερμαϊκός Κόλπος

Néa Moudania
Νέα Μουδανιά

(Thermäischer Golf)

Dióri.
Διώρ.

Néa Potídea
Νέα Ποτίδαια

Pot
Ποτ

2

Akr. Pírgos
Ακρ. Πύργος

Sáni
Σάνη

Sáni Beach
Π. Σάνη

3

Kípsa Beach
Π. Κύψα

Mik
M

Sín
Σίβη

Paral
Παραλί

Iéro Poseid
Ιερό Ποσειδ

Akr. Kassándras
Ακρ. Κασσάνδρας

4

0   10 km

S. 233

Patelidás
Πατελιδάς

Petsáda
315 m
Petsáda

Άνω Μετ

Metangítsi
Μεταγγίτσι

Kámbos Beach
Π. Κάμπος
Pirgadikia
Πυργαδίκια

Gialáki Beach
Π. Γιαλάκι

násios
• Kálives
Καλύβες

Gerakiní
Γερακινή

Ormília
Ορμύλια

Moní Evangelismoú
Μονή Ευαγγελισμού

Salonikioú Beach
Π. Σαλονικιού

Skála Gerakinís
Σκάλα Γερακινής

Koúkos
Κούκος
274 m

Vráchoto
Βράχωτο
492 m

Trani Ámmos Beach
Π. Τρανή Άμμος

rmos Mólivos
ρμος Μόλιβος

Moní Theotókou Ormylías
Μονή Θεοτόκου Ορμυλίας

Ágios Nikólaos
Άγιος Νικόλαος

Ormos A

50 m

Psakoúdia Beach
Π. Ψακούδια

Moní Arseníou
Μονή Αρσενίου

• Vatopédi
Βατοπέδι

Moní Pródromou
Μονή Προδρόμου

Órmos Panac
Όρμος Πλανα

Metamórfossi
Μεταμόρφωση

Nikíti
Νικήτη

Akr. Sargáni Ακρ. Σαργάνι

Paralía Nikítis
Παραλία Νικήτης

Ágios Geórgios
Άγιος Γεώργιος

los Akr. Άγιος Πάυλος

Sargáni Beach
Π. Σαργάνι

Kastrí Beach
Π. Καστρί

gios Pávlos
Άγιος Πάυλος

Akr. Kástro Ακρ. Κάστρο

Kalogriá Beach
Π. Καλογριά

Vo
Βουρβ

όkea Beach
Π. Φώκαια

Spathiés Beach
Π. Σπαθιές

Ágios Pá
Άγιος Παν

Néa Fókea
Νέα Φώκαια

Eliá Beach
Π. Ελιά

51 m.

200 m

Akr. Eliá Ακρ. Ελιά

Lagómandra Beach
Π. Λαγόμανδρα

Vlan
Bλ

S. 238

Tripótamos Beach
Π. Τριπόταμος

Akr. Soulína Ακρ. Σουλίνα

• Áfithos
Άφυτος

Kólpos Kassándras
Κόλπος Κασσάνδρας
(Toroneischer Golf)

Néos Marmarás
Νέος Μαρμαράς

Akr. Néos Marmarás Ακρ. Νέα Μαρμαρ

o Ammonion Dios
ο Αμμωνίων Διος

Kallithéa
Καλλιθέα

Órmos Néos Marm
Όρμος Νέος Μαρμα

Rό
Πόρτ

Kassándria
Κασσάνδρεια

Pigadákia Beach
Π. Πιγαδάκια

Nísi Kélifos 110 m
Νήσι Κέλιφος

Lekáni
Λεκάνι
243 m

Kriopigí
Κρυοπηγή

Archéa Neápoli
Αρχαία Νεάπολη

Rachóni
Ραχόνι
213 m

Kassandrinó
Κασσανδρινό

Polichrono
Πολύχρονό

Chanióti
Χανιώτη

Foúrka
Φούρκα

Mavrovára
Μαυροβάρα

Livadákia
Λιβαδάκια
853 m

Pefkochóri
Πευκοχώρι

Akr. Glarókavos Ακρ. Γλαρόκαβος

Profítis Ilías
Προφήτης Ηλίας
267 m

Móla Kalíva
Μόλα Κάλυβα

Moní Roússou
Μονή Ρώσσου

Límni Glarókavos Λίμνη Γλαρόκαβος

Kaláandra
• **Mende**
Μενδε

Panagía Faneroméni
Παναγία Φανερωμένη

Chroússo Beach Π. Χρούσσο

Akr. Chroússo Ακρ. Χρούσσο

Palioúri
Παλιούρι

Kassándra
Κασσάνδρα

Néa Skióni
Νέα Σκιώνη

Agía Paraskeví
Αγία Παρασκευή

Skióni
Σκιώνη

Profítis Ilías
Προφ. Ηλίας
308 m

Beach Bar
Ávaton

Kánistro
Κάνιστρο

Ágios Nikóla
Άγιος Νικόλα

Loutrá
Λουτρά

Chalkovoúni
Χαλκοβώνι
205 m

Pírgos
Πύργος
193 m

Akr. Pali
Ακρ. Παλ

200 m

Metangitsi
Μεταγκίτσι

Kámbos Beach Π. Κάμπος
Pirgadikia Πυργαδικια
S. 234
Pírgos Beach Π. Πύργος
Akr. Arkoúda Ακρ. Αρκούδα

Ormos Provláka
Όρμος Προβλάκας
93 m

C

Amouliani
Αμουλιανή
Ouran
Ουραν

A
B

Gialáki Beach Π. Γιαλάκι

Akr. Kókkina Ακρ. Κόκκινα

Nísi Amouliani
Νήσι Αμουλιανή

Alíkes Beach
Π. Αλύκες

Salonikioú Beach Π. Σαλονικιού

Nísi Dreniá
Νήσι Δρενιά

1

χωτο
2 m

Traní Ámmos Beach Π. Τρανή Άμμος

200 m

Ágios Nikólaos
Άγιος Νικόλαος

Ormos Ágios Nikólaos
Όρμος Άγιος Νικόλαος

drómou
δρόμου

Nikíti
Νικήτη

Ormos Panagías
Όρμος Παναγίας

fossi
φωσση

Nísi Ágios Isidoros
Νήσι Άγιος Ισίδωρος

Kólpa
Κόλπο
(Sing

alía Nikitis
ία Νικήτης

Ágios Geórgios
Άγιος Γεώργιος

Nísi Diáporos
Νήσα Διάπορος

Kastri Beach Π. Καστρί
Kástro Ακρ. Κάστρο

Ormos Vourvouroú
Όρμος Βουρβουρού

2

Karídi Beach Π. Καρύδι

Kalogriá Beach Π. Καλογριά

Síngos
Σίγγος

Koutloumoúsi Beach Π. Κουτλουμούση

Spathiés Beach Π. Σπαθιές

Vourgouroú
Βουρβουρού

Zográfou Beach Π. Ζωγράφου

Eliá Beach Π. Ελιά

Ágios Pávlos
Άγιος Παύλος

Akr. Armenistís
Ακρ. Αρμενιστής

Akr. Eliá Ακρ. Ελιά

Sithoní

Lagómandra Beach Π. Λαγόμανδρα

Vlantoúdi
Βλαντούδι

Ítanos
Ίτανος
753 m

Parthenónas
Παρθενώνας

Platanits

S. 237

Tripótamos Beach Π. Τριπόταμος

Astrapokaméno
Αστραποκαμένο
808 m

Akr.

Achláde

ras
ρας
pας
olf)

Néos Marmarás
Νέος Μαρμαράς

Vingla
Βίγγλα
135 m

Dragoúdélis
Ντραγουδέλις
690 m

Sárti
Σάρτη

Akr. Néos Marmarás Ακρ. Νέος Μαρμαράς
Órmos Néos Marmarás
Όρμος Νέος Μαρμαράς

Ormos
Όρμος

3

Pórto Carrás
Πόρτο Καρράς

Nísi Kélifos 110 m
Νήσι Κέλιφος

Makrinoúpa
Μακριβούνα
539 m

Linará

Sikiá
Συκιά

Skála Siki
Σκάλα Συκ

Akr. Papadiá
Ακρ. Παπαδιά

Ormos Toróni
Όρμος Τορώνη

Arétes Beach
Π. Αρέτες

Toróni
Τορώνη

Kalamítsi
Καλαμίτσι

Kf

Tristinika Beach
Π. Τριστινίκα

Archea Toróni
Αρχαία Τορώνη

Pórto Koufó
Πόρτο Κουφό

Mega Mya

Akr. Glarókavos Ακρ. Γλαρόκαβος

Ámbelos

Limni Glarókavos Λίμνι Γλαρόκαβος

Chroússo Beach Π. Χρούσσο

Akr. Pagóna
Ακρ. Παγώνα

Pagóna
Παγώνα
202 m

Akr. Psev

Akr. Chroússo Ακρ. Χρούσσο

4

ίας

Palioúri
Παλιούρι

Krisen
(Isozoi)
205 m

Beach Bar
Avaton

Kánistro
Κάνιστρο

Ágios Nikólaos Άγιος Νικόλαος

Chalkofónoni
Χαλκοφώνουνι

Akr. Paliouri (Kalogriá)
Ακρ. Παλιούρι (Καλογριά)

Akr. Lemós
Ακρ. Λαιμός

Pírgos
Πύργος
193 m